国际农业研究

2019

农业农村部农业贸易促进中心 编

中国农业出版社
北 京

前 言

FOREWORD

2018年，全球经济贸易发展面临不确定性，贸易保护主义抬头，贸易摩擦频起，冲击了多边贸易框架下的全球供应链，也干扰了全球正常的经贸秩序。从农产品市场供需看，农业生产继续保持良好的增长态势，大宗农产品产量和库存增加，主要农产品价格稳定。我国农产品贸易保持增长，谷物、油籽、棉花、食糖等大宗农产品进口保持高位，牛羊肉、奶粉、樱桃、龙虾等优质特色产品进口快速增长，水果贸易首次出现逆差。

为科学统筹利用国际国内两个市场、两种资源，在全球经济增速进一步放缓趋势下研判贸易政策的不确定性对贸易、投资增长造成的影响，农业农村部国际农业监测体系组织专家对国际农产品市场和主要国家农业政策开展了持续系统的跟踪监测。本书收录了2018年国际农业监测体系课题报告及相关研究成果，主要内容包括粮棉油糖等重点产品市场与贸易情况监测分析，美国、日本、东盟、澳大利亚、新西兰、俄罗斯、印度等重点国家和地区农业政策跟踪，以及中美贸易摩擦等热点问题研究。希望本书能对研究探讨开放条件下中国农业发展问题有所启示。

编　者

2019年6月

目录

CONTENTS

前言

综合篇 ······ 1

2018年中国农产品贸易形势跟踪 ······ 3

技术性壁垒对中国农产品贸易的影响——以蘑菇罐头出口为例 ······ 10

产业篇 ······ 23

贸易政策变动对食糖产业影响研究——基于GTAP模型分析 ······ 25

中新和中澳自贸协定对中国乳业发展的影响分析 ······ 41

2018年国内外生猪产业发展形势分析 ······ 68

中国棉花公证检验制度的发展应用与国际比较 ······ 76

中国马铃薯生产区域格局变化及原因分析 ······ 81

中国蔬菜出口增长的三元边际及出口潜力分析 ······ 89

中国玉米产业发展新形势及趋势预测与政策模拟 ······ 106

国别篇 ······ 119

东盟“三农”发展面临的重大任务和挑战 ······ 121

美国贸易摩擦与农产品贸易 ······ 126

日本农业经营主体变迁对中国的启示 ······ 143

中国从澳新两国主要进口农产品的替代性分析 ······ 151

印度农业政策发展趋势研究 ······ 167

中俄农业合作模式及存在的问题——以华信中俄现代农业产业合作区为例 ······ 183

专题篇 …… 189

中美经贸摩擦对双方农业贸易的影响及政策启示 …… 191
中美贸易摩擦背景下中国樱桃进口潜力分析 …… 199
中美贸易摩擦对中国大豆及相关产业的影响和对策分析 …… 208
中美贸易摩擦对“一带一路”沿线国家农产品贸易的影响 …… 219
中美贸易摩擦下的美国豆农和大豆生产 …… 229

综合篇

ZONGHE PIAN

2018 年中国农产品贸易形势跟踪

2018 年，国际市场主要农产品供需平衡，伴随着全球经济复苏，农产品价格总体上呈温和上涨态势，但从长期看仍在底部徘徊。中国农产品需求持续增长，主要农产品市场价格呈现分化局面。中国农产品贸易发展受全球经济回暖、“一带一路”倡议的不断深化、与周边国家（地区）的贸易不断走强、中美农产品贸易发生争端等影响，面临多重因素交织的局面。从全年数据看，中国农产品贸易形势稳中向好。根据国内外宏观经济发展形势、全球农产品供需情况、中美贸易摩擦进展以及国家政策影响，预计中国粮、棉、油、糖等大宗农产品仍将维持全面进口态势，农产品进出口市场都将更加多元化。

一、中国农产品贸易变化整体特点

2018 年中国农产品贸易主要呈现以下特点：

第一，贸易额同比增加，进出口均实现同比上涨，进口增幅大于出口增幅。1—12 月，中国农产品贸易额为 2 168.10 亿美元。其中出口 797.14 亿美元，同比增长 5.54%；进口 1 370.95 亿美元，同比增长 8.93%。

第二，粮棉油糖出口数量大幅增长，进口数量继续维持在高位。2018 年 1—12 月，谷物出口 254.42 万吨，同比增长 57.39%；进口 2 050.20 万吨，同比减少 19.92%。棉花出口 5.08 万吨，同比增长 136.66%；进口 162.72 万吨，同比增长 19.38%。食用油籽出口 119.52 万吨，同比增长 8.66%；进口 9 448.86 万吨，同比减少 7.37%。植物油出口 31.05 万吨，同比增长 45.01%；进口 926.37 万吨，同比增长 9.61%。食糖出口量为 19.57 万吨，同比增长 23.94%；进口量 279.55 万吨，同比增长 22.05%。从出口情况看，中国基础农产品粮棉油糖出口大幅增长，但仍然处于净进口状态。从进口情况看，中国棉花、植物油、食糖进口同比增长，谷物、食用油籽进口数量同比减少。

第三，水产品出口金额同比增长，蔬菜虽然仍是中国最具竞争力的农产品品类，但是出口金额同比下降。2018 年 1—12 月，蔬菜出口金额 152.38 亿美元，同比减少 1.83%；进口金额 8.28 亿美元，同比增长 49.98%，贸易顺差 144.10 亿美元，同比减少 3.74%。水产品出口金额 223.26 亿美元，同比增长 5.56%，进口金额 148.61 亿美元，同比增长 30.99%。

第四，中国农产品进出口贸易伙伴更加多元化。2018 年全年，中国农产品进口金额 1 370.95 亿美元，巴西为中国最大的农产品进口来源地，共计自巴西进口总价值为 330.36 亿美元的农产品，同比增长 37.04%。日本为中国最大的农产品出口去向地，共计向日本出口总价值为 107.56 亿美元的农产品，同比增长 5.00%。在中美贸易争端的大背景下，自美农产品进口金额同比减少 32.71%，中国农产品进口来源地和出口去向地更加多元化。南美、澳大利亚、“一带一路”沿线国家在中国农产品贸易中正在扮演着更加重要的角色。

二、中国主要农产品贸易变化及原因分析

(一) 关税政策生效，国内外谷物价差缩小，国内谷物进口减少

2018 年 1—12 月，谷物产品进口 2 050.20 万吨，同比减少 19.92%，进口金额 59.40 亿美元，同比减少 8.53%；出口 254.42 万吨，同比增长 57.39%；谷物净进口 1 795.78 万吨。其中，小麦进口 309.93 万吨，同比减少 29.92%；出口 28.55 万吨，同比增长 56.39%。玉米进口 352.42 万吨，同比增长 24.65%；出口 1.22 万吨。同比减少 85.81%。大米进口数量为 307.66 万吨，同比减少 23.57%；出口 208.93 万吨，同比增长 74.57%。大麦进口 681.54 万吨，同比减少 23.11%；出口 91.70 吨，同比减少 1.94%。高粱进口 364.98 万吨，同比减少 27.82%；出口 4.85 万吨，同比增长 16.95%。DDGS 进口 14.79 万吨，同比减少 62.15%；出口 3 860.31 吨，同比减少 69.81%。从具体品种的变化看，除玉米外，其余谷物品种的进口减少是使得整体谷物进口减少的原因。

进口数量同比减少，一是受关税政策影响。中美贸易争端发生以来，对美农产品加征关税，原产于美国的农产品在中国市场上失去了价格竞争力，因此主要从美国进口的大麦、高粱、DDGS 数量减少。二是受国外价差缩小影响，2018 年以来国产大米与进口大米的价差已经缩小了 7.6 元/斤①；国产小麦与进口小麦的价差也缩小了 7.5 元/斤；因此小麦和大米的进口量也同样有所减少。三是受到国内需求影响。前期贸易商开始出手屯粮，托市小麦拍卖投放量维持高位，国内小麦供应比较充足，而面粉企业备货采购积极性不足，需求不振，因此小麦进口量也有所减少。四是受到非洲猪瘟影响，对高粱、大麦等玉米替代品的饲料需求不足。

① 斤为非法定计量单位，1 斤＝0.5 千克。

（二）国内棉价上涨以及贸易政策影响，导致棉花进口上升

2018 年 1—12 月，棉花出口 5.10 万吨，同比增长 136.66%；进口 162.72 万吨，同比增长 19.38%。棉花进口金额 31.97 亿美元，同比增长 35.48%，棉花出口金额 0.97 亿美元，同比增长 154.79%。

一是下半年纺织品销售即将进入旺季，纺织企业提前进行补库，在 2018 年 8 月推高了棉花进口；二是由于节日因素，中美两国都将迎来重大传统节日，这一定程度上刺激了棉花进口；三是由于关税政策调整。6 月 15 日，国家发展和改革委员会为保障纺织企业用棉需要，发放了 80 万吨的棉花关税配额外优惠关税税率进口配额。12 月 24 日，国务院关税税则委员会发布公告称，中国将对 700 余项商品实施进口暂定税率，包括适当降低棉花滑准税和部分毛皮进口暂定税率，该消息一定程度上刺激棉花进口量有所上升。

（三）受到中美贸易争端影响，食用油籽进口量有所下降，而植物油进口量有所上升

2018 年 1—12 月食用油籽出口 119.52 万吨，同比增长 8.66%；进口 9 448.86万吨，同比减少 7.37%。出口金额 17.11 亿美元，同比增长 4.59%；进口金额 417.48 亿美元，同比减少 2.96%。植物油出口 31.05 万吨，同比增长 45.01%；进口 926.37 万吨，同比增长 9.61%。出口金额 4.06 亿美元，同比增长 32.55%；进口金额 72.69 亿美元，同比增长 1.33%。

食用油籽进口量下降的原因：一是受中美贸易争端影响，中国对美国大豆加征 25%关税之后，自美大豆进口减少，美国大豆在中国大豆市场上失去竞争力；二是中美重启贸易谈判，市场贸易主体收购较为谨慎，也同样减少了大豆进口数量；三是阿根廷和乌拉圭由于气候因素导致大豆生产量大幅减少，自阿根廷、乌拉圭的大豆进口也同样减少。由于对主要的大豆进口来源地大豆进口数量减少，使得整体大豆进口数量减少；大豆进口数量在食用油籽进口数量中所占比重较高，因此大豆进口下降带动了整体食用油籽进口数量下降；四是 2018 年生猪养殖业受到非洲猪瘟影响，养殖户的补栏积极性减少，对食用油籽的需求减弱。

植物油进口量上升的原因：一是由于国内方便面等油炸方便食品的消费量上涨，作为方便食品重要生产原料的棕榈油进口量上升，从而带动了植物油进口量的总体提升；二是受到中美贸易争端影响，国内油厂加大了菜油进口量，弥补豆油产量可能存在的下降空间；三是上半年中美贸易争端影响短暂地拉开了国内外价差，使得植物油进口上升。

（四）国内外糖价价差缩小，食糖进口增加

2018 年 1—12 月食糖进口 279.6 万吨，同比增长 22.1%；进口金额 10.3 亿美元。12 月国际食糖均价由于巴西雷亚尔走强、国际油价下跌、股市下跌等空头因素而使得国际食糖价格略跌。2018 年全年，配额 15%关税内，进口原糖平均到岸税后价格约 3 327.42 元/吨，比国内蔗糖批发市场平均价格 5 420.83元/吨（2018 年均价）低 2 093.41 元/吨左右。持续价差导致食糖进口继续保持高位，同时由于国内食糖供应充足，用糖企业观望情绪浓厚，因此国内食糖进口减少。

（五）水产品出口量、额齐增

2018 年 1—12 月，水产品出口金额 223.26 亿美元，同比增长 5.56%，进口金额 148.61 亿美元，同比增长 30.99%。出口数量 432.20 万吨，同比减少 0.40%，进口数量 522.22 万吨，同比增长 6.64%。

2018 年 1—12 月，中国水产品出口虽然面临中美贸易争端对中国水产品的关税威胁，但是伴随着全球经济的复苏，以及“一带一路”倡议的不断深化，中国水产品出口量虽然有所下降，但是出口金额不断上升。这首先是传统水产品出口市场的回暖。如 2018 年 1—12 月，对日本水产品出口金额同比上涨 4.77%，对韩国水产品出口金额同比上涨 19.93%。其次是新市场的开拓，如对沙特阿拉伯水产品出口金额同比上涨 82.82%，对以色列水产品出口金额同比上涨 23.81%。

值得注意的是，水产品进口正在迅猛增长，这主要是由于国内消费能力增强，居民对水产品的需求更加多元，因此加大了从国外进口水产品的力度以满足国内水产品消费需求。

（六）蔬菜进口大幅增长，水果贸易转为逆差

2018 年 1—12 月，中国蔬菜出口量为 1 124.64 万吨，同比增长 2.69%；进口量为 49.1 万吨，同比增长 99.1%。出口金额为 152.38 亿美元，同比减少 1.83%；进口金额 8.28 亿美元，同比增长 49.98%。中国水果进口量为 592.48 万吨，同比增长 24.82%，出口量为 509.69 万吨，同比减少 2.00%。水果进口金额 84.16 亿美元，同比增长 34.50%；出口金额 71.57 亿美元，同比增长 1.15%。水果贸易逆差为 12.59 亿美元，与 2017 年同期相比，水果贸易由顺差转为逆差。

从蔬菜的情况看，一是受上半年国内蔬菜价格上升，供给偏紧的影响，进

口较多，推高了全年蔬菜进口增幅；二是季节性消费增强，推动了国内蔬菜进口；三是受到稳中向好的经济形势影响，2018 年全年，全国居民人均消费支出 19 853 元，比上年名义增长 8.4%，扣除价格因素实际增长 6.2%。国内对蔬菜的需求更强劲且多元化，这些都推动了蔬菜的进口。

从水果的情况看，一是由于国内经济情况发展稳中向好，水果作为一种与消费情况高度相关的农产品，稳中向好的经济增长形势保障了稳中向好的消费能力，这成了驱动国内水果消费增长的主要动力。二是国内水果消费多元化促进了国内水果消费。从贸易伙伴的情况看，中国对主要出口去向地的出口金额同比均有一定增长，而进口金额均同比减少；对主要进口来源地的出口金额同比均有减少，而进口均有所增加。由于中国的水果贸易有很强的互补性，因此这表明在国内经济形势稳中向好的大背景下，对水果的多元化需求会更加强劲，因此中国水果进口量强劲增加。

（七）畜产品进出口贸易同比大幅增长

2018 年 1—12 月，中国畜产品进口数量为 901.13 万吨，同比增长 3.60%；出口数量为 144.06 万吨，同比增长 0.41%。畜产品出口金额为 68.58 亿美元，同比增长 7.89%；畜产品进口金额为 285.17 亿美元，同比增长 11.32%。

其中，猪肉进口 119.28 万吨，同比减少 1.97%；牛肉进口 103.94 万吨，同比增长 49.53%；羊肉进口 31.90 万吨，同比增长 28.14%；奶粉进口 115.34 万吨，同比增长 10.95%。

从畜产品进口情况来看，猪肉进口减少，牛肉、羊肉、奶粉的进口数量增加。一是因为国内猪肉供给阶段性过剩，猪肉价格长期保持低迷，因此削弱了猪肉进口动力；二是因为非洲猪瘟影响；三是因为国内消费强劲增长，对高蛋白食品的消费需求增加，因此牛肉、羊肉、奶粉的进口量迅猛增长。四是伴随着夏季传统烧烤季节以及 2018 年俄罗斯世界杯因素加成，因此对牛羊肉的消费量增加，这也成了牛羊肉进口增加的因素之一。

三、中国农产品贸易发展趋势展望

未来中国农产品贸易发展趋势主要受以下因素影响：

（一）全球经济强劲复苏，但是受到贸易保护主义影响

国际货币基金组织（IMF）在 2019 年 1 月发布的《世界经济展望》中估

计 2018 年全球经济产出增长率为 3.7%，同时预测 2019 年全球经济增长率为 3.5%，2020 年全球经济增长率为 3.6%，分别较 2018 年 10 月的预测值下调 0.2 和 0.1 个百分点。IMF 认为超出预估的贸易紧张局势、公共和私人高企的负债率、英国无协议脱欧等因素都使得全球经济增长面临下行压力。IMF 呼吁各国在接下来的政策重点是以合作方式迅速化解贸易分歧及其带来的政策不确定性，而不是进一步加设贸易壁垒。所有经济体都应当促进潜在产出增长，加强包容性，并在债务负担重、金融状况收紧的环境下增强财政和金融缓冲能力。

（二）世界主要农产品供求平衡，但是市场存在着价格上升的压力

根据美国农业部、联合国粮食及农业组织等机构预测，全球各主要农产品均处于供求平衡状态，大米、玉米、棉花均处于去库存周期，小麦、大豆、食糖的供求情况较好，肉类和奶类供应比较充足。但值得注意的是，由于前些年农产品价格一直在低位徘徊，因此各主要农产品产量都较前几年有微弱下调趋势，同时伴随着全球经济的复苏，对农产品的需求温和上涨，因此可以看到部分农产品价格正在温和上升。虽然中美双方开启了贸易谈判，但是其前景仍然存在着一定变数，对农产品市场价格存在着不确定因素。因此总的来看，全球主要农产品仍然在供求平衡状态，但是全球农产品市场存在着价格上升的压力。

（三）中国主要农产品国内价格将有所分化

尽管面临很多不利气象条件的挑战，2018 年中国粮食总产量为 65 789 万吨，较 2017 年略有下降，但是仍在 6 亿吨以上。在当前粮食生产支持保护制度没有大变化的情况下，预计大米价格可能有所震荡；小麦价格可能以稳为主；受国内非洲猪瘟影响，生猪补栏意愿不强，玉米饲料消费可能受到影响，同时国内国际市场玉米供给都较为充裕，因此国内玉米价格可能稳中有跌。中美开始贸易谈判，未来仍然存在着一定变数，因此贸易商较为谨慎，同时目前国内加工企业正在消化上半年积累的大豆库存，伴随着大豆收储政策对大豆价格增长的效果减弱，因此预计未来一段时间内大豆价格可能以稳为主；由于未来棉花多空因素交织，因此未来棉花价格可能将面临震荡；目前全球食糖供应减少，以及当前国内气候条件影响，预计糖价可能面临上涨情况；非洲猪瘟对猪肉消费产生了一定的抑制作用，以及仔猪和种猪跨市和跨省调运具体实施方案出台，并且受到禁运和季节性消费的影响，猪肉价格可能有所上涨，但上涨空间有限。牛羊肉受到供给偏紧和季节性消费影响，预计价格可能有

所上涨。

（四）未来中国农产品“易进难出”局面可能会继续维持下去

从价格上看，当前国内农产品价格与国际进口农产品价格仍然存在着一定价差，尤其是在食糖、大豆等中国不具备生产优势的作物。在国际农产品价格低于国产农产品的大背景下，预计中国相关农产品的进口仍将维持净进口局面。

从国民经济发展情况看，中国经济发展形势稳中向好，居民消费水平不断提升，消费结构不断优化，对农产品需求不仅在数量上有所增加，更显出了多元化的农产品消费需求，因此利用好国内国外两个市场、两种资源，在适当品种上进口适当数量的外国农产品，有利于弥补中国当前农业生产中的短板，有利于满足人民群众日益多元化的农产品消费需求。这种适当进口是对中国经济社会发展大局的一种有益补充。

技术性壁垒对中国农产品贸易的影响

——以蘑菇罐头出口为例

蘑菇是目前世界上栽培和消费范围最广的一种食用菌，除鲜销和少量用于加工速冻蘑菇、脱水蘑菇外，主要用于加工蘑菇罐头。中国是食用菌罐头第一大出口国，其中以蘑菇罐头出口为主。近年来，中国蘑菇罐头产业呈良好的发展态势，已成为出口产品中的主要品种。

一、中国蘑菇罐头出口贸易现状

根据商务部对外贸易司《中国农产品进出口月度统计报告》中的农产品统计口径，本文主要分析对象为《商品名称及编码协调制度的国际公约》（HS编码）中1992第7章071151“蘑菇罐头（姬松茸属）”、071190“蘑菇罐头（不适合直接食用）”、200310“蘑菇罐头（不是由醋或者醋酸制作保存的）”、200390“蘑菇罐头（非伞菌属蘑菇）”。2017年中国对外出口蘑菇罐头36.99万吨，同比增长2.64%；出口额7.24亿美元，同比下降2.03%（表1）。

（一）中国蘑菇罐头出口总量

表1　2007—2017年中国蘑菇罐头出口情况表

单位：亿美元、万吨

年份	出口额	出口量
2007	8.05	57.50
2008	8.06	61.01
2009	4.91	42.11
2010	5.99	46.22
2011	7.21	47.80
2012	7.40	45.69
2013	8.09	42.56
2014	7.43	38.80
2015	6.65	35.66
2016	7.39	36.04
2017	7.24	36.99

数据来源：根据联合国商品贸易统计数据库（comtrade.un.org）整理。

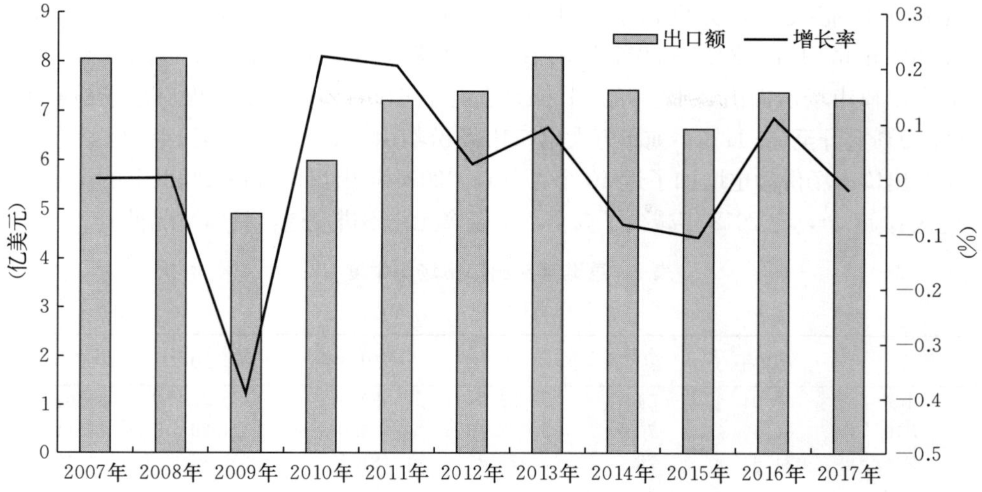

图 1 2007—2017 年蘑菇罐头出口额及变动趋势

数据来源：根据联合国商品贸易统计数据库（comtrade. un. org）整理。

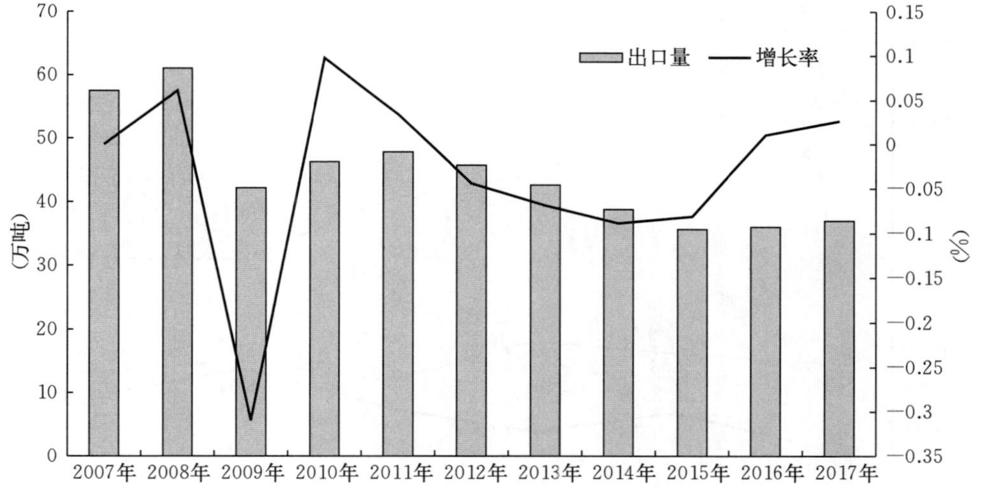

图 2 2007—2017 年蘑菇罐头出口量及其变动趋势

数据来源：根据联合国商品贸易统计数据库（comtrade. un. org）整理。

（二）中国蘑菇罐头出口市场结构

2017 年中国蘑菇罐头前五大出口市场为韩国、日本、越南、中国香港和俄罗斯，出口额分别为 1.56 亿美元、1.15 亿美元、0.66 亿美元、0.61 亿美元和 0.49 亿美元，分别占蘑菇罐头总出口额的 21.55%、15.88%、9.05%、8.36%和 6.81%。2012—2017 年，中国蘑菇罐头出口市场集中度逐渐提高，前五大出口市场份额由 2012 年的 51.04%上升至 61.64%；前十大出口市场份额由 66.59%上升至 77.11%；前十五大出口市场份额由 74.64%上升至 84.48%；前二十大出口市场份额也增加了近 10 个百分点。2016 年出口份额占 1%以上的国家和地区有 14 个，比 2012 年减少了 3 个，市场多元化不进反退，具体情况见表 2。

表 2　蘑菇罐头出口市场集中度 R①

单位：%

R	2012 年	2013 年	2014 年	2015 年	2016 年	2017 年
R5	51.04	54.15	57.36	58.71	60.78	61.64
R10	66.59	70.28	72.58	75.01	75.29	77.11
R15	74.64	79.25	79.77	81.75	82.54	84.48
R20	79.94	83.89	83.95	86.34	87.10	88.20

数据来源：联合国商品贸易统计数据库（comtrade. un. org）整理。

根据图 3，前五大出口市场中，中国蘑菇罐头对日本出口份额占比减少，

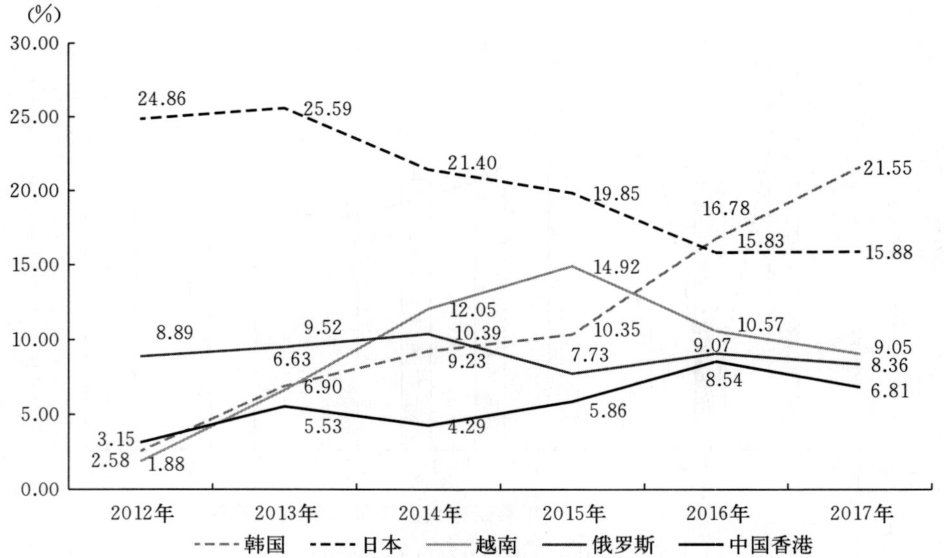

图 3　蘑菇罐头前五大出口市场份额变动趋势

数据来源：联合国商品贸易统计数据库（comtrade. un. org）整理。

① R 为市场集中度。R5＝前五大出口市场总出口额/总出口额；R10＝前十大出口市场出口额/总出口额；R15＝前十五大出口市场出口额/总出口额；R20＝前二十大出口市场出口额/总出口额。

由 2012 年的 24.86%下降至 2017 年的 15.88%；其余 4 国（地区）出口份额均逐年增加，韩国增势最猛，由 2.58%增至 21.55%，超过日本成为 2016 年中国蘑菇罐头对外第一出口国。虽然中国蘑菇罐头出口市场集中度不断提高，但是对于主要市场的依赖程度有所下降。

（三）中国蘑菇罐头国际市场竞争优势分析

通过对 2012—2017 年 RCA 指数①的计算，我们可以更加直观地了解中国蘑菇罐头产品在世界市场上的竞争力。一般来说，若 RCA>1，说明中国蘑菇罐头在世界市场上具有比较优势，且数值越大，说明中国农产品比较优势越大；若 RCA<1，说明中国蘑菇罐头在世界市场上具有比较劣势。

由表 3 可以看出，除 2016 年 RCA 指数有所回升外，2012—2017 年中国蘑菇罐头市场竞争优势呈下降趋势。

表 3　2012—2017 年竞争优势变化

年份	2012	2013	2014	2015	2016	2017
RCA	4.17	3.88	3.53	3.09	3.59	3.46

（四）中国蘑菇罐头出口受阻事件

通过梳理近年中国蘑菇罐头出口受阻事件，发现导致蘑菇罐头出口受阻主要原因在于含污染物和农药、兽药超标。具体情况见表 4。

表 4　近年来中国蘑菇罐头出口受阻事件

序号	产品	目的地	时间（年-月-日）	受阻原因
1	二孢蘑菇罐头	韩国	2018-06-15	二氧化硫超标
2	二孢蘑菇罐头	韩国	2018-04-13	细菌培养项目不合格
3	蘑菇罐头	意大利	2017-12-12	亚硫酸盐还原梭状芽孢杆菌
4	蘑菇罐头	荷兰	2017-03-22	含玻璃碎片
5	蘑菇罐头（切片）	韩国	2016-09-20	细菌发育呈阳性
6	蘑菇罐头	荷兰	2015-01-28	含有异物
7	蘑菇罐头	荷兰	2015-01-28	含有异物

① RCA 指数通过计算某一时期内一国该种产品出口额占总出口额的比重与世界总出口额中该类产品出口额所占份额的比值，从而得出该国某种商品的国际比较优势。

（续）

序号	产品	目的地	时间（年-月-日）	受阻原因
8	蘑菇罐头	美国	2014-03-14	含一种农药
9	蘑菇罐头	美国	2013-12-27	含一种杀虫剂
10	蘑菇罐头	美国	2013-12-05	含一种农药
11	蘑菇罐头	美国	2013-09-18	含一种不安全的杀虫剂
12	蘑菇罐头	美国	2013-09-06	生产工艺未备案
13	蘑菇罐头	美国	2013-08-26	产品生产、加工、包装环节不卫生或有害健康
14	蘑菇罐头	美国	2013-07-24	含一种不安全的杀虫剂
15	蘑菇罐头	美国	2013-07-23	含一种不安全的杀虫剂
16	蘑菇罐头	美国	2013-07-22	含一种不安全的杀虫剂
17	蘑菇罐头	美国	2013-07-17	含一种不安全的杀虫剂
18	水煮蘑菇罐头	日本	2012-10-15	使用基准不合格［检出硫代硫酸钠（作为二氧化硫）0.038 克/千克］

数据来源：食品伙伴网。

二、国内外蘑菇罐头标准体系

（一）国际标准

国际食品法典委员会（CAC）标准。国际食品法典委员会是联合国粮食及农业组织和世界卫生组织联合设立的政府间国际组织，专门负责协调政府间的食品标准，建有一套完整的食品国际标准体系，是唯一的、最重要的国际参考标准。CAC 针对蘑菇罐头类产品中的食品添加剂、污染物和农药残留等都做出了较为详细的规定。

（二）主要蘑菇罐头进口国家标准体系

美国。美国农业部（USDA）和食品药品监督管理局（FDA）对本国生产和进口蘑菇罐头有一套严格的质量标准。早在 1962 年，美国农业部就制定了收购蘑菇原料的分级标准和蘑菇罐头的分类标准。

韩国。韩国现行食品安全法律法规标准体系分为 3 个类别：主要标法、食品标识标准、食品进出口标准。其中主要标法为《食品卫生法》《食品法典》《食品添加剂法典》和《健康功能食品法典》。2016 年 2 月 4 日正式实施的

《进口食品安全管理特别法》对中国输韩食品产生深远影响。该法规将进口食品贸易商和供应商分为优秀、一般、特别管理 3 个级别，对不同等级的企业采取不同的通关政策；将进口食品分为一般、注意、集中 3 个等级，对一般等级的按现行水平实施查验，对注意等级的实施连续 5 批强化经贸检测，对集中等级的实施连续 30 批次集中精密检测。

（三）中国蘑菇罐头标准体系

中国涉及蘑菇罐头的标准较少，有关的现行质量安全标准体系结构分为国家标准、行业标准和农业标准 3 个级别共计 5 个标准，其中国家标准 3 个，进出口行业标准 1 个，农业标准 1 个。主要规定了蘑菇罐头生产的技术要求、试验方法、检验规则、标志、包装、运输和贮存的要求。具体内容见表 5。

表 5　中国蘑菇罐头标准结构

标准分类	标准编号	标准名称	标准内容
国家标准	GB 7098—2015	食品安全国家标准　罐头食品	本标准适用于罐头食品。本标准不适用于婴幼儿罐装辅助食品
	GB/T 14151—2006	蘑菇罐头	本标准规定了蘑菇罐头的产品分类与代号、技术要求、试验方法、检验规则、标志、包装、运输和贮存的要求 本标准适用于以新鲜蘑菇或盐渍蘑菇为原料，经加工制成的蘑菇罐头
	GB 8950—2016	食品安全国家标准　罐头食品生产卫生规范	本标准适用于罐头食品的生产
进出口行业标准	SN/T 4255—2015	出口蘑菇罐头质量安全控制规范	本标准规定了出口（低酸性）蘑菇罐头原料种植、收购、加工、产品质量安全控制、溯源管理、产品召回、文件和记录等环节涉及出口（低酸性）蘑菇罐头的技术规范文件
农业标准	NY/T 1047—2014	绿色食品 水果、蔬菜罐头	本标准规定了绿色食品水果、蔬菜罐头的术语和定义、要求、试验方法、检验规则、标志和标签、包装、运输和贮存

三、中国与国际蘑菇罐头标准的差异比较

（一）蘑菇罐头污染物限量标准体系对比

从表 4 可以看出，近年来导致中国蘑菇罐头出口受阻的主要原因在于含污

染物、农药和兽药超标。因此我们分别从这些方面对蘑菇罐头质量标准进行对比。日本、韩国、美国是中国主要的蘑菇罐头出口市场，因此选取这三国与中国进行对比，具体见下列图表。

由表 6 可以看出，中国在食用菌污染物限量方面有明确的规定，相比较而言，在这方面做得较好。除锡未作出明确规定外，就铅、镉、汞、砷等主要污染物都做出了明确的规定。

表 6　中国蘑菇罐头污染物限量和 CAC 限量规定对比

单位：毫克/千克

污染物	食品类别	具体分类及规定	限量	
			中国①	CAC②
铅	食用菌及其制品	（限量以 Pb 计）	1.0	1
		新鲜食用菌（香菇和姬松茸除外）	0.2	—
镉	食用菌及其制品	香菇（限量以 Cd 计）	0.5	—
		食用菌制品（姬松茸制品除外）	0.5	—
汞	食用菌及其制品	总汞（限量以 Hg 计）	0.1	—
砷	食用菌及其制品	总砷（限量以 As 计）	0.5	—
锡	食用菌及其制品	限量以 Sn 计	—	250

数据来源：①《食品安全国家标准　食品中污染物限量》（GB 2762—2017）。

② CODEX STAN 193—1995 CODEX GENERAL STANDARD FOR CONTAMINANTS AND TOXINS IN FOOD AND FEED。

（二）蘑菇罐头食品添加剂限量标准体系对比

从表 7 和表 8 可以看出，CAC 对 17 种可能使用在蘑菇罐头中的食品添加

表 7　中国蘑菇罐头食品添加剂限量

单位：毫克/千克

序号	食品添加剂	中国
1	N-［N-（3，3-二甲基丁基）］-L-α-天门冬氨-L-苯丙氨酸 1-甲酯（又名纽甜）	33
2	二氧化硫，焦亚硫酸钾，焦亚硫酸钠，亚硫酸钠，亚硫酸氢钠，低亚硫酸钠	50
3	β-胡萝卜素	200
4	柠檬酸亚锡二钠	300
5	乳酸链球菌素	200
6	天门冬酰苯丙氨酸甲酯（又名阿斯巴甜）c	1 000

数据来源：《食品安全国家标准　食品添加剂使用标准》（GB 2760—2014）。

表 8 CAC 蘑菇罐头食品添加剂限量

单位：毫克/千克

序号	食品添加剂	CAC
1	β-胡萝卜素	200
2	阿斯巴甜	1 000
3	醋磺内酯钾	350
4	坚牢绿 FCF	200
5	焦糖色Ⅲ-氨法焦糖	50 000
6	聚二甲硅氧烷	10
7	类胡萝卜素	50
8	亮蓝 FCF	200
9	磷酸盐	2 200
10	氧化亚锡	25
11	纽甜	33
12	三氯蔗糖	580
13	糖精	160
14	甜菊糖苷	70
15	亚硝酸盐	50
16	乙二胺四乙酸盐	365
17	诱惑红 AC	200

资料来源：《主要贸易国家和地区食品中农兽药残留限量标准》。

剂限量作出了规定，中国对 6 种食品添加剂作出了限量规定。在已有限量中，中国的标准与 CAC 标准一致。两者之间的差别在于 CAC 标准涉及的食品添加剂种类更多更完善。

（三）蘑菇罐头农药残留限量标准体系对比

蘑菇罐头是将各种新鲜蘑菇通过挑选、预煮、装罐、浇汤、封口和杀菌等步骤最终做成的罐头产品，因此原材料蘑菇中的农药残留多少对于蘑菇罐头贸易具有较大影响。本文将中国蘑菇类产品中的农药残留和 CAC、美国、日本及韩国的标准分别进行对比。具体见表 9 至表 13。

表 9　中国对蘑菇类产品中农药残留最高限量的规定

单位：毫克/千克

序号	农药中文名称	适用产品	限量
1	2，4-滴和 2，4-滴钠盐	蘑菇类	0.1
2	百菌清	蘑菇类	5
3	代森锰锌	蘑菇类	1
4	氟氯氰菊酯和高效氟氯氰菊酯	蘑菇类	0.3
5	腐霉利	蘑菇类	5
6	氟氰戊菊酯	蘑菇类	0.2
7	甲氨基阿维菌素苯甲酸盐	蘑菇类	0.05*
8	乐果	蘑菇类	0.5*
9	氯氟氰菊酯和高效氯氟氰菊酯	蘑菇类	0.5
10	氯氰菊酯和高效氯氰菊酯	蘑菇类	0.5
11	马拉硫磷	蘑菇类	0.5
12	咪鲜胺和咪鲜胺锰盐	蘑菇类	2
13	氰戊菊酯和 S-氰戊菊酯	蘑菇类	0.2
14	双甲脒	蘑菇类	0.5
15	五氯硝基苯	蘑菇类	0.1
16	溴氰菊酯	蘑菇类	0.2
17	噻菌灵	蘑菇类（鲜、香菇除外）	5
18	氯菊酯	蘑菇类	0.1
19	除虫脲	蘑菇类	0.3
20	氟虫腈	蘑菇类	0.02

* 为临时限量。

资料来源：《主要贸易国家和地区食品中农兽药残留限量标准》。

表 10　CAC 对蘑菇类产品中农药残留最高限量的规定

单位：毫克/千克

序号	农药中文名称	中国	CAC
1	噻菌灵	5	60
2	溴氰菊酯	0.2	0.05
3	氯菊酯	0.1	0.1
4	除虫脲	0.3	0.3
5	咪鲜胺	2	3
6	灭虫胺	—	7
7	苯菌酮	—	0.5

资料来源：《主要贸易国家和地区食品中农兽药残留限量标准》。

表 11　美国对蘑菇类产品中农药残留最高限量的规定

单位：毫克/千克

序号	农药中文名称	中国	美国
1	百菌清	5	1
2	除虫脲	0.3	0.2
3	马拉硫磷	0.5	8
4	氯菊酯	0.1	5
5	噻菌灵	5	40
6	灭虫胺	—	1
7	硫化氢	—	0.01
8	丙环唑	—	0.1
9	敌敌畏	—	0.5
10	二嗪磷	—	0.752

资料来源：《主要贸易国家和地区食品中农兽药残留限量标准》。

表 12　日本对蘑菇类产品中农药残留最高限量的规定

单位：毫克/千克

序号	农药中文名称	中国	日本		
		蘑菇类	草菇	花菇	其他菇类
1	2，4-滴	0.1	0.05	0.05	0.05
2	百菌清	5	1	5	5
3	除虫脲	0.3	0.1	0.05	0.05
4	氟氯氰菊酯	0.3	0.02	0.02	0.02
5	氟氰戊菊酯	0.2	0.05	0.05	0.05
6	腐霉利	5	0.02	0.02	0.02
7	乐果	0.5	1	1	1
8	氯菊酯	0.1	0.1	3	3
9	氯氰菊酯	0.5	0.05	0.03	0.5
10	马拉硫磷	0.5	8	4	4
11	咪鲜胺	2	2	2	2
12	氰戊菊酯	0.2	0.5	0.5	0.5
13	噻菌灵	5	0.1	0.1	0.1
14	五氯硝基苯	0.1	5	0.02	0.02
15	溴氰菊酯	0.2	0.5	0.5	0.5

资料来源：《主要贸易国家和地区食品中农兽药残留限量标准》。

表 13　韩国对蘑菇类产品中农药残留最高限量的规定

单位：毫克/千克

序号	农药中文名称	中国	韩国			
		蘑菇类	平菇	香菇	蘑菇	其他菇类
1	除虫脲	0.3	0.1	—	0.1	—
2	咪鲜胺	2	0.1	—	0.5	—
3	氯氟氰菊酯	0.5	—	0.5	—	0.5
4	氯氰菊酯	0.5	—	5	—	0.05
5	氰戊菊酯	0.2	—	0.5	—	0.5
6	氯菊酯	0.1	—	3	—	0.1
7	噻菌灵	5	—	—	40	—
8	马拉硫磷	0.5	—	—	0.5	—

资料来源：《主要贸易国家和地区食品中农兽药残留限量标准》。

中国蘑菇类农药残留标准规定的蘑菇类农药残留指标有 20 项，涉及 26 种农药，其中 19 项为最大残留限量，有 2 项为临时限量。

1. 与 CAC 标准对比

其中，中国规定的 21 种农药残留，CAC 未作出限定；CAC 规定的 7 种农药限定标准中，中国有 2 种农药（灭虫胺和苯菌酮）未作出规定。中国与 CAC 指标相同的为氯菊酯和除虫脲两种农药，咪鲜胺和噻菌灵的标准严于 CAC，溴氰菊酯比 CAC 标准宽松 4 倍。

2. 与美国标准对比

美国针对蘑菇类产品作出了 10 种农药残留的限定，其中中国和美国同时制定的有 5 种。其中有 2 种农药（百菌清和除虫脲）的限量标准分别比美国宽松 5 倍和 1.5 倍。3 种农药（马拉硫磷、氯菊酯和噻菌灵）的标准比美国更为严格。中国制定的 21 种标准中，美国仅涉及 5 种；而美国制定的标准中中国有 5 种未涉及。

3. 与日本标准对比

日本肯定列表制度中将蘑菇类产品细分为草菇、花菇和其他菇类，针对草菇制定了 236 种农药的最大残留限量，针对花菇制定了 238 种农药的最大残留限量，针对其他菇类制定了 237 种农药的最大残留限量，未涵盖在上述标准中的其他农药，一律按 0.01 毫克/千克衡量。中国和日本均针对 16 种农药作出了限量要求，其中 2，4 -滴、氟氯氰菊酯、氟氰戊菊酯、腐霉利、噻菌灵 5 种农药限量标准比日本规定更为宽松；百菌清的限量与花菇和其他菇类相同，但比草菇类宽松 5 倍；氯氰菊酯的限量和其他菇类相同，但比草菇和花菇标准宽松；乐果、马拉硫磷、氰戊菊酯和溴氯菊酯 4 种农药的限量指标严于日本，咪鲜胺的限量与日本的指标相同。

4. 与韩国标准对比

从表 13 可以看出，中国和韩国相比较，氯氰菊酯的限量指标严于韩国香菇，但宽于韩国其他菇类；马拉硫磷的限量指标相同，氰戊菊酯和噻菌灵的限量指标相较于韩国更为严格，除虫脲和咪鲜胺 2 种农药的限量相较于韩国更加宽松，氯菊酯的指标严于韩国香菇的限量指标，但与其他菇类中的限量相同。

四、应对措施及相关建议

（一）与国际接轨，完善食品安全质量标准

通过对蘑菇罐头食品添加剂、污染物和农药残留限量标准体系的对比，我们发现相较于 CAC 标准和主要贸易国标准，中国在食品添加剂和农药残留限量标准制定方面内容尚不完善、体系尚不成熟。以日本、韩国为例，其针对不同的蘑菇类型制定了不同的农药残留标准，充分考虑了不同种类蘑菇在生产过程中存在的差异，而中国仅对蘑菇这一大类作出了限量规定。此外，相较于其他国家，中国食品添加剂及农药残留限量标准涉及的添加剂和农药种类也较少。因此，首先应系统梳理近年来蘑菇罐头出口受阻原因，找出导致出口受阻的具体添加剂和农药种类，根据进口国标准及时修改；其次，对其他国家有限量标准而中国未涉及的添加剂和农药及时进行补充，充分借鉴其他国家的经验，促使中国的蘑菇罐头检测检验标准与国际标准接轨。

（二）加强政府服务职能，推动产业升级

政府应当按照相关法律法规指导企业完善质量控制体系，并根据不同企业的特点协助企业建立健全质量管理制度和溯源制度，根据进口国法规要求建立从源头到成品的自检自控方案，提高企业的自检自控能力，打造标准化示范基地；搜集整理国外技术法规、标准，做好政策宣传和解读，定时更新出口产品指南，使企业可以更加直观和综合性地获取主要贸易国质量标准要求；充分发挥监管作用，对从原料进厂到加工到出口实施全程监管检测，控制产品质量。

（三）提高企业技术水平，及时开展农药残留风险评估

企业应当对蘑菇原料及生产过程各阶段进行多残留监控，掌握蘑菇种植用药品种和用药规律。同时，开展蘑菇罐头农药残留风险评估，根据评估结果及

时调整蘑菇罐头农药残留监控计划，提高监控检测的针对性和有效性。实行溯源管理，采用多形式建立原料基地，推动蘑菇罐头原料标准化、规范化、集约化生产，特别是针对重点国家关注的农药残留指标加强原料种植管理，确保辅助材料及包装物料具有检验合格证书，加强食品安全、罐头生产技术规程及关键技术工种、质量体系和企业管理培训，提高管理人员的安全卫生意识和现场监控能力。

产 业 篇

CHANYE PIAN

贸易政策变动对食糖产业影响研究
——基于 GTAP 模型分析

2017 年 5 月 22 日，商务部正式公布对进口食糖保障措施调查的终裁决定，结果显示，由于食糖进口数量增加，中国国内食糖产业受到了严重损害，且进口产品数量增加与严重损害之间存在因果关系。因此，国务院关税税则委员会决定自 2017 年 5 月 22 日起对进口食糖产品实施保障关税，实施期限为 3 年，自 2017 年 5 月 22 日至 2020 年 5 月 21 日。其中，第一年（2017 年 5 月 22 日至 2018 年 5 月 21 日）保障关税为 45%，第二年（2018 年 5 月 22 日至 2019 年 5 月 21 日）保障关税为 40%，第三年（2019 年 5 月 22 日至 2020 年 5 月 21 日）为 35%①。中国进口食糖政策的变动会给国内食糖产业带来怎样的影响？政策变动后能否解决国内食糖产业利润受到严重损害这一根本问题？在此背景下，本课题运用 GTAP 模型，通过实证研究从生产者和消费者角度预测国内食糖产业生产和消费变动情况，并利用探索性空间分析（ESDA 模型）深入探究进口食糖保障措施实施前后国内食糖产业结构的变化，给出了政策模拟后带来的实际效果，为准确认知和评价食糖进口政策调整提供了合理依据，也为取消保障措施可能对食糖生产和消费带来的负面影响进行了预测分析。

一、国内外相关研究文献评述

国外学者对食糖产业政策变动的影响分析较多。代表性的如 David 等（2008）运用 CARD 模型分析了在多边贸易自由化背景下的美国食糖计划和一个标准的商品计划代替现有的食糖计划这两种政策情景下带来的影响，结果表明，用一个标准的商品计划代替现有的食糖计划将会增加美国纳税人的计划成本，同时也会降低美国食糖用户的成本。John 和 Amani（2013）利用拓展的 FAPRI - ISU 模型来探究当前美国食糖计划对美国生产者、消费者、中间加工

① 配额外进口糖的配额外关税与保障关税叠加后实际征收的关税是：第一年为 95%，第二年为 90%，第三年为 85%。

商的各种福利成本，贸易和就业影响，实证研究表明取消食糖计划将使美国消费者的福利增加，并为食品制造业和相关行业创造新就业。近几年，Jayanti 和 Pathak（2016）通过问卷调查和二手资料的数据研究以及评估糖业不同类型的法定和非法定福利设施，结果表明对福利设施的投资是有利可图的，劳动福利在工业经济中具有重要作用。Herrmann（2017）对参与食糖和大米投资的家庭福利进行了研究比较，通过分析 516 户家庭的横断面调查数据发现，从事糖业投资的家庭福利效果明显大于大米投资。

国内有关食糖产业政策影响研究，大多是从理论上分析政策带来的影响趋势。徐雪（2011）从统计学的角度评估近年来中国现有的食糖政策效果，并根据存在的相关问题提出食糖产业发展政策的建议。司伟（2012）在统计数据和测算数据的基础上从消费结构和区域消费差异两个维度对国内食糖消费增长和消费差异的原因进行深刻剖析。另外，孙群青（2017）通过实地调查探究云南省蔗糖产业现状，分析了蔗糖产业政策的实际效果及存在的问题。也有学者通过实证分析探究不同政策背景下食糖产业的发展：吕静（2010）对国际食糖保护政策对中国食糖产业的影响感兴趣，她运用波特的国家“钻石”模型考察了国内食糖产业缺乏竞争力的原因，研究表明，由于中国没有设立专门保护食糖产业发展的体制，导致中国食糖产业贸易环境的不公平。张瑞娟（2016）使用 VAR 模型针对国家储备政策对猪肉和食糖产业带来的政策效果进行评估，结果表明，国家储备政策需要根据不同的产品采取不同的储备计划。

从现有研究来看，尽管国内对食糖产业的研究成果较丰富，但是对国内食糖产业的政策影响研究这一部分却存在较大的空白，国内针对食糖产业政策性影响的文献研究数量上并不多，其中更是鲜少运用 GTAP 模型进行实证研究。本课题在进口食糖保障措施提出的背景下，在实证模型和数据统计的基础上深入探究该政策带来的产业影响，并为食糖产业发展提出针对性的合理化建议。

二、研究的理论分析

（一）研究的整体框架

本课题主要的研究框架如图 1。

本课题首先根据政策变动情况冲击进口关税税率（TMS），获得中国食糖政策变动在国际贸易大背景冲击下的影响，再将这种变动影响外生化，从生产者和消费者角度预测国内食糖产业各省份生产区域和消费区域的变动情况，最后

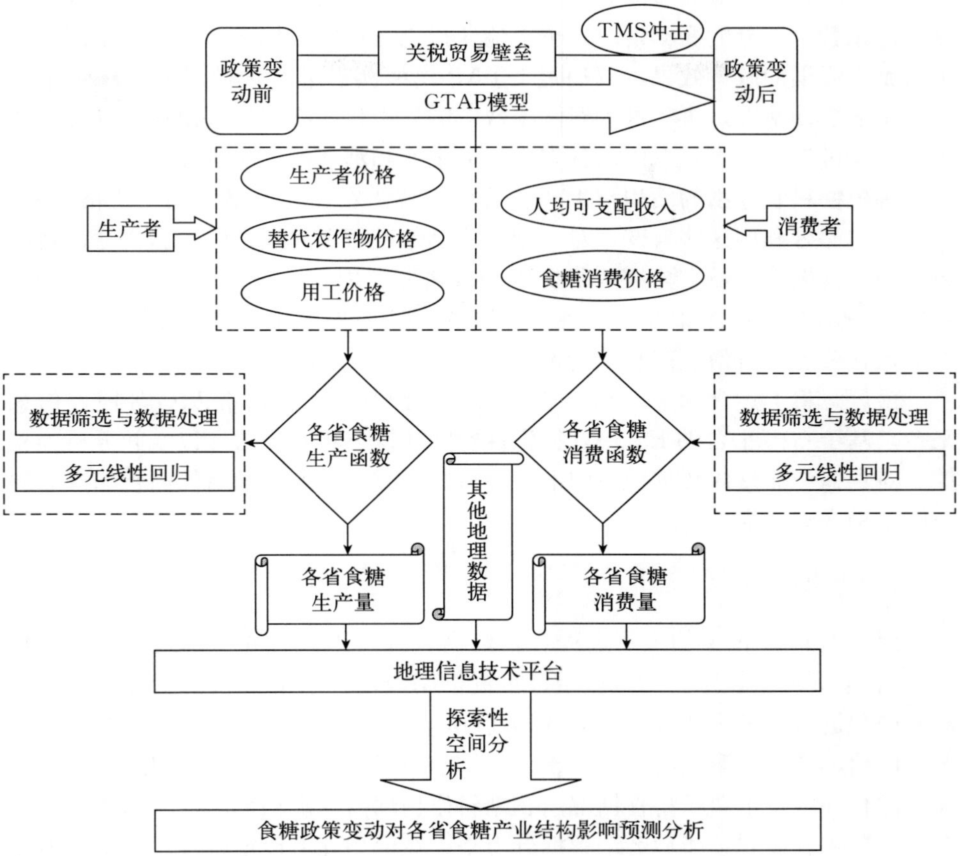

图1 研究框架图

将预测数据及食糖业地理数据导入地理信息平台，运用探索性空间分析食糖产业结构的变动影响，通过食糖生产消费和结构变动等方面分析进口食糖保障措施带来的政策效果，并针对政策影响提出相关建议。

（二）研究思路

GTAP模型是首先建立可详细描述对每个国家（或地区）生产、消费、政府支出等行为的子模型，然后通过国际间商品贸易的关系，将各子模型连接成一个多国多部门的一般均衡模型。目前，世界贸易组织、国际货币基金组织和世界银行等都已经采用GTAP模型对国际经济进行分析，并获得良好的结果。由于本课题重点研究进口食糖政策变动的影响，涉及多个国家和行业，因此，本课题需要运用GTAP全球贸易模型进行政策模拟。但是，GTAP模型也存在缺陷，它仅能通过政策变动获得一个国家整体变动情况，并不能计算出这个国家各个部分的变动情况，也不能获得该行业的结构变动情况。本课题为了得到更详细的政策效果，仅通过 GTAP 模型获得进口食糖保障措施带来的经济参数变动情况，再将这些经济参数影响外生化，间接计算出在全球贸易背景下食糖进口保障措施对国内各省份食糖生产和消费的影响。

种植糖料农作物的面积与生产者价格、替代农作物价格和用工价格有关，因此，本课题利用这些自变量对食糖生产函数进行多元线性回归。食糖消费函数是利用食糖消费量、食糖消费价格和人均可支配收入进行线性回归。然后，将 GTAP 模型模拟政策变动后各个参数的变动率外生化，带入食糖生产和消费函数，获得各省份生产和消费量的变动情况。

最后，将上述食糖生产和消费变动量及其他地理数据带入 GIS 地理信息平台，基于 GIS 平台的 ESDA（探索性空间数据分析）方法，以空间分析为支撑，对食糖产业整体数据做空间上的分析，探究政策变动前后国内食糖产业的空间结构变动特征。

（三）模型方案设计

建立 GTAP 模型的主要过程包括数据合并（国家合并、部门合并、要素合并）、模型冲击设定、闭合设定、投资机制设定、求解方法设定等。本课题需要中国进口食糖主要来源国的变动情况，因此，本课题主要把国家分为：中国、巴西、泰国、澳大利亚、韩国、欧盟、其他发达国家和其他发展中国家；在部门合并中，本课题将食糖部门、糖料作物部门和水稻部门拆分出来；要素合并主要将农业非技能型劳动力拆分出来；在模型冲击设定阶段，进口食糖保障措施保障关税仅仅针对配额外进口食糖，配额内进口食糖关税仍为 15%；在闭合设定中，标准的 GTAP 模型中默认的是长期闭合，但是本课题只考虑短期闭合（1～3 年），即短期内劳动力报酬是相对固定的，劳动力实际工资保持不变，资本在行业中固定不变；在投资机制设定中采用默认的设定，即假设投资会随着资本回报率而发生改变；在求解方法设定中采用 Gragg2－4－6 以减少误差。

三、GTAP 模型结果分析

GTAP 模型是可计算一般均衡模型中的一类，是将每个国家生产、消费、政府支出等行为通过方程式有效联系起来的多国多部门的一般均衡模型。因此，本课题主要通过 GTAP 全球贸易模型得到食糖生产和消费经济参数变动率，并获得进口食糖保障措施对国内食糖产业整体的冲击效果。由于进口食糖保障措施中的保障关税是逐年递减的，后两年的政策是在第一年政策冲击的背景下变动的，因此政策具有一定的联动性，而GTAP模型设置的冲击是将政策变动前的税率逐一产生冲击，并不能产生政策冲击后的联动性。为了解决这个问题，本课题需要逐年将政策变动后的政策冲击效果重新导入到新模型中，因此从第二次模拟政策开始需要将上一次模拟后升级的数据库作为基础数据库来模拟政策的联动性。在此基础上，通过GTAP模型进行政策模拟冲击后相关参数变动率结果如下各表。

（一）对国内宏观经济的影响①

由于2017年进口食糖保障关税是在现有关税基础上直接征收45%的税率，会直接导致食糖进口量的大幅减少进而减少总进口（－0.021%）（表1）；GDP的减少除了由消费和总出口的负增长所带动，还受到国内经济结构调整和宏观经济形势等因素的影响。居民消费的减少（－0.013%）受到居民消费价格指数增长（0.02%）的影响，这可能使得消费的影响有所减弱。另外，由于中国对配额外进口食糖的加税行为导致国际贸易存在一定的阻碍，间接引起国内总出口有所下降（－0.014%）；用于投资的收入有所下降（－0.007%），那么居民家庭收入会有所改善（0.002%）；投资、消费和总出口均有所减少，

表1 进口食糖保障措施对国内宏观经济的影响结果

单位：%

类　别	2017年	2018年	2019年
国内生产总值	－0.007 281	0.000 752	0.000 748
投资	－0.007 818	0.000 724	0.000 726
居民家庭收入	0.002 454	0.000 081	0.000 021
居民消费	－0.012 980	0.001 251	0.001 256
居民消费价格指数	0.020 134	－0.001 567	－0.001 642
总进口	－0.021 220	0.001 295	0.001 417
总出口	－0.014 202	0.000 864	0.000 956
福利水平（百万美元）	－498.545 624	54.515 877	53.723 152

① 本部分是进口食糖保障措施对国内宏观经济的影响，进而考察总福利的变化。如果仅考虑对食糖产业的影响，也可以将本部分删掉。

也就在一定程度上阻碍了福利水平的增长（－4.985 亿美元）。2018—2019 年进口食糖保障关税逐年放宽，因而总进口、总出口和投资均有所改善（0.001%）；进口食糖关税放宽刺激居民食糖消费价格会有所下降，进而影响居民整体消费价格指数略有降低（－0.002%），刺激居民消费增长（0.001%）；在总出口、投资和消费推动下，GDP 得到一定程度改善（0.001%），同时经济正向增长也会影响到居民收入水平（0.0001%）；在整体经济向好的情况下，国内福利水平也开始增长（0.545 亿美元、0.537 亿美元）。

从国内宏观经济整体影响来看，进口食糖保障措施给国内宏观经济带来了一定的消极影响。这是由于进口保障关税的实施对总进口和总出口造成一定的消极影响，进而导致了国内生产总值的降低，但是从政策初衷而言，进口食糖保障措施通过对国内食糖产业的保护，在一定程度上间接提升了国内居民家庭收入。

（二）对国内食糖产业的影响

从国内食糖产业整体冲击效果来看，进口食糖保障措施对国内食糖产业产生了较大冲击（表 2 至表 4）：2017 年刚开始对进口食糖征收保障关税效果比较显著，国内食糖和糖料作物产出分别增长 7.29%、6.68%，国内食糖产业得到了有效保护，食糖市场价有所提升（1.43%），因此，国内食糖的消费福利随之提高了 14.42%；而进口食糖产业影响与之相反，无论是进口食糖市场价格、消费福利，还是食糖进口量，均出现大幅度下滑，进口食糖保障措施不仅对中国主要食糖进口来源国（巴西、泰国和韩国）产生了较大的抑制效果，而且刺激了中国对其他国家食糖进口量的增加①。2018 年和 2019 年同样随着

表 2　GTAP 模型政策冲击后生产消费函数参数变动率

单位：%

年份	生产函数参数变动率			消费函数参数变动率	
	Δp_1	Δp_2	Δp_3	Δp_4	Δx
2017	1.204 319	0.050 051	0.004 098	1.427 881	0.002 454
2018	－0.097 823	－0.004 165	－0.000 262	－0.117 179	0.000 081
2019	－0.100 989	－0.004 289	－0.000 286	－0.120 732	0.000 021

注释：Δp_1—甘蔗出售价格变动率；Δp_2—水稻出售价格变动率；Δp_3—用工价格变动率；Δp_4—食糖消费价格变动率；Δx—人均可支配收入变动率。

① 保障措施实施的同时，还有不适用食糖保障措施国家（地区）名单，这些国家的配额外食糖进口仍然适用 50%的关税，名单之外的国家适用 95%的关税，该措施是 2017 年效果比较显著的主要原因之一。

表 3　进口食糖保障措施对国内食糖产业的影响结果

单位：%

类别	2017 年	2018 年	2019 年
食糖产出	7.293 506	−0.562 412	−0.582 644
糖料农作物产出	6.680 482	−0.518 113	−0.536 511
国内食糖市场价	1.427 881	−0.117 179	−0.120 732
进口食糖市场价	−0.079 064	0.004 153	0.004 644
国内食糖消费福利	14.420 077	−1.159 864	−1.201 323
进口食糖消费福利	−43.785 175	3.528 402	3.653 113

表 4　进口食糖保障措施对中国食糖进口量的影响

单位：%

国家	2017 年	2018 年	2019 年
巴西	−56.450 100	9.428 977	9.724 397
泰国	−38.275 414	8.205 145	5.936 873
澳大利亚	78.071 022	−4.805 759	−4.916 802
韩国	−41.859 524	8.295 019	6.005 680
欧盟	78.263 008	−4.816 805	−4.927 659
其他发达国家	78.101 402	−4.806 888	−4.917 849
其他发展中国家	78.296 585	−4.817 770	−4.928 671

进口食糖保障关税的逐步放宽，食糖产业影响逐渐放缓。与 2017 年相对照，国内食糖和糖料作物产出开始略有缩减，进口食糖关税略降导致进口食糖竞争力略增，一方面导致进口食糖市场价和消费福利水平随之小幅上涨，另一方面，国内食糖只有通过降价（−0.12%）获得一定的市场，中国来自巴西、泰国和韩国等主要食糖出口国的食糖进口量也开始出现小幅回升。2018 年中国从主要食糖出口国的进口量小幅回升，受两个因素影响，一是食糖价格低位，二是取消不适用名单：2018 年 8 月前，对于来自发展中国家（地区）的产品，如其进口份额不超过 3%，且这些国家（地区）进口份额总计不超过 9%，不适用保障措施，即适用 50%的配额外关税。2018 年 8 月 1 日起，商务部 2018 年第 58 号文件取消不适用食糖保障措施国家（地区）名单，即对所有国家出口到中国的配额外食糖不再有豁免保障关税的国家，全部适用“50%＋保障关税”的税率。同等竞争情况下，巴西、泰国和韩国等主要食糖出口国出口到我

国的食糖数量有所恢复。

（三）进口食糖保障措施政策效果预测

通过 GTAP 模型政策模拟后获得的结果来看，我们可以预测进口食糖保障措施带来的政策效果，不管是宏观经济政策影响效果还是微观产业政策影响效果，进口食糖保障措施都是在第一年取得了相对后两年更为显著的政策效果，在随后两年政策保护效果有所减弱。虽然进口食糖保障措施对国内宏观经济造成一定的消极影响，但是实现了政策初衷，即进口食糖保障措施给国内食糖产业带来了积极促进作用。因为进口食糖保障措施的政策初衷是为了减少过去 5 年食糖过度进口对国内产业造成的损害，实施保障关税措施，希望食糖进口有序可控，从而希望国内食糖产业得以稳定和发展。无论从国内食糖产出和销售量，还是国内食糖消费福利水平来看，国内食糖产业都有所获益，因此，进口食糖保障措施取得了良好的政策保护效果，实现了国内食糖产业保护的政策目标。从具体实施年限的政策效果来说，进口食糖保障措施在第一年取得了最好的保护效果，随后两年由于保障税率在逐步降低，并且食糖市场具有自我调节功能，政策保护效果有所减弱，因此，通过 GTAP 模型结果可以预测进口食糖保障措施 3 年来的具体政策效果是：进口食糖保障措施在一定程度上实现了国内食糖产业保护的政策目标，并且在第一年将获得最显著的政策效果，在随后两年政策效果会逐渐减弱。

四、各省份食糖生产消费量变动研究

（一）研究思路

在获得 GTAP 模型政策变动后的经济影响变动情况后，进一步分析各省份食糖生产量和消费量的具体变动情况。通过国内各省份食糖生产函数和消费函数来间接计算出国内食糖产区生产量和各省份食糖消费量的变动情况。因此，本节从国内食糖产区生产量变动、各省份消费量变动以及食糖消费替代效应这三方面进行研究。

（二）国内食糖生产和消费回归函数结果分析

虽然中国既产甘蔗糖又产甜菜糖，但是中国甘蔗糖产量占食糖总量的 89%左右，而且中国 95%以上的甘蔗糖产地来自广西、云南、广东和海南，因此，本课题食糖生产函数主要测算以上 4 个省份。由于各省份食糖消费量没有具体的统计值，本课题将各省份食糖消费量分为民用消费和工业消费分别进行统计计算，存在一定的偏差。表5是各省份食糖消费量估计值加总后的全国食糖消费量估计值与中国糖业协会统计的各年全国食糖消费量统计值的对比情况。可见估计值与实际值差距最大不超过10%，因此，本课题估计方法较为合理。

表5 全国食糖消费量估计值与统计值对比

单位：万吨

对比项	2000	2001	2002	2003	2004	2005	2006	2007	2008	2009
统计值	850	915	1 000	1 140	1 050	1 070	1 250	1 300	1 390	1 379
估计值	842	934	1 025	1 083	1 144	1 131	1 152	1 231	1 258	1 280
差值	8	−19	−25	57	−94	−61	98	69	132	99
相差百分比（%）	0.94	−2.08	−2.50	5.00	−8.95	−5.70	7.84	5.31	9.50	7.18

本课题对食糖生产和消费函数进行线性回归后（函数表达式和处理过程限于篇幅从略），将表2的经济变量外生化，代入各省份生产和消费函数得到表6和表7各省份生产和消费量的变动幅度。从结果可以看出：第一，从食糖生产量变动来看，第一年进口食糖保障措施给广东、广西、海南的食糖生产量带来了比较明显的增长，但是云南生产量变动较小，后两年的政策效果明显减弱；第二，从食糖消费量变动来看，全国大部分省份的食糖消费量在第一年都有所下降，而在随后两年开始有所上升。

表6 进口食糖保障措施下中国食糖主产区生产量变动幅度

单位：%

省份	2017	2018	2019
广东	3.049 071	−1.363 592	−2.835 682
广西	4.745 013	−1.183 327	−2.428 321
海南	14.677 090	18.316 170	1.448 447
云南	−0.959 372	−1.715 370	−1.646 524

表7 进口食糖保障措施下中国各省份食糖消费量变动幅度

单位：%

省份	2017	2018	2019
北京	−5.834 547	0.498 698	0.513 800
天津	−10.595 495	−37.409 522	−37.414 042
河北	−0.968 166	−2.727 690	0.228 970

（续）

省份	2017	2018	2019
山西	2.058 707	0.160 028	0.163 198
内蒙古	−2.682 694	−17.597 301	1.613 613
辽宁	−6.282 950	−5.787 020	−5.785 919
吉林	−1.641 485	0.137 231	0.141 340
黑龙江	−0.228 020	−0.819 483	0.068 111
上海	−3.456 165	0.291 227	0.300 076
江苏	−13.971 961	−14.057 481	−33.063 253
浙江	−1.302 138	0.158 630	0.163 256
安徽	−0.295 092	−0.527 448	0.043 763
福建	−1.630 753	0.136 323	0.140 405
江西	−1.689 721	0.141 371	0.145 588
山东	−1.793 789	0.149 978	0.154 493
河南	6.686 498	−0.883 382	−0.843 799
湖北	−3.579 796	0.302 551	0.311 607
湖南	−5.449 216	0.464 867	0.478 915
广东	3.423 337	5.644 332	5.649 534
广西	−18.493 041	−19.507 889	−20.430 605
海南	−9.007 472	−39.126 187	−39.133 774
重庆	5.143 204	0.001 475	0.000 050
四川	7.828 216	9.369 675	9.373 266
贵州	−3.877 988	−3.534 557	−4.998 221
云南	−0.463 828	0.038 593	0.039 734
西藏	−7.995 324	0.691 958	0.712 927
陕西	−3.859 238	0.326 585	0.336 382
甘肃	1.695 963	−39.790 552	−39.800 164
青海	7.421 536	7.459 721	0.039 337
宁夏	−3.929 328	−6.153 731	0.526 672
新疆	−4.675 296	0.397 246	0.409 214

（三）食糖消费替代效应分析

通过上文中计算的进口食糖保障措施实施后各省份食糖消费量的变动幅度

估计全国食糖消费量的变动情况，但是想要更加贴近地计算出全国食糖消费的变动情况，还需要考虑国内食糖产业的替代效应，即通过考虑食糖走私量和淀粉糖的替代作用，进一步探究全国食糖消费量的变动。

本文首先可以通过进口食糖保障措施实施后各省份食糖消费量变动幅度预测全国食糖消费量的变动幅度，由于各省份食糖消费量的估计值只能预测2010年前的数值，无法通过2016年各省份食糖消费量和变动幅度来计算出后3年各省份食糖消费量，因此，本文通过全国各省份食糖消费量变动幅度的平均值来预测全国食糖消费总量，结果表明，2017年全国食糖消费量估计为1 462万吨，2018年和2019年均较上年稳中略降。

从全国食糖走私量和淀粉糖替代量的发展态势来看，由于2015年国内食糖走私案件频发，中国海关在2016年开始严厉打击食糖走私，因此，全国食糖走私量从2015年以来呈现逐渐下降的趋势，2017年的降幅更大；全国淀粉糖对白糖的替代量稳定上涨，主要是淀粉糖的价格优势起作用。

根据食糖走私入境量的估计，2017年全国食糖走私量预计达到了198.8万吨，在全国食糖消费量中的替代比例超过10%；2017年全国淀粉糖替代白糖消费量预计达到302万吨，在全国食糖消费量中的替代比例进一步上升。整体而言，预计2017年全国食糖走私量和淀粉糖的替代比例达到了34.26%。由于进口食糖保障措施的实施对国内食糖产业起到了有效保护，国内食糖价格有所上涨，但国内消费量有所下降，另一方面，国内淀粉糖产量在逐年增长，因此，在进口食糖保障措施实施后，国内淀粉糖对白糖的替代比例会逐渐增加，替代效应会进一步增强。

五、国内食糖产业空间结构变动分析

（一）模型数据处理

在地理信息方面，本文主要通过地理数据与统计数据的结合进行探索性空间分析，地理空间数据采用1∶3 000万比例的各省份中国地图。在进行空间自相关分析之前需要建立空间权重矩阵，由于中国各省份区域多边形大小并不均匀，本文空间权重选择基于距离的空间权重。基于距离的空间权重是定义一个直线距离 d，如果任意两个区域的几何中心之间的直线距离在定义的直线距离 d 之内，则定义为1，如果超过 d，则定义为0。

在统计数据方面，进口食糖保障措施实施期间各省份食糖生产量和消费量主要是将上文中计算的国内各省份生产量和消费量变动幅度分别乘以前一年各省份生产量和消费量计算出来的，并将这些数据导入ARCGIS地理信息平台，可以运用这些经济数据获得进口食糖政策变动后食糖产业的结构变动情况。

（二）ARCGIS-ESDA 模型结果分析

ARCGIS-ESDA 模型主要用来比较进口食糖政策变动前后食糖产业结构的变化，先通过全局自相关分析观察食糖产业总体的空间布局特征，再通过局部自相关分析进一步探索具备集聚现象的省份及其空间布局情况。全局自相关分析结果表明（表 8）：第一，食糖生产量的 p 值均通过了 0.05 的显著性水平检验，同时 Z 值在 95%的置信水平上全部大于 1.96，Moran’s I 值也都大于 0，表明食糖生产量存在空间正自相关性，也就是食糖生产量存在空间聚集性。具体而言，在政策变动前的 2014—2016 年 Moran’s I 值逐渐减少，表明食糖生产量的空间聚集性在这几年趋势越来越小，而政策变动后的 2017—2019 年空间聚集性呈现出逐渐加强的趋势，空间差异在缩小。究其原因，由于进口食糖保障措施的实施，国内需要加大食糖生产量，食糖主产区会加大糖料种植面积，因此，食糖生产量的整体空间聚集性加强。第二，只有 2008 年食糖消费量存在着一定的空间正相关性，Z 值略大于 1.96，说明其他年份的食糖消费量在总体上来说空间分布特征不太明显，呈现随机分布特点。

表 8　食糖生产消费量全局 Moran’s I 统计值

	年份	Moran’s I	p 值	Z 值
食糖生产量	2014	0.071 5	0.015 2	2.141 5
	2015	0.068 9	0.016 1	2.058 4
	2016	0.068 2	0.015 6	2.073 6
	2017	0.065 7	0.015 5	2.097
	2018	0.067 1	0.015	2.134 1
	2019	0.067 9	0.014 9	2.141 8
食糖消费量	2007	0.126 8	0.035 6	1.855 5
	2008	0.133 3	0.032	1.983 2
	2009	0.117 9	0.038 8	1.801 2
	2017	0.103 4	0.046 7	1.654 8
	2018	0.083 7	0.061	1.435 1
	2019	0.063 3	0.086 2	1.197 6

六、研究结论及对策建议

（一）研究结论

通过以上实证研究，进口食糖保障措施带来的影响主要有：

1. 从食糖产出、价格和食糖消费者福利角度看，进口食糖保障措施确实对国内食糖产业带来了较显著的积极影响

无论是国内食糖产出、价格还是食糖消费者福利，对食糖生产者来说均产生了比较显著的政策效果，但是后两年的政策影响开始逐渐减弱。这是因为进口食糖措施在第一年对配额外进口食糖直接增加了45%的保障关税，刚开始实施带来的政策冲击最大，而在后两年因为市场具有自我调节、自我恢复的功能，国内食糖市场开始逐渐适应进口食糖保障措施带来的冲击，2018年上半年某些小贸易国贸易路径打通，以及随后两年的保障税率也在逐年降低，所以食糖市场在后两年的变动程度会逐渐减弱。虽然随后两年效果有所减弱，但是与政策实施前相比国内食糖产业仍然得到了有效的改善。

2. 进口食糖保障措施对宏观经济影响第一年是消极的，后两年逐渐转好

从进口食糖保障措施对国内宏观经济的影响来看，进口食糖保障措施在第一年给国内宏观经济整体影响是消极的，无论是GDP、居民消费，还是国民福利水平均有所下降，但是后两年带来的宏观经济影响开始向好，逐渐恢复。该结果与贸易政策调整以及中国经济发展形势和结构调整都有关系。

3. 配额外食糖进口有序运行，进口食糖来源趋向多元化

进口食糖保障措施实施后，与配额外自律、自动许可措施一起，对进口食糖市场秩序有序运行发挥了积极作用。从食糖进口量来看，2017年和2018年中国食糖进口量较前几年有所下降（表9），保障关税“闸门”上调的功能初步发挥；从食糖进口价差变化来看，保障关税使得配额外进口有利可图的机会大幅减少①。从食糖进口国看，进口食糖来源趋向多元化（表10），2016年前6国食糖进口占当年食糖进口的98.7%，2017年和2018年分别降至85.4%和75.3%。食糖进口来源大国食糖进口量的减少，不仅可以避免中国食糖贸易受到食糖进口来源大国牵制，而且能够分散食糖产业国际贸易风险，对中国食糖产业稳定发展提供了一定的保障。

① 值得关注的是，2019年5月，随着国际糖价下跌和保障关税水平下降至35%，配额外食糖进口有利可图机会增多。

表 9　2014—2018 年中国食糖进口量变化

单位：万吨

年份	2014	2015	2016	2017	2018	2019 年 1—4 月
进口量	348.58	484.59	306.19	229	280	54

资料来源：中国海关总署。

表 10　2016—2018 年中国食糖进口来源国占比变动

单位：万吨、%

2016 年			2017 年			2018 年		
国家	进口量	占比	国家	进口量	占比	国家	进口量	占比
巴西	198.9	65.0	巴西	79.0	34.5	巴西	73.2	26.2
古巴	43.7	14.3	古巴	40.2	17.6	古巴	37.3	13.3
澳大利亚	19.7	6.4	泰国	28.9	12.6	泰国	28.7	10.3
韩国	19.6	6.4	韩国	18.2	7.9	萨尔瓦多	21.3	7.6
泰国	18.0	5.9	澳大利亚	18.1	7.9	韩国	18.4	6.6
危地马拉	2.2	0.7	萨尔瓦多	11.2	4.9	尼加拉瓜	17.6	6.3

资料来源：中国海关总署。

4. 国内食糖生产整体空间聚集性增强，局部空间变动较小

在政策变动前，食糖生产量的空间聚集性越来越小，空间差异在增大，而政策变动后空间聚集性呈现逐渐加强趋势，空间差异在缩小。由于进口食糖保障措施的实施，进口食糖数量下降，国内食糖需求从进口食糖转向国内食糖，国内需加大食糖生产量，食糖主产区会加大糖料种植面积，这样使得食糖生产主区食糖产量占比增大①，其他地区产量占比减少，因此，国内食糖生产量的整体空间聚集性增强，空间差异逐渐缩小。而从各省份食糖生产量的局部空间分析来看，各省份局部空间特征呈现出较大的正向溢出效应，聚集度较高，空间差异较小；从进口食糖政策变动前后食糖生产量结构变动来看，由于食糖产业生产的特殊性，对气候、雨量和土质等方面有较高要求，而南方气候、雨量和土质更适宜种植糖料作物，因此，各省份食糖生产量的空间结构不会随着进口食糖政策变动而有所改变，国内食糖生产量分布仍呈现南高北低特点，南方

① 这种变动态势也与国家对主产区广西、云南的扶持力度更大有关，比如与《糖料蔗主产区发展规划（2015—2020 年）》的实施紧密相关。

聚集分布，而北方低值分布，这种空间分布和糖料农作物对自然条件要求严格有很大的关系。

5. 食糖消费的整体负向溢出效应增强，局部省份略有变动

通过ARCGIS探索性空间分析结果可以看到，从整体来说，进口食糖保障措施实施后，食糖消费量结构特征呈现本区域数值低、附近区域数值高、空间差异大的省份在增加，而结构特征呈现出本区域数值高、附近区域数值高、空间差异小的省份却在减少，这说明国内食糖消费的整体空间差异越来越大，整体的正向溢出效应减弱，负向溢出效应增强。从各省份结构变动情况来看，广东和广西的食糖消费结构有所变动，其他省份食糖消费结构变动不大。具体而言，广东食糖消费结构在政策变动前呈现本区域数值高、附近区域数值高、空间差异小的特点，但在进口食糖保障措施实施后，广东食糖消费结构变得不显著，这反映出广东食糖消费结构在政策变动后空间聚集性开始减弱，空间分布差异在增大。广西食糖结构变动情况与之相反，从不显著到政策变动后空间差异增大，表明广西本身食糖消费量少，而周边省份食糖消费量多，这种空间差异程度在进口食糖保障措施实施后得到增强，聚集性减弱。

6. 淀粉糖形成稳定替代效应，削弱了保障措施的执行效果

由于进口食糖保障措施带来的国内食糖价格稳定，导致淀粉糖具有更强的价格优势，并对国内食糖消费形成稳定替代以及替代比例增大。因此，进口食糖保障措施间接增强了淀粉糖的替代效应，这种替代会间接损害国内糖企的利润，给国内食糖产业带来一定的消极影响。

（二）对策建议

根据本课题的研究结论，主要提出以下几点建议：

1. 完善国内糖料保障体系，规避国际贸易风险

为了减弱国外进口食糖带来的冲击，国内出台实施了为期3年的进口食糖保障措施，而3年期限过去，在2020年配额外进口食糖税率恢复到50%，同时国内并未出台相关进口食糖保障措施替代政策，那么国外进口食糖对国内食糖产业的冲击仍然严重。而且，本文研究发现进口食糖保障措施政策效果逐年减弱，如果没有相关辅助政策，那么进口食糖保障措施的实施效果可能难及预期。因此，还需要进一步完善国内食糖保障体系来保障国内食糖生产利益。我们可以在食糖的生产、加工和消费等环节上完善食糖保障体系，例如在食糖生产阶段实行生产者补贴，在食糖加工阶段给予国内糖企减税降费等。

由于进口食糖保障措施的实施，巴西作为中国食糖进口主要来源国，其食糖出口大减，利益受损，并且已经提出了异议，开始与中国进行磋商。为了避免类似的国际纠纷，可以从国内食糖政策角度出发，实行食糖生产补贴或者给予国内糖企税收优惠，从国内食糖生产者或者消费者角度提出相关食糖保障措施，以此填补国内食糖保障政策的不足，并在一定程度上规避国际贸易风险，避免引起国际争端。

2. 延长食糖保障关税实施时间①，或者完善现有进口食糖政策

进口食糖保障措施3年保障期结束后，国内食糖产业又回到以前的严峻形势。为了让国内食糖产业不再遭受进口食糖带来的重创，可以根据实际情况适当延长食糖保障关税实施时间，也可以完善现有进口食糖政策，使得配额外食糖有序进口，促进国内食糖产业平稳发展，比如继续坚持关税配额、自动许可、配额外自律进口措施的同时，将合理调整配额内进口食糖收益为产业发展服务；严厉打击走私，将有走私行为的企业纳入征信系统，列入企业黑名单。

3. 针对各省份食糖产业实际，做好食糖产业规划

充分发挥食糖生产量的正向聚集效应，这需要对不同省份的食糖生产量做好整体规划，发挥好食糖生产的聚集效应，与国内食糖消费相互协调，促进国内食糖行业健康发展。

4. 发挥绿色高效甘蔗基地示范引领效应，全面提升糖料产业竞争力

进口糖的冲击根源在于中国食糖产业竞争力存在严重不足。国内食糖产业竞争力差主要来源于糖料成本过高，而在现实实践中，已经形成了广西扶绥、云南耿马、广东湛江、海南等现代绿色高效的甘蔗产业发展模式的成功经验，该模式以种业创新为引领，以机械化为核心，以精准施用、科学管理、降本增效、轻简高效为特征，增强对种管收各环节和关键时点的精准把握，延长宿根蔗年限，配套以精准施药施肥技术、农机农艺融合技术，已经有了数万亩②的这种基地实现提高产量20%以上，减施药、肥25%以上，提高含糖量0.5～1个百分点，节省用种量约40%，在周围区域形成了较好的口碑和辐射效应。建议有条件的地区尽快进行复制和学习，进一步总结经验后进行推广，通过甘蔗产业降本增效提升产业竞争力，才能真正促进产业长远稳定发展。

① 据巴西农业部发布信息，中国2020年食糖保障措施到期后，取消保障措施，但中国尚未确认，如果属实，本条建议就修改为“完善现有进口食糖政策”。

② 亩为非法定计量单位，1亩≈667米^2。——编者注

中新和中澳自贸协定对中国乳业发展的影响分析

一、前言

（一）签订背景

1. 中国和新西兰自由贸易协定的签订背景

中国与新西兰政治互信逐渐加深。自1972年12月中新建交以来，各领域友好合作关系发展顺利，两国经贸关系一直保持健康稳定发展。1997年8月，新西兰在西方国家中率先与中国就加入WTO问题达成双边协议，2004年4月新西兰第一个宣布正式承认中国“完全市场经济国家”地位。

中国和新西兰贸易往来不断深化。中国自改革开放以来，国内经济飞速发展，GDP由1998年的10 290.43亿美元增加至2007年的35 521.82亿美元，翻了近2番。经济发展促进了两国贸易的往来，1998年中国同新西兰贸易额仅为6.85亿美元，2007年达到36.98亿美元，增长了4.4倍。其中，中国对新西兰出口总额由1998年的2.75亿美元增加至2007年的21.6亿美元，增长了6.85倍。同期，中国从新西兰的进口总额由4.10亿美元增加至15.38亿美元，增长了2.75倍[①]。

中国和新西兰两国经济互补性强。中国劳动力优势明显，加工制造能力较强，机电产品、纺织品和服装等具有比较优势。新西兰自然资源比较丰富，农、林、牧业发达，与中国相比具有比较优势，因此两国在农牧业、加工制造等领域有较大互补性。

2000—2007年，中国对新西兰出口的商品以机电产品、纺织品及原料、家具玩具等杂项物品、贱金属及制品和塑料橡胶为主，约占到总出口额的70%。同期，中国出口至新西兰的机电产品由1.79亿美元增加至14.84亿美元，占比从20.53%上升至36%；纺织品及原料由2.8亿美元增加至8.04亿美元，占比从32.2%下降至19.51%；家具玩具等杂项物品由

① 数据来源：国家统计局。

0.98亿美元增加至4.17亿美元，占比从11.25%下降至10.12%；贱金属及制品由0.46亿美元增加至2.84亿美元，占比从5.33%上升至6.88%；塑料橡胶由0.34亿美元增加至1.69亿美元，占比从3.92%上升至4.11%①。

2000—2007年，中国从新西兰进口的商品以活动物及动物产品、纤维素浆及纸浆、木及制品、食品饮料烟草、植物产品为主，占到中国从新西兰进口总额的49.57%～65.38%。其间，活动物及动物产品由0.99亿美元增加至4.74亿美元，占比从23.35%上升至32.94%；纤维素浆及纸浆由0.45亿美元增加至1.83亿美元，占比从10.7%上升至12.72%②。木及制品由0.4亿美元增加至1.73亿美元，占比从9.47%上升至12.02%；食品饮料烟草由0.2亿美元增加至0.9亿美元，占比从4.74%上升至6.28%；植物产品由0.06亿美元增加至0.2亿美元，占比从1.31%上升至1.41%。

在政治互信不断加深、贸易往来不断深化的背景下，中国和新西兰签订了自由贸易协定。两国为满足各自发展需要，在历经3年共15轮的磋商谈判后，双方于2008年正式签署《中华人民共和国政府和新西兰政府自由贸易协定》(以下简称《中新自贸协定》)，于2008年10月1日正式生效实施。新西兰成了第一个同中国开始自贸区谈判的国家，也是第一个与中国达成自贸协定的国家。自贸协定的签订加速了中国和新西兰的贸易往来。中国同新西兰贸易额由2008年的44.02亿美元增加至2017年的162.5亿美元，增长了2.69倍。其中，中国对新西兰出口总额由2008年的25.10亿美元增加至2017年的77.5亿美元，年均增长13.35%。中国从新西兰的进口总额由2008年的18.92亿美元增加至2017年的85亿美元，增长了3.49倍。

《中新自贸协定》对中国乳业产生巨大影响。《中新自贸协定》使中国对新西兰将近99%的商品进行了关税减让，这其中包括乳制品。新西兰是世界乳制品的主要出口国，中国降低进口关税，将使大量新西兰乳制品占领中国市场。2009—2017年，中国从新西兰进口乳制品数量从262.4千吨增加到973.43千吨，平均年增长率为17.8%，中国从新西兰进口乳制品的比例始终稳定在40%左右。除对乳制品需求的增加，中国对新西兰乳业生产资料（种牛、植物饲料等）的进口也发生了一定变化，这些都对中国乳业发展产生了巨大影响。

2. 中国和澳大利亚自由贸易协定的签订背景

中澳两国自1972年12月起建立外交关系，双边经贸关系一直保持着良好

①② 数据来源：根据联合国商品贸易统计数据库（comtrade. un. org）整理。

的发展势头。中国加入世界贸易组织后，自由贸易政策不断深化，影响中澳贸易，两国贸易额不断增加，由1998年的50.5亿美元增加至2014年的1 367.8亿美元，年均增长22.9%。其中，中国从澳大利亚的进口总额由1998年的26.8亿美元增加至2014年的976.3亿美元，增长了35倍之多。同期，中国对澳大利亚的出口总额增长了15.6倍[①]。

中澳两国经贸关系广泛紧密，经济优势互补性强，是长期可靠的合作伙伴。2007—2014年，中国对澳大利亚出口的商品以机电产品、纺织品及原料、家具玩具等杂项物品、贱金属及制品和塑料橡胶为主，这几类商品的出口额占中国对澳大利亚出口总额比重始终保持在77%。机电产品由102.1亿美元增加至189.16亿美元，占出口总额比重从39.42%上升至40.37%；纺织品及原料由36.23亿美元增加至54.51亿美元，占比从13.99%下降至11.63%；家具玩具等杂项物品由28.50亿美元增加至47.70亿美元，占比从11.01%下降至10.18%；贱金属及制品由22.08亿美元增加至47.13亿美元，占比从8.52%下降至8.78%；塑料橡胶由11.41亿美元增加至24.24亿美元，占比从4.41%上升至5.17%。

2007—2014年，中国从澳大利亚进口的商品以矿产品、纺织品及原料、食品饮料烟草、活动物及动物产品和贱金属及制品为主，占比位于70.01%～81.4%。其间，矿产品由106.1亿美元增加至591.95亿美元，占比从53.14%上升至72.71%；纺织品及原料由16.41亿美元增加至25.38亿美元，占比从8.22%下降至3.12%；食品饮料烟草由0.93亿美元增加至3.84亿美元，占比0.47%不变；活动物及动物产品由2.17亿美元增加至17.02亿美元，占比从1.09%上升至2.09%；贱金属及制品由14.18亿美元增加至24.49亿美元，占比从7.10%下降至3.01%[②]。

随着全球范围内区域自由贸易协定日益普及，澳大利亚在经济领域积极寻求建立有影响力的合作关系。受2007年次贷危机以及欧盟、美国不断累加的贸易壁垒的影响，世界经济的不稳定性逐渐增加。加之中澳经济互补性强，在能源矿产、农产品、工业品等领域合作潜力巨大，历经22轮谈判后，双方于2015年6月正式签订《中华人民共和国政府和澳大利亚政府自由贸易协定》（以下简称《中澳自贸协定》），并于同年12月生效。此后，中澳进出口总额一直保持在1 000亿美元以上，2017年中国对澳大利亚的出口总额达到491.5亿美元，中国从澳大利亚进口总额达到764.5亿美元。其中，乳制品进口量由

① 数据来源：国家统计局。

② 数据来源：根据联合国商品贸易统计数据库（comtrade. un. org）整理。

2015 年的 12.38 万吨增加至 2017 年的 18.78 万吨，较签订协定之前有所增长，中国成为澳大利亚最大的乳制品出口目的地。中国除对澳大利亚乳制品进口有所增加外，对澳大利亚乳业生产资料（种牛、植物饲料等）的进口情况也有所变化，这些都对中国乳业发展产生了一定影响。

（二）签订历程

1. 中新自贸协定

《中新自贸协定》谈判于 2004 年 11 月正式启动，谈判共经历 15 轮，协定于 2008 年 4 月正式签署。签订历程可归纳为表 1 所述 3 个阶段。

表 1　中国和新西兰自贸协定签订历程

签订阶段	轮次	时间和地点	主要内容
第一阶段：谈判起始阶段	第一轮	2004 年 11 月 北京	就中新自贸区谈判的范围、时间表、降税模式等问题交换了意见
	第二轮	2005 年 2 月 北京	略
第二阶段：谈判积极进展阶段	第三轮	2005 年 5 月 惠灵顿	对货物贸易、服务贸易、投资及其他经济合作领域的议题进行了磋商，并取得积极进展
	第四轮	2005 年 7 月 西安	略
	第五轮	2005 年 11 月 惠灵顿	就货物贸易降税模式、非关税措施、服务贸易、投资、知识产权、原产地规则、海关合作、动植物检验检疫措施及技术贸易壁垒等议题进行了深入磋商
	第六轮	2006 年 3 月 北京	就货物贸易、服务贸易、投资、贸易救济、知识产权、争端解决、原产地规则、海关合作、动植物检验检疫措施及技术贸易壁垒等议题进行了深入磋商，在很多方面增进了共识
	第七轮	2006 年 5 月 皇后镇	就货物贸易、服务贸易、非关税措施、投资、原产地规则、动植物检验检疫措施协议、保障措施等进行了广泛深入的磋商，谈判取得了一定的进展
	第八轮	2006 年 7 月 北京	就货物贸易、服务贸易、投资、知识产权、原产地规则、动植物检验检疫措施等议题进行深入磋商，并取得积极进展
	第九轮	2006 年 10 月 惠灵顿	谈判攻坚阶段，就商品和服务的规则制定进行谈判，包括原产地规则、商品、服务市场准入规则等细节的磋商

（续）

签订阶段	轮次	时间和地点	主要内容
第二阶段：谈判积极进展阶段	第十轮	2007 年 1 月 北京	就货物贸易、服务贸易、投资、知识产权、原产地规则、动植物检验检疫措施等议题进行全面、深入磋商，进一步扩大了共识，谈判取得积极进展
	第十一轮	2007 年 4 月 基督城	就货物贸易、服务贸易、投资、知识产权、原产地规则、动植物检验检疫措施等议题进行全面、深入磋商，就大部分问题达成共识，谈判取得积极进展
第三阶段：谈判达成段	第十二轮	2007 年 6 月 北京	双方同意加快谈判进程，力争尽快结束谈判
	第十三轮	2007 年 7 月 北京	略
	第十四轮	2007 年 8 月 北京	略
	第十五轮	2007 年 12 月 北京	谈判取得突破性进展，就双边自贸区谈判中的实质性问题达成一致，并于 2008 年 4 月 7 日在北京正式签署了《中新自贸协定》

2. 中澳自贸协定

中澳自贸谈判于 2005 年 4 月正式启动，双方谈判过程历经波折，经过多达 22 轮谈判，谈判于 2014 年 11 月实质性结束，并于 2015 年 6 月正式签订。签订历程可归纳为表 2 所述 5 个阶段。

表 2　中国和澳大利亚自贸协定签订历程

签订阶段	轮次	时间和地点	主要内容
第一阶段：谈判起始阶段	第一轮	2005 年 4 月 悉尼	双方谈判人员就自贸区谈判的程序安排、谈判领域等交换了意见。双方达成了部分关税削减和非关税壁垒取消共识，并决定积极展开谈判，加快谈判议程
	第二轮	2005 年 8 月 北京	双方就两国贸易体制交换了信息，并回答相关问题
	第三轮	2005 年 11 月 北京	在第二轮磋商的基础上，双方就两国贸易体制进一步交换了信息，并相互回答了各自关注的问题

（续）

签订阶段	轮次	时间和地点	主要内容
第二阶段：谈判缓慢进展阶段	第四轮	2006 年 2 月 堪培拉	双方就货物贸易、农产品贸易、服务贸易和法律议题等 4 个领域进行了分组讨论，就中澳自贸区未来协议的法律框架、基本原则和一些具体领域的案文交换了意见，并取得了一定的进展
	第五轮	2006 年 5 月 北京	双方就未来自贸区协议的框架和所包含的章节基本达成了一致
	第六轮	2006 年 9 月 北京	双方在制造业及农业等重要领域关税减让及市场准入上分歧较大
	第七轮	2006 年 12 月 堪培拉	双方重点讨论了银行、保险、证券、建筑设计、机械工程、教育等领域一系列的合作
	第八轮	2007 年 3 月 北京	双方继续就各自货物领域的首次出（要）价清单进行讨论，交换服务领域的第二批壁垒清单和投资领域的首批壁垒清单，并在自贸协议部分章节的案文上基本达成一致。双方还就原产地、检验检疫、海关程序等议题交换了意见
	第九轮	2007 年 6 月 北京	双方重点就服务、投资、非关税措施、原产地规则、海关程序、检验检疫、知识产权、争端解决等问题进行了讨论。由于在服务和投资方面双方分歧较大，谈判进展缓慢，但双方对最终达成协议仍有信心，并在努力寻找办法缩小分歧
	第十轮	2007 年 10 月 堪培拉	在海关程序、技术性贸易壁垒、卫生动植物检疫和原产地规则等议题上取得进展，但在服务、投资和农产品关税配额管理等方面还存在着实质性分歧
第三阶段：谈判停滞阶段	第十一轮	2008 年 6 月 北京	双方在原产地规则、知识产权等议题上取得了一定进展
	第十二轮	2008 年 9 月 堪培拉	双方重点就“早期成果”、关税、服务、投资、协定案文等问题进行了磋商，并在“早期成果”和协定案文上取得了一定的进展
	第十三轮	2008 年 12 月 北京	双方就自由贸易协议框架内容、货物贸易市场准入、专业服务、金融和教育服务、知识产权、投资等问题进行磋商。双方在这些具体谈判内容方面存在争议，导致谈判进展缓慢，曾一度陷入停滞

（续）

签订阶段	轮次	时间和地点	主要内容
第四阶段：谈判重启阶段	第十四轮	2010 年 2 月 堪培拉	双方就农产品市场准入、原产地规则、服务贸易、投资等议题进行了深入讨论，交换了意见，加深了理解
	第十五轮	2010 年 6 月 北京	略
	第十六轮	2011 年 7 月 堪培拉	谈判就前十五轮谈判进行了全面梳理，认真审核和讨论了农产品贸易、非农产品贸易、服务贸易、投资、海关程序和原产地规则、电子商务、知识产权等领域的出（要）价情况和协定案文，会谈取得了积极成果，达到了双方预期的目标
	第十七轮	2011 年 11 月 北京	谈判以协定文本讨论为主
	第十八轮	2012 年 3 月 堪培拉	中方对谈判进展情况予以肯定，并对中澳两国在一些问题上存在不同的立场表示理解
第五阶段：谈判成达成阶段	第十九轮	2013 年 6 月 北京	双方对自贸协定全部内容进行了深度磋商和讨论，维持了谈判势头，为下一步取得实质性突破奠定了良好基础
	第二十轮	2014 年 5 月 堪培拉	两国代表团就所有谈判议题全面进行讨论，并就未来协议框架和内容深入交换了意见
	第二十一轮	2014 年 8 月 北京	双方就货物贸易、服务贸易、投资、协议案文等议题进行了全面和深入的磋商
	第二十二轮	2014 年 11 月 堪培拉	双方正式签署自贸协定，共同宣布中澳自由贸易协定谈判实质性结束。并于 2015 年 6 月正式签订《中澳自贸协定》

（三）签订内容

《中新自贸协定》与《中澳自贸协定》的签订对于双方贸易发展以及经济进步均有促进作用，本文仅研究中新和中澳自贸协定对中国乳业发展的影响，因此本文仅对协定中关于乳制品及乳业生产资料（包括种牛、饲料）的内容进行阐述。中新和中澳自贸协定中关于乳制品及乳业生产资料（包括种牛、饲料）的内容主要涉及关税减免、特保机制、审议制度以及投资优惠 4 个方面。

1. 关税减免

关税减免是协定中最重要也是最主要的内容，新西兰与澳大利亚关税结构十分相似，在中新和中澳自贸谈判中，新西兰与澳大利亚对中国的降税方式基本相同，中国对新西兰和澳大利亚均采取较为保守的降税方式，除在部分细节上略有不同，降税处理方式大体相同。

（1）中新自贸协定。协定中规定新西兰对原产于中国的乳制品除酸奶（海关税号 HS04031000）外，其余均自协定生效起，在基础税率基础上降为零，酸奶（海关税号 HS04031000）实行 5 次降税模式，于 2012 年关税降为零；中国对新西兰进口的不同乳制品实行 5、10、12 次三类直线降税模式，其中奶粉实行 12 次降税模式，婴幼儿奶粉实行 5 次降税模式，鲜奶、乳清、奶油、酸奶、奶酪则是 5～10 次的降税模式，最终关税降为零。中国对从新西兰进口的植物饲料（燕麦草和苜蓿草）实行 5 次降税模式，最终关税降为零。中国对新西兰进口的种牛在自贸协定签订前后均实行零关税。详见表 3。

表 3　中新自贸协定中方关税减让表

类别	鲜奶		酸奶		奶粉	乳清		奶油		奶酪			婴幼儿奶粉	植物饲料
海关税号	04011000	其他	04031000	04039000	0402	04041000	04049000	04052000	其他	04062000	04064000	其他	19011000	12149000
结束日期（年份）	2012	2017	2012	2012	2019	2012	2012	2012	2017	2012	2012	2017	2012	2012
基础税率（%）	15	15	10	20	10	6	20	10	10	12	15	12	15	9
2008	12	13.5	8	16	9.2	4.8	16	8	9	9.6	12	10.8	12	7.2
2009	9	12	6	12	8.3	3.6	12	6	8	7.2	9	9.6	9	5.4
2010	6	10.5	4	8	7.5	2.4	8	4	7	4.8	6	8.4	6	3.6
2011	3	9	2	4	6.7	1.2	4	2	6	2.4	3	7.2	3	1.8
2012	0	7.5	0	0	5.8	0	0	0	5	0	0	6	0	
2013		6			5				4			4.8		
2014		4.5			4.2				3			3.6		
2015		3			3.3				2			2.4		
2016		1.5			2.5				1			1.2		
2017		0			1.7				0			0		
2018					0.8									
2019					0									

数据来源：根据《中新自贸协定》文本附件整理。

（2）中澳自贸协定。协定中规定澳大利亚对原产于中国的乳制品自协定生效起，在基础税率的基础上降为零；中国对从澳大利亚进口的不同乳制品实行5、10、12次三类直线降税模式，其中奶粉实行12次降税模式，婴幼儿奶粉实行5次降税模式，鲜奶、乳清、奶油、酸奶、奶酪则是5～10次的降税模式，4～11年关税降为零，中国对从澳大利亚进口的植物饲料（燕麦草和苜蓿草）实行5次降税模式，最终关税降为零。中国对从澳大利亚进口的种牛在自贸协定签订前后均实行零关税。详见表4。

表4　中澳自贸协定中方关税减让表

类别	鲜奶	酸奶		奶粉	乳清		奶油		奶酪		婴幼儿奶粉	植物饲料
海关税号	0401	04031000	04039000	0402	04041000	04049000	04052000	其他	04064000	其他	19011000	12149000
结束日期（年份）	2024	2024	2024	2026	2019	2024	2019	2024	2019	2024	2019	2019
基础税率（%）	15	10	20	10	6	20	10	10	15	12	15	9
2015	13.5	9	18	9.2	4.8	18	8	9	12	10.8	12	7.2
2016	12.0	8	16	8.3	3.6	16	6	8	9	9.6	9	5.4
2017	10.5	7	14	7.5	2.4	14	4	7	6	8.4	6	3.6
2018	9.0	6	12	6.7	1.2	12	2	6	3	7.2	3	1.8
2019	7.5	5	10	5.8	0	10	0	5	0	6.0	0	0
2020	6.0	4	8	5.0		8		4		4.8		
2021	4.5	3	6	4.2		6		3		3.6		
2022	3.0	2	4	3.3		4		2		2.4		
2023	1.5	1	2	2.5		2		1		1.2		
2024	0	0	0	1.7		0		0		0		
2025				0.8								
2026				0								

数据来源：根据《中澳自贸协定》文本附件整理。

2. 特保机制

关税减免措施的实行，使得新西兰和澳大利亚奶粉价格与其他国家奶粉价格相比更具竞争优势，为避免过量进口乳制品对国内乳业带来冲击与威胁，特在协定中设置数量触发的特殊保障机制，即在任何给定的日历年中，所列的自新西兰和澳大利亚原产乳制品的进口量达到该日历年的触发水平，中方相关乳制品的关税将恢复至最惠国MFN关税税率。

（1）中新自贸协定。根据《中新自贸协定》，中方对鲜奶、奶粉、黄油和奶酪四类11个8位税号乳制品，设置了特保机制，其中奶粉的适用期最长，为16年，基期触发量为9.5万吨，年均增长5%，最终触发量为19.8万吨；其他乳品的适用期均为14年。具体特殊保障机制实施如表5所示。

（2）中澳自贸协定。相比新西兰，澳大利亚对中国乳品市场的影响较小，因此在特保机制方面，触发条件较高。根据《中澳自贸协定》，中方仅对2个8位税号的全脂奶粉设置了特保机制，适用期为15年，基期触发量为1.75万吨，年均递增5%，最终触发量为3.4万吨。具体特殊保障机制实施如表5所示。

表5　中新与中澳自贸协定中方特保机制实施情况

	鲜奶	酸奶	奶粉	乳清	奶油	干酪	婴幼儿奶粉
中新自贸协定	2个产品、试用期14年	无	4个产品、试用期16年	无	2个产品、试用期14年	2个产品、试用期14年	无
中澳自贸协定	无	无	2个全脂奶粉产品、试用期15年	无	无	无	无

数据来源：根据《中新自贸协定》《中澳自贸协定》文本附件整理。

3. 审议制度

除在协定中设置特保机制外，中国还在协定中对自两国进口的乳制品实施中期审议制度，以防止对国内奶业造成巨大冲击，但审议制度存在区别。

（1）中新自贸协定。根据《中新自贸协定》，在协定实施中期即2013年关税减让实施后，2014年关税减让实施前，货物贸易委员会应进行审议，以确定截至当时实施关税减让造成的进口增长，是否在总体上对中国奶业造成了负面影响。如双方认定降税在总体上造成了负面影响，则4个奶粉产品（海关税号HS04021000、HS04022100、HS04022900及HS04029100）将推迟1年降税。

（2）中澳自贸协定。根据《中澳自贸协定》，数量触发水平的最后一阶段，如货物贸易委员会认定，进口对中国乳业造成严重损害，则特保措施继续实施，6年后再次审议，如需要，每6年再次审议；同时双方将在实施特保机制的2个全脂奶粉产品（海关税号HS04022100和HS04022900）降税完毕后开展审议，只要一方认为进口对国内产业造成严重影响，则特保措施继续实施。

4. 投资优惠

自贸协定的内容不仅促进乳制品贸易，同时激励企业投资，推动双方经济发展，实现利益共赢。新西兰和澳大利亚均对投资者提供优惠待遇，吸引投资，增加投资额，扩大国内市场，同时有利于双方进行科学技术交流，共同进步。

（1）中新自贸协定。《中新自贸协定》规定，新西兰政府给予中国在新西兰的投资者国民待遇和最惠国待遇，同时双方在准入、扩大、管理、经营、运营、维护、使用、收益或处置方面，应当给予另一方投资者的投资及与该投资相关的活动，不低于其在同等条件下给予任何第三国投资者的投资及相关活动的待遇。此外，《中新自贸协定》还就投资保护、投资者与国家间争端解决的程序与规则等问题做出了详细的、明确的规定，规定一定的投资保护措施和投资争端的仲裁解决程序，为解决与投资相关的争端建立了有效的机制。

（2）中澳自贸协定。《中澳自贸协定》规定双方自协定生效时起将相互给予最惠国待遇，签订的《投资便利化安排》规定，澳大利亚同时将对中国企业赴澳投资降低审查门槛，专门针对中国投资项下工程和技术人员赴澳设立新的便利机制，促进中国企业在澳从事投资活动。该机制系发达国家首次对中国作出特殊便利安排，同时就投资争端方面设置先行磋商、合并仲裁等制度，有效保障投资者利益。

二、中澳和中新自贸协定对中国乳业发展的影响

（一）对乳业进口贸易的影响

1. 对乳制品进口贸易的影响

（1）对中国乳制品进口总量的影响。中新和中澳自贸协定使中国从新西兰和澳大利亚进口乳制品总量逐年增加，且从新西兰进口量远大于从澳大利亚的进口量。如图 1 所示，2008—2017 年中国乳制品进口总量增长幅度较大，年均增长率为 20.98%，新西兰占据中国乳制品进口市场的 1/3。2008 年之前，中国乳制品进口量较少，对新西兰与澳大利亚的进口依存度也较弱，2008 年乳制品污染事件的发生增加了中国消费者对进口乳制品的需求，加之《中新自贸协定》签订带来的关税优惠，中国从新西兰进口的乳制品数量快速增加，2008—2014 年从新西兰进口总量的年均增长率达 46.91%，新西兰稳居中国乳制品第一大进口来源国，2015 年受《中澳自贸协定》影响，从新西兰的进口量较 2014 年减少 14.87 万吨，后逐渐增长至 2017 年的 97.34 万吨。

2008—2014 年，中国从澳大利亚进口的乳制品数量增加较小，年均增长率为 16.56%，约为新西兰的 1/3。2015 年《中澳自贸协定》签订促进了中国与澳大利亚乳制品贸易量的增加，2015—2017 年从澳大利亚进口的乳制品数量以年均 23.16%的增长率逐年攀升，但 2017 年仅占中国乳制品进口总量的 7.58%，不足新西兰的 1/5，仍然有较大的贸易发展空间。

根据 2017 年联合国商品贸易统计数据库数据显示，按照占中国各类乳制品进口量 15%选取主要的乳制品类别，中国从新西兰进口的乳制品主要是鲜奶、干酪、奶油、奶粉，从澳大利亚进口的乳制品主要是鲜奶、干酪、炼乳、奶粉，婴幼儿奶粉是国内消费者较为关注且较为敏感的产品，也选择其进行研

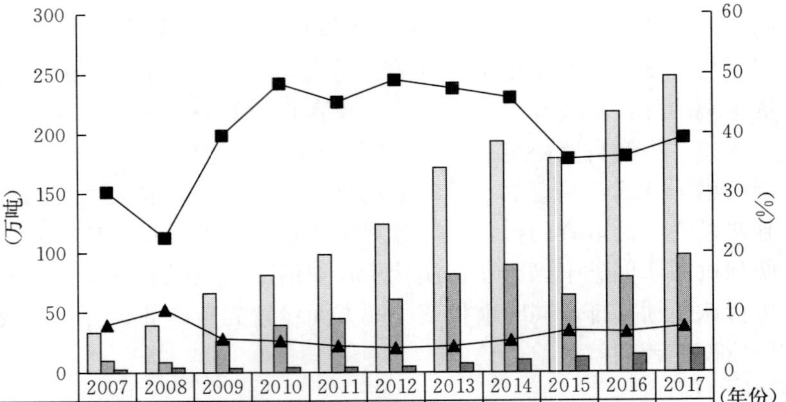

	2007	2008	2009	2010	2011	2012	2013	2014	2015	2016	2017
中国乳制品进口总量	33.42	39.28	65.94	81.18	98.43	123.71	171.40	193.57	179.05	218.10	247.67
从新西兰进口量	10.11	8.87	26.24	39.32	44.68	60.67	81.63	89.17	64.03	78.90	97.34
从澳大利亚进口量	2.66	4.12	3.73	4.30	4.38	5.05	7.49	10.33	12.38	14.63	18.78
从新西兰进口占比	30.26	22.57	39.79	48.44	45.39	49.04	47.63	46.06	35.76	36.17	39.30
从澳大利亚进口占比	7.95	10.49	5.65	5.29	4.45	4.08	4.37	5.34	6.91	6.71	7.58

图 1　2007—2017 年中国乳制品进口总量变化情况

数据来源：根据联合国商品贸易统计数据库（comtrade. un. org）整理。

注：分类标准（HS 编码）：鲜奶 0401；奶油 0405；干酪 0406；奶粉 040210＋040221＋040229；炼乳 040291＋040299；酸奶 0403；乳清 0404；婴幼儿奶粉 190110，乳制品包含上述所有种类。下文同。

究，因此对上述类别的进口量变化情况进行分析。

（2）对中国从新西兰进口各类别乳制品的影响。《中新自贸协定》影响中国从新西兰进口的各类主要乳制品数量增加。其中，奶粉、干酪和奶油在中国进口市场上的份额逐渐增加，贸易优势明显。2007 年从新西兰进口的奶粉、干酪和奶油占比已经处在较高水平，2008 年乳制品污染事件的发生加之《中新自贸协定》的签订，使得从新西兰进口的奶粉数量骤增。2008—2017 年，进口量从 50.59 千吨增加到 549.82 千吨，且从新西兰进口奶粉量在中国从全球奶粉进口量所占比重也从 50.07％增加到 76.56％。2014 年从新西兰进口的奶粉数量达到最高，为 728.18 千吨。中国从新西兰进口的干酪、奶油整体上均呈现逐渐增加趋势。2008—2017 年，干酪进口量从 6.22 千吨增加到 54.89 千吨；奶油进口量从 10.96 千吨增加到 78.64 千吨。2017 年，干酪和奶油分别占据中国各类进口乳制品市场份额的 50.82％和 86.03％。

鲜奶进口量逐年攀高，但进口占比整体呈下降趋势。2008—2015 年，鲜奶是主要进口乳制品中进口量增速最快的产品，年均增长率达到 54.51％，2014 年以后增加趋势愈渐变大，2015—2017 年年均增长率达到 68.13％。但

2008—2015 年从新西兰进口的鲜奶在鲜奶总进口中所占比重的增长率却由 18.37%下降至 14.12%。根据自贸协定，2012 年鲜奶的关税降为零，2012 年起进口占比降速放缓，2014 年后逐渐增加，但 2017 年进口占比仍低于自贸协定签订前水平。

从新西兰进口的婴幼儿奶粉数量整体呈增加趋势，但竞争力相对较弱。2008 年《中新自贸协定》签订后，2009 年从新西兰进口的婴幼儿奶粉数量增加 4.83 千吨，后受国内乳业恢复以及与其他国家贸易的影响，进口量下降，2012 年关税降为零，再次促进中国婴幼儿奶粉从新西兰的进口量，2008—2017 年从新西兰进口的婴幼儿奶粉数量年均增长 18.58%，在中国婴幼儿奶粉进口市场中所占份额降低 1.68%，但仍呈现增长趋势。

中国自新西兰进口各类乳制品数量及其占比详见图 2 和图 3。

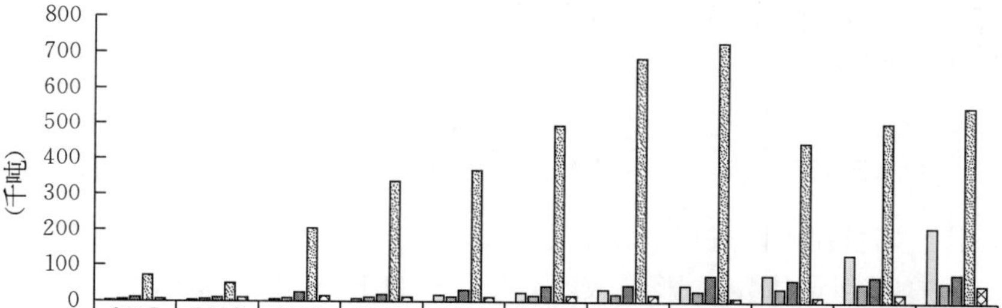

(年份)	2007	2008	2009	2010	2011	2012	2013	2014	2015	2016	2017
□鲜奶	2.25	3.53	5.58	7.42	17.24	24.65	33.18	45.22	74.28	131.79	209.96
■干酪	5.42	6.22	8.73	11.86	13.14	17.00	20.03	28.82	36.78	51.12	54.89
■奶油	10.53	10.96	24.40	19.50	31.28	43.16	45.67	72.95	60.93	70.81	78.64
▧奶粉	71.48	50.59	203.91	336.49	367.04	495.50	686.52	728.18	447.75	503.56	549.82
⊠婴幼儿奶粉	6.21	10.21	15.04	12.45	12.51	16.29	19.75	10.48	14.47	24.06	47.37

图 2　2007—2017 年中国从新西兰进口主要乳制品的变化情况

数据来源：根据联合国商品贸易统计数据库（comtrade. un. org）整理。

（3）对中国从澳大利亚进口各类别乳制品的影响。《中澳自贸协定》促进中国从澳大利亚进口鲜奶和干酪数量增加，但鲜奶和干酪的竞争力相对减弱。中国从澳大利亚进口的鲜奶数量连年增加，2007—2017 年年均增长率达 62.59%，2015 年《中澳自贸协定》签订后，2015—2017 年鲜奶进口量增加 13.82 千吨。从澳大利亚进口的干酪数量增加相对较少，自 2007 年以 16.9% 的增长率增至 2017 年的 21.07 千吨，2015—2017 年仅增加 5.79 千吨。2017 年，鲜奶和干酪在中国乳制品进口市场上的份额较 2015 年分别减少 2.15%、0.7%，但干酪受《中新自贸协定》影响较大，与 2007 年相比，从澳大利亚进口的干酪在中国进口干酪总量中占比下降了 13.98%。

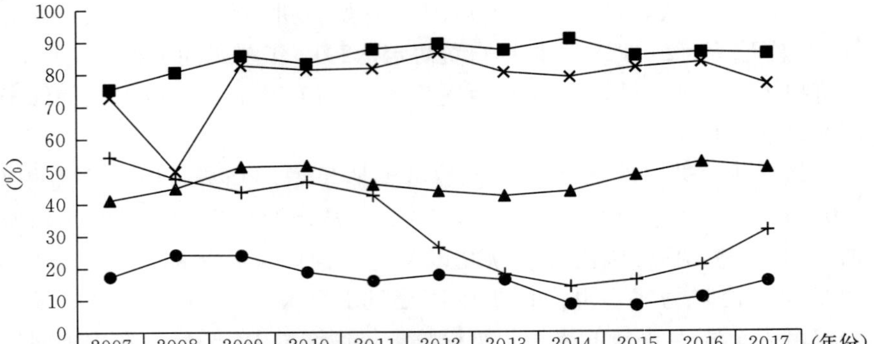

	2007	2008	2009	2010	2011	2012	2013	2014	2015	2016	2017
—+— 鲜奶	54.46	47.74	43.63	46.70	42.52	26.28	17.99	14.12	16.16	20.78	31.45
—▲— 干酪	41.13	44.79	51.45	51.76	45.95	43.82	42.32	43.69	48.66	52.60	50.82
—■— 奶油	75.30	80.62	85.78	83.16	87.68	89.30	87.32	90.73	85.50	86.49	86.03
—×— 奶粉	72.83	50.07	82.63	81.27	81.65	86.46	80.35	78.86	81.82	83.34	76.56
—●— 婴幼儿奶粉	17.34	24.19	24.08	18.76	15.98	17.85	16.21	8.52	8.04	10.68	15.66

图 3　2007—2017 年中国从新西兰进口主要乳制品占比的变化情况

数据来源：根据联合国商品贸易统计数据库（comtrade. un. org）整理。

炼乳、奶粉在中国进口市场上竞争力均有所提升，炼乳竞争力提升显著。炼乳受《中新自贸协定》影响较小，2007—2017 年进口量增加 7.67 千吨，《中澳自贸协定》促进炼乳贸易加速发展，2015—2017 年从澳大利亚进口的炼乳数量以年均 278.53%的增长率翻了近 4 番。澳大利亚出口到中国的奶粉受《中新自贸协定》影响较大，2009 年中国从澳大利亚进口的奶粉数量骤减 6.48 千吨，《中澳自贸协定》签署后，2015—2017 年进口数量增长 72.75%，达到 45.97 千吨。《中澳自贸协定》签署后，从澳大利亚进口的奶粉数量在中国奶粉进口总量中的占比增加 1.54%；炼乳占比增加较多，2015—2017 年年均增长 148.48%，2017 年占据中国炼乳进口市场的 1/3。

婴幼儿奶粉受《中澳自贸协定》影响较小，且竞争力微弱。2007—2017 年，中国从澳大利亚进口婴幼儿奶粉数量增加 11.75 千吨，进口占比增加 2.2%。《中澳自贸协定》签订后，2015—2017 年中国从澳大利亚进口婴幼儿奶粉数量仅增加 1.72 千吨，年均增长率为 7.73%，在中国进口市场上的占比减少 1.84%。中国从澳大利亚进口婴幼儿奶粉数量占中国进口婴幼儿奶粉总量的比例始终在 6%以下，相比新西兰，仍有较大的发展空间。

中国自澳大利亚进口各类乳制品数量及其占比详见图 4 和图 5。

（4）对乳制品进口价格的影响。在乳制品进口方面，中国进口乳制品的平均价格波动较小，各类乳制品进口价格波动较为明显。如表 6 所示：中国从世

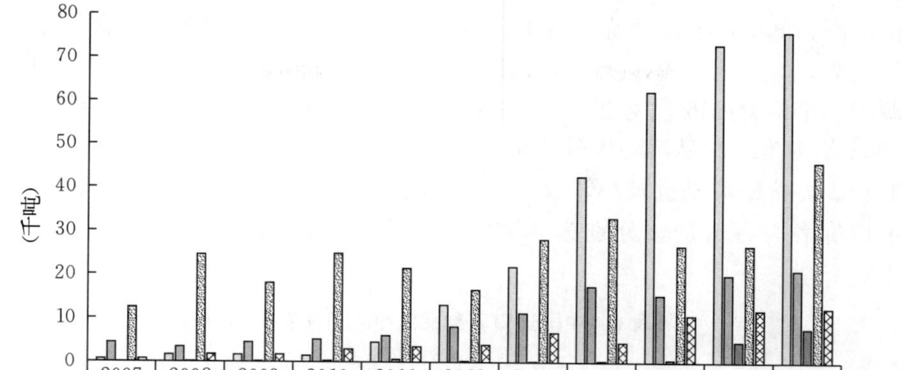

	2007	2008	2009	2010	2011	2012	2013	2014	2015	2016	2017 (年份)
□鲜奶	0.59	1.62	1.63	1.42	4.55	12.98	21.74	42.55	62.33	73.16	76.15
■干酪	4.42	3.43	4.49	5.17	6.03	8.06	11.17	17.34	15.28	19.97	21.07
■炼乳	0.08	0.13	0.18	0.30	0.63	0.24	0.18	0.29	0.54	4.71	7.75
▤奶粉	12.46	24.53	18.05	24.76	21.37	16.50	28.03	32.99	26.61	26.69	45.97
⊠婴幼儿奶粉	0.68	1.71	1.70	2.93	3.57	3.98	6.79	4.54	10.71	11.95	12.43

图 4　2007—2017 年中国从澳大利亚进口主要乳制品的变化情况

数据来源：根据联合国商品贸易统计数据库（comtrade. un. org）整理。

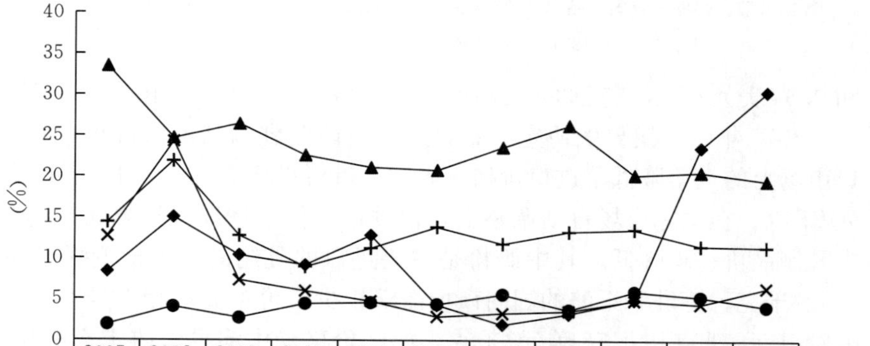

	2007	2008	2009	2010	2011	2012	2013	2014	2015	2016	2017 (年份)
—+— 鲜奶	14.39	21.87	12.76	8.96	11.22	13.84	11.79	13.29	13.56	11.54	11.41
—▲— 干酪	33.49	24.70	26.44	22.55	21.08	20.77	23.59	26.28	20.21	20.55	19.51
—◆— 炼乳	8.35	15.05	10.36	9.17	12.81	4.27	1.92	3.22	4.93	23.54	30.44
—×— 奶粉	12.70	24.28	7.31	5.98	4.75	2.88	3.28	3.57	4.86	4.42	6.40
—●— 婴幼儿奶粉	1.91	4.06	2.73	4.42	4.56	4.35	5.58	3.69	5.95	5.31	4.11

图 5　2007—2017 年中国从澳大利亚进口主要乳制品占比的变化情况

数据来源：根据联合国商品贸易统计数据库（comtrade. un. org）整理。

界进口乳制品的平均价格变动幅度小于 0.1 美元/千克，2017 年乳制品进口均价最高为 3.28 美元/千克。各类乳制品的进口均价都呈现出“先降低后升高”的趋势。2008 年《中新自贸协定》签订，新西兰作为中国主要乳制品进口来源国，价格方面的优势进一步显现。鲜奶是国内较为普遍的乳制品，尽管 2008 年发生乳制品污染事件，但鲜奶的生产能力还在不断增强，鲜奶进口相对较少，价格波动也较小，仅增长 0.06 美元/千克；干酪、炼乳、奶油、奶粉进口价格均有增加，分别为 1.23 美元/千克、1.58 美元/千克、1.73 美元/千克

表 6　中国进口乳制品的平均价格变化情况

单位：美元/千克

	世界					新西兰					澳大利亚				
	2007	2008	2014	2015	2017	2007	2008	2014	2015	2017	2007	2008	2014	2015	2017
鲜奶	1.61	1.67	1.27	1.06	1.32	1.70	2.01	1.84	1.54	1.80	2.56	1.44	1.16	1.04	0.91
干酪	4.08	5.31	5.19	4.61	4.61	3.52	4.67	5.09	4.40	4.45	3.65	4.80	4.70	4.24	4.13
炼乳	2.09	3.67	2.34	2.05	1.81	1.98	4.36	—	2.21	3.58	1.94	2.95	2.70	2.68	1.54
奶油	2.63	4.36	4.70	3.73	5.46	2.48	4.25	4.55	3.49	5.30	2.55	3.84	5.17	4.24	5.47
奶粉	3.30	3.94	4.81	2.75	3.02	3.12	4.25	4.86	2.67	3.00	3.69	3.64	4.90	4.01	3.90
婴幼儿奶粉	6.91	9.38	12.72	13.99	13.46	5.19	9.46	14.67	13.49	14.54	6.26	9.30	11.72	14.09	15.58
乳制品	2.23	3.20	3.27	3.18	3.28	3.06	4.08	4.69	2.73	3.27	3.19	3.21	3.19	3.35	3.67

数据来源：根据联合国商品贸易统计数据库（comtrade.un.org）整理。

注：2014 年从新西兰进口的炼乳平均价格数据缺失。

和 0.64 美元/千克；婴幼儿奶粉的进口价格增幅最大，增长了 35.75%。

2015 年《中澳自贸协定》签订，对新西兰乳制品出口带来威胁，中国进口市场上的竞争降低了进口价格，乳制品进口平均价格较 2014 年下降 0.09 美元/千克。在国际市场自动调整下，根据市场供求情况，除婴幼儿奶粉外，各类乳制品价格均降低。其中奶粉是主要进口的乳制品，价格下降最多为 2.06 美元/千克；炼乳和干酪的国内市场需求较少，价格波动相对较小，分别下降 0.29 美元/千克和 0.58 美元/千克；奶油价格受中澳自贸协定影响相对较大，下降了 0.97 美元/千克。2017 年中国乳制品进口均价较 2007 年增加 1.05 美元/千克，奶油和婴幼儿奶粉价格变化幅度最大。

在乳制品进口来源国方面：自贸协定的签订促进新西兰和澳大利亚出口到中国乳制品的平均价格升高。2008 年《中新自贸协定》的签订使得从新西兰进口的主要乳制品均价较 2007 年升高，婴幼儿奶粉进口价格变动最大，增加了 4.27 美元/千克，且大多高于世界和澳大利亚。与澳大利亚相比，新西兰乳制品均价高出 0.87 美元/千克，其中炼乳价格相差最多，为 1.40 美元/千克。

2015 年中澳自贸协定的签订与国内二胎政策的出台，促使奶粉进口再次增加，澳大利亚进口奶粉价格高于新西兰 1.34 美元/千克，直至 2017 年，从两国进口的乳制品价格较 2007 年分别增加 0.21 美元/千克和 0.48 美元/千克，其中婴幼儿奶粉的价格变动最大，年均增长率分别达到 10.85%和 9.55%。至今中国与两国都已经签订自贸协定，价格作为出口竞争的因素之一，未来进口乳制品的价格将会如何变动，还尚未可知。

2. 对乳业生产资料进口贸易的影响

（1）对牧草进口贸易的影响。对苜蓿草进口的影响：中国分别与新西兰、澳大利亚签订自贸协定，总体上使中国从两国进口的苜蓿草数量增加。特别是澳大利亚，自 2015 年与中国签订自贸协定后，其份额占据了中国苜蓿草总进口的 18%左右（图 6），仅次于美国成为中国苜蓿草的第二大进口来源国，对中国苜蓿草进口结构产生较大影响，对美国苜蓿草形成了一定的竞争，增加了中国进口苜蓿草的议价能力。

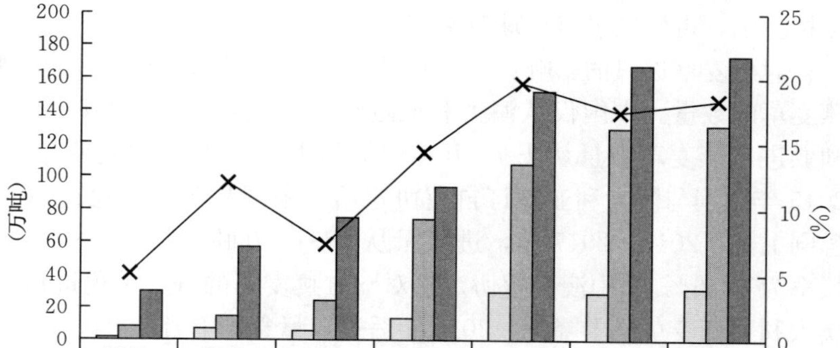

	2011	2012	2013	2014	2015	2016	2017
澳大利亚	1.53	6.84	5.47	13.42	29.80	29.12	31.72
美国	8.04	14.50	24.21	73.87	107.61	128.83	130.69
全球	29.99	56.88	74.75	93.78	151.93	167.94	173.62
—×— 澳大利亚占比	5.10	12.03	7.31	14.31	19.61	17.34	18.27

图 6　2011—2017 年中国苜蓿草进口情况

数据来源：根据联合国商品贸易统计数据库（comtrade. un. org）整理。

苜蓿草进口数量：总体上，中新、中澳自贸协定使苜蓿草进口数量增加，自新西兰进口数量微小，自澳大利亚进口数量远超新西兰。中新和中澳自贸协定均对苜蓿草（HS121490）的关税进行了减免。在《中新自贸协定》签订前，新西兰对中国出口的苜蓿草量值为零，协定签订后，新西兰开始对中国出口苜蓿草，2010 年出口到中国的苜蓿草为 36 吨，2014 年达到 880 吨峰值，随后总体表现为下降趋势，2017 年降至 108 吨。2011—2014 年中国从澳大利亚进口的苜蓿草数量呈持续上升态势，从 1.53 万吨增至 13.42 万吨，年均增长率 100%。2015 年《中澳自贸协定》签订后，中国从澳大利亚进口的苜蓿草数量在 2015 年达到 29.8 万吨峰值，占自全球苜蓿草总进口量的 19.61%。2015—2017 年，中国从澳大利亚进口苜蓿草数量一直保持在 30 万吨左右。

苜蓿草进口结构：自新西兰进口比例接近于零，自澳大利亚进口占比稳定，为中国苜蓿草第二大进口来源国。中国与新西兰签订自贸协定前，从新西兰进口苜蓿草数量为零，签订自贸协定之后，虽然进口数量有所增加，但仅有几十到几百吨，与中国动辄几十亿美元的总进口量相比，可忽略不计，进口比例接近于零。

2011—2014 年，《中澳自贸协定》签订之前，澳大利亚进口占比整体上呈增长态势，中国从澳大利亚进口量占全球进口量比重由 5.10%增至 14.31%。2015 年中国与澳大利亚签订自贸协定，当年进口占全球进口总量比重达 19.61%，为近年来最高进口比重。2015—2017 年，进口澳大利亚苜蓿草数量保持稳定，占中国进口全球苜蓿草总量的 18%左右。

对燕麦草进口的影响：《中澳自贸协定》显著提升了中国从澳大利亚进口燕麦草的数量。中国仅从澳大利亚进口燕麦草，2012—2014 年，中国从澳大利亚进口燕麦草数量从 1.75 万吨增加到 12.1 万吨，平均年增长率为 163%。2015 年中国与澳大利亚签订自贸协定后，中国从澳大利亚进口的燕麦草数量急剧上升，2015—2017 年，进口量从 15.15 万吨增加到 30.81 万吨，年均增长率为 42.6%。《中澳自贸协定》对双方燕麦草的进口关税进行了减让，进口澳大利亚燕麦草成本降低，2015 年后进口量急剧上升。

（2）对种牛进口贸易的影响。种牛进口数量：中国从新西兰进口种牛的数量受《中澳自贸协定》影响有所下降；中国从澳大利亚进口种牛数量整体呈上升趋势，且中国从澳大利亚的进口量远高于从新西兰的进口量。澳大利亚和新西兰一直是中国最重要的两个种牛进口来源国，二者几乎占据了整个中国种牛进口市场，且中国从澳大利亚的进口量远高于从新西兰的进口量。2008—2014 年，新西兰种牛进口量持续增长，从 0.27 万头增加到 7.98 万头，2015 年中国与澳大利亚签订自贸协定，新西兰受到严重冲击，种牛进口量从 2014 年的 7.98 万头直降到 2.38 万头，随后保持平稳。由于澳大利亚的种牛在品质上占据绝对优势，因此《中新自贸协定》没有影响其对中国的出口，2008—2016 年，进口量从 1.24 万头增加到 9.55 万头。

种牛进口结构：2008—2016 年，中国从新西兰和澳大利亚进口种牛占比均呈上升趋势，且澳大利亚进口种牛占比均远高于新西兰。2008 年《中新自贸协定》签订后，中国从新西兰进口的种牛占比逐年提高。2008—2014 年，中国从新西兰进口的种牛占比从 17.59%增加到 37.04%，进口比重得到显著提升，而由于在此期间中国没有与澳大利亚签订自贸协定，使得澳大利亚的进口比重受《中新自贸协定》的冲击而逐渐降低，由 2008 年的 82.36%降至 2014 年的 47.28%，降幅较大。2014 年，中国从新西兰进口种牛份额仅比澳大利亚低 10%，新西兰有赶超澳大利亚之势。2015 年中国与澳大利亚签订《中澳自贸协定》后，澳大利亚不断降低的贸易比重得到扭转，2015—2016 年，在中国进口种牛贸易中，澳大利亚所占比例从 67.10%提高到 71.72%。受《中澳自贸协定》影响，新西兰进口比重由 2014 年的 37.04%下降到 2016 年的 28.28%，在《中澳自贸协定》签订当年（2015 年）进口比重降至 10 年来最低点。

（二）对中国奶牛养殖业的影响

1. 奶牛养殖

（1）奶牛养殖场规模。中新和中澳自贸协定推动国内奶牛养殖业转型升级。2007 年国务院发布《关于奶业持续健康发展的意见》，提出要发展规模养殖，解决奶牛养殖规模小且散的问题。2008 年乳制品污染事件的发生使消费者对乳制品的安全意识得到加强，倾向于消费进口乳制品，中新和中澳自贸协定的签订，促使乳制品进口数量大幅增加，给国内奶牛养殖业带来巨大冲击，奶牛规模化养殖成为乳业发展的重要方向之一。一方面，奶牛场数量逐渐减少，规模化程度不断加强。奶牛场的数量和不足 100 头（规模以下）的奶牛场数量分别以 7.67%和 8.29%的增长率逐年递减。其中 2008 年签订《中新自贸协定》后，2009 年奶牛场的数量大幅减少 21.16 万户。2015 年，《中澳自贸协定》再次增加了国内奶牛养殖压力，2016 年奶牛场和不足 100 头奶牛场数量降幅达到 2007 以来最大，分别减少 25.27 万户和 25.08 万户。另一方面，奶牛场的平均规模扩大。2007—2016 年平均规模年均增长 7.68%，2016 年平均规模较 2007 年翻了近一番。2007 年奶牛场的平均规模为 5.6 头，签订《中新自贸协定》后，2009 年平均规模增加 0.7 头，而伴随 2012 年再次出现 3 起乳制品污染问题，国内奶牛养殖业再次面临危机，奶牛平均养殖规模下降。之后在政策引导下，奶牛养殖集中度不断提高，平均规模开始扩大，2015 年签订《中澳自贸协定》后，为应对进口竞争，奶牛养殖规范性增强，平均规模扩大幅度增加，2016 年达到 10 头以上。

（2）奶牛存栏量。中新和中澳自贸协定使中国奶牛存栏量增长放缓。在中新和中澳关税逐步降低的进程中，中国进口乳制品数量的变化使国内奶牛养殖业的发展受到影响，但奶牛存栏量总体变化不大。中国奶牛存栏量呈 M 字形波动，2007—2017 年奶牛存栏量年均增长仅为 0.95%，不足 1%，存栏量增长明显放缓。2008 年签订《中新自贸协定》后，进口乳制品数量增加，国内奶牛养殖业为应对乳制品安全危机和进口压力，努力恢复消费者信心，国内乳业情况好转，奶牛存栏量增加，2010 年奶牛存栏量大幅增加 160 万头；2012 年乳制品进口增幅上升，严重冲击国内奶牛养殖业，导致国内奶牛存栏量骤减 54 万头；2015 年《中澳自贸协定》的签订进一步加剧了进口市场竞争，国内奶牛养殖业开始淘汰低产乳牛，进口效率更高的品种，供给收缩明显，奶牛存栏量连续 3 年下降，2017 年奶牛存栏量较 2007 年仅增长 9.93%。

2. 原料奶

（1）原料奶产量。中新与中澳自贸协定使中国原料奶产量增长趋缓。2017 年国内原料奶产量与 2007 年几近持平，年均增长率仅为 0.06%。原料奶产量的变动趋势同奶牛存栏量较为相似，都呈 M 字形变动。2008 年《中新自贸协定》签署后，2009 年进口乳制品激增冲击国内市场；乳制品安全事件的发生，加剧了国内奶牛养殖业的生产危机，2009 年国内原料奶产量减少 37 万吨。随后乳品安全危机的影响逐渐消除，原料奶的产量逐渐增加，但连年增加的进口乳制品严重挤压国内市场。2013 年乳制品进口量增幅扩大，同年国内奶牛养殖散户大量退出市场，原料奶产量骤减 213 万吨。不断发展的奶牛规模养殖虽将原料奶产量缓慢拉高，但自 2015 年签订《中澳自贸协定》后，乳制品进口量的再次增加导致国内原料奶产量开始持续减少，2017 年国内原料奶产量仅比 2007 年增加 20 万吨，增幅不足 1%。

（2）原料奶价格。中新和中澳自贸协定加剧了中国原料奶价格劣势。原料奶一直是乳制品行业较为关注的焦点，在中新和中澳自贸区关税逐步降低的进程中，国际乳制品价格波动对中国原料奶价格的影响日益明显，中国原料奶价格劣势明显。一方面，国内原料奶价格渐高于全球均价，且价格差距逐渐拉大。2008 年中国的原料奶价格低于国际水平，2009 年中国原料奶价格略显增长，但受金融危机影响，国际原料奶价格下降，中国原料奶价格反超全球 0.81 元/千克，2008 年后奶价持续增长，拉大了与全球原料奶均价之间的差距；2012—2013 年新西兰遇干旱，加之受恒天然“肉毒杆菌”事件影响，中国乳制品进口市场受到较大影响，国内乳制品市场发生“奶荒”，奶源紧张，2014 年国内原料奶价格大幅增加 0.26 元/千克，与全球均价相差 1.31 元/千克；2015 年《中澳自贸协定》签订，进口乳制品数量增加，但国内消费增长乏力，乳制品存量较多，2015 年奶价骤降 0.57 元/千克，但仍高于全球均价 1.57 元/千克，直至 2016 年，中国原料奶价格高于全球 87.57%，差距达到最大，2017 年与全球奶价差距缩小为 1.01 元/千克。另一方面，受自贸协定签订国生产成本影响，国内原料奶价格呈上升趋势。2008《中新自贸协定》签订以及乳品安全事件发生，中国乳业受进口乳制品的冲击加大，新西兰与澳大利亚奶源较好，生产成本低，加之中新与中澳自贸协定的关税优惠，原料奶价格普遍低于国内，国内原料奶为追求高质量以获取竞争优势，生产成本不断增加，原料奶价格上升显著，2008—2014 年，国内原料奶价格以年均 8.44%的增长率持续走高，2014 年达到最高为 4.05 元/千克；2015 年《中澳自贸协定》签订增加自澳大利亚乳制品的进口，同时受全球乳业过剩危机的影响，原料奶价格下降 0.6 元/千克，随后价格缓慢回升，2017 年进口价格升至 3.48 元/千克。

中新与中澳自贸协定扩大了乳制品进口市场，新西兰与澳大利亚对国内市场的占有增加了国内奶牛养殖业的压力，使中国奶牛养殖业发展缓慢。但如今国内乳制品质量的提高，消费信心的恢复，奶牛养殖业或将迎来新的发展阶段。

（三）对中国乳品加工业的影响

中新、中澳自贸协定为中国乳品加工业在新西兰和澳大利亚的乳业投资提供了便利的条件，中国乳品加工企业对两国乳业实现了持续的投资。《中新自贸协定》规定，新西兰政府给予中国在新西兰的投资者国民待遇和最惠国待遇，并规定一定的投资保护措施和投资争端的仲裁解决程序。《中新自贸协定》下新西兰政府给予中国企业的投资便利，大幅提高了中国企业赴新西兰的投资热情。新西兰奶业发达，拥有大片的草原和优质奶源，这促使光明、伊利、雅士利等中国著名乳品加工企业纷纷赴新西兰进行股权投资、建设加工厂、收购牧场等。由于《中新自贸协定》关于投资便利化的良好实施，截至 2012 年，中国乳品加工企业在新西兰累计投资额达到了 25.31 亿元。随着中国乳品加工企业国际地位的逐渐提升，资本的日益雄厚，截至 2018 年，中国乳品加工企业在新西兰的累计投资额已达 62.05 亿元，比 2012 年增加了 36.74 亿元，累计投资额增长 145%。《中新自贸协定》的签署为中国乳品加工企业走出去奠定了坚实的基础，对新西兰的投资形成了中国乳品加工企业对外投资的起点，为后来在全球实施收购和投资提供了大量经验和平台。

与《中新自贸协定》相似，《中澳自贸协定》框架下签订的《投资便利化安排》规定澳方专门针对中方投资项下工作人员赴澳设立新的便利机制，促进中国企业在澳从事投资活动。《中澳自贸协定》使中国企业在澳大利亚投资更为便利，澳大利亚是乳业强国，乳业科技发达，促使澳优、大地乳业、新希望等中国著名乳品加工企业对澳大利亚的牧场、草场、乳品加工企业等进行收购和参股等。2012—2018年，中国乳品加工企业对澳大利亚的累计投资额稳定增加，从1亿元增加到9.02亿元，6年间增加8.02亿元，中国乳品加工企业对澳大利亚的累计投资额占全球的比率始终稳定在3%～4%，比率较低并且未发生大幅变动。这是因为：虽然中国与澳大利亚签订了《中澳自贸协定》，在一定程度上提高了中国乳品加工企业赴澳大利亚投资的便利化程度，但在《中澳自贸协定》签订后，中澳政治关系日益复杂，澳大利亚开始遏制中国对澳大利亚的投资，中国对澳大利亚包括在食品和农业、能源、服务业、基建等领域的投资均出现了不同程度的下降。从长远来看，中国仍然是澳大利亚最大的乳制品进口国①，其乳业对中国的依赖依然较高，所以中国乳品加工企业未来对澳大利亚的投资总体上应保持乐观但谨慎的态度②。

《中新自贸协定》成为中国乳品加工企业对外投资的新起点，而《中澳自贸协定》开拓了中国乳品加工企业的国际化布局。中新、中澳自贸协定为中国乳品加工企业在新西兰和澳大利亚投资提供了便利的条件，中国乳品加工企业对两国的累计投资额逐渐增加。自贸协定激发了中国乳品加工企业实施“走出去”战略，使中国乳品加工企业在国际上的地位逐渐提升，特别是如伊利、蒙牛等乳品加工企业已跻身世界前列。未来，中新、中澳自贸协定将更加深远地影响中国乳品加工企业的海外投资。

（四）对中国乳制品消费的影响

国民经济的增长促进了人民饮食结构的改变，中国乳制品消费量呈现出上升趋势，2000—2015年中国人均乳制品消费量由7.38千克增长至30.4千克，翻了两番，但在中国乳制品消费市场中，进口乳制品中占据了一定份额，2000—2015年进口液态奶消费占比由1.42%增加至1.83%，2016年达到2.34%。2008年乳制品污染事件的发生，使国内消费者更加偏好国外乳制品，中新和中澳自贸协定对进口乳制品的关税优惠，也进一步提升了国内消费。

1. 自贸协定的签订增加了国内消费者对乳制品的选择机会

中国进口液态奶、干乳制品以及婴幼儿奶粉均呈现上升趋势，表明国内乳制品消费量在不断增加，其中进口干乳制品消费量波动较大，进口液态奶和婴幼儿奶粉消费量稳步增加。2008年《中新自贸协定》签订后，乳制品进口关税下降，同时受乳制品污染事件的影响，国内对国外干乳制品的消费激增，其中进口婴幼儿奶粉消费增加2.02万吨。2012年，乳制品多降为零关税，使得

---

① 数据来源：http：//www.docin.com/p-2127160602.html。

② 数据来源：https：//www.guancha.cn/economy/2018_06_17_460373.shtml。

进口乳制品的消费量再次激增，2013 年进口干乳制品的消费量较 2012 年翻了近一番，进口婴幼儿奶粉与液态奶的消费增幅均有所增加。之后由于国内奶粉质量逐渐提升，消费者对进口奶粉的需求开始减缓，2015 年进口干乳制品的消费量减少 34.3 万吨。同年，《中澳自贸协定》的签订，再次增加了进口乳制品在国内消费市场的竞争力，进口乳制品的消费量再次攀升。

2. 自贸协定促进了中国对签订国乳制品的消费

2008 年国内乳制品污染事件的发生，使国内消费者对国产乳制品失去信心，偏好进口乳制品，以奶粉为主的进口干乳制品消费量开始增加。当时，对于消费者而言，进口乳制品质量均高于国内，自贸协定带来的关税优惠直接降低了成本，具有价格优势，从而促使了国内消费者增加对签订国乳制品的消费。2007—2008 年，从澳大利亚进口的干乳制品消费增量大于新西兰，而自 2008 年签订《中新自贸协定》后，从新西兰进口的乳制品消费量远大于澳大利亚，其中以奶粉为主的干乳制品，在关税优势以及国内需求增加的情况下，消费量增幅远大于澳大利亚，甚至制约了从澳大利亚进口乳制品的消费：2009 年从澳大利亚进口的液态奶和婴幼儿奶粉消费零增长，干乳制品消费呈现了负增长，2010 年后虽有增长，但增长极其缓慢，远低于从新西兰进口的乳制品消费量。直至 2015 年《中澳自贸协定》签订，从澳大利亚进口乳制品的消费量虽低于新西兰，但消费量增幅明显提高。

自贸协定的签订一方面助力了消费者对进口乳制品的消费，满足了国内的消费需求；另一方面，自贸协定中关税的优惠挤压了国内乳品市场份额，影响了国内乳业的发展。短期看来，中国对进口乳制品的消费量依旧会增加，对进口液态奶的消费增长减缓，对进口干乳制品的消费增幅会加大，在进口乳制品消费中，仍然会以新西兰进口乳制品消费为主，且其消费增长幅度呈增加趋势，这将成为国内乳企发展的另一个机遇与挑战。

三、中国乳业支持政策调整方向

（一）乳制品贸易

（1）完善乳制品贸易跟踪救济机制。一是支持完善乳制品贸易跟踪机制。国家相关部门应对当前国内乳业发展情况进行分析，选择合适的指标设置乳业发展的受损预警红线，并完善相关的监测机制，实时监测乳制品贸易对国内乳业发展的影响，一旦触发预警红线，立刻对国内乳业进行保护。二是完善救济措施。为应对乳制品贸易冲击，根据 WTO《补贴与反补贴措施协定》等相应的政策，有效利用反倾销、反补贴等贸易救济措施，同时可以设置信息救助、贷款支持、奶牛品种改良等措施，促进国内奶业稳定健康发展。

(2) 加强进口乳制品质量把控。一是支持完善质量监控体系。每类乳制品特点不同，质量要求应有所区分，应根据不同乳制品的质量特点，建立不同的质量标准，形成一套完整的监控体系，有助于完全掌握进口乳制品的质量。二是支持建立信用备案机制。政府相关部门应对乳制品的进口产品进行信用备案，不合格的进口乳制品根据不合格的频率，不合格的严重程度制定不同解决方案，尤其对进口奶粉进行备案立档，并对国内消费者公开检测为不合格的乳制品信息，保障国内乳制品消费安全。

(3) 开拓乳制品国外市场。一是支持乳制品出口贸易。出口成本高导致出口价格处于劣势地位，政府应制定相应出口政策，增加出口补贴，同时在保证质量的前提下，应制定完善精简的出口流程，简化但不省略出口环节，制定成本最低的运输方案，降低出口成本。二是充分利用关税等边境保护政策。中国在与周边国家积极发展自贸区时，应吸取中新和中澳自贸区对乳制品特殊保障机制和审议机制的经验教训，在维护有限关税的基础上，争取更多的贸易利益空间。

(二) 奶牛养殖

(1) 推进奶牛适度规模化养殖。一是因地制宜发展规模化养殖。不同地区养殖资源与条件不同，应鼓励在奶牛适宜养殖区建立大型奶牛养殖场，在养殖规模较小的地区，鼓励建立奶业协会或奶业合作社，提高养殖集中度，并对规模较大的养殖场或养殖组织给予先进技术和先进人才支援以及相应政策补贴，加快奶牛规模化养殖进程。二是建立养殖风险基金。政府应协助当地奶业组织建立养殖风险基金，并对风险基金补助的对象、方式等进行详细的规定与说明，避免在价格下降时，奶农出现“倒奶杀牛”现象，减少奶农损失。

(2) 提高奶牛养殖效率。奶牛养殖是乳业发展的基础，奶牛养殖效率关系乳业的发展，提高奶牛养殖效率可从奶牛自身与奶牛养殖两个方面着手：一是支持建立健全奶牛良种繁育体系。相关养殖部门应对良种奶牛进行记录留档，积极推广良种奶牛的繁育，淘汰产奶率低的奶牛，同时鼓励加强良种奶牛的品种改良工作，建立高产母牛核心群，提高奶牛产奶率。二是加强养殖人员技术培训。国家应鼓励支持建立自贸区技术交流平台，组织各地奶牛养殖相关管理人员和技术人员进行交流，学习养殖场先进的管理经验与技术，同时组织定期开展疫病防控、挤奶、饲料配比、先进机械使用技术等方面的培训，推动原料奶生产竞争力的提升。

(3) 增强原料乳质量安全。一是支持健全养殖场管理体系。中国应该在现有奶牛养殖管理基础上，借鉴国外牧场的管理经验，对奶牛养殖的各个环节进行严格管理，包括奶牛饲养、疫病防治等方面，形成更加完备的管理体系，并出台相关政策推广到各个牧场，各级政府对落实情况进行监督，并及时反馈解决管理中出现的问题。二是完善落实原料乳相关质量标准制度。国家应支持建立原料奶质量溯源体系，精准捕捉原料奶质量发生问题的生产环节，并及时修补止损，同时要参照国际标准和要求提高原料奶质量标准，加大对原料奶质量标准制度执行的监控力度，确保从奶源开始，做好质量安全保障。

（三）乳品加工

（1）推动乳品企业加快建设自建自控奶源。建设自控奶源的目的是从源头上保障乳制品质量安全、提升乳品加工企业行业标准，摆脱奶源受制于国外的困境。重点扶持婴幼儿乳粉企业建设自有奶源。乳企自建自控奶源的难点是时间长、资金量大、成本高，因此政府需要加大奶业金融支持力度，给予需要自建奶源的企业一定优惠的贷款贴息，对于自建奶源的乳品企业给予可以负担一定成本的建设补贴。

（2）培育区域和全国品牌，打造国际乳制品品牌。中国乳品加工业实力逐渐增强，伊利、蒙牛已跻身世界乳企前列，但在国际上，中国乳品品牌依然得不到认可，因此应充分发挥优势打造品牌。一是充分发挥不同规模乳企资源优势和区域优势。鼓励地方性中小乳品加工企业培养区域性品牌，例如短距离运输、保质时间短的巴氏灭菌乳品牌。鼓励大中型乳品加工企业发展常温奶、巴氏杀菌乳、酸奶等产品品牌。重点推动大型乳企发展质量安全要求高的婴幼儿配方奶粉以及其他多类型的乳制品品牌。二是全面构建品牌培训服务体系。切实加强商标注册行政保护，鼓励媒体助力乳企树立品牌。建立乳制品品牌的城市，国家、国际指标体系，对乳制品品牌进行排名，对进入排行榜的乳制品品牌进行宣传及授予奖励，提升品牌认可度。

（3）鼓励乳品企业兼并重组。鼓励乳品企业兼并重组的目的是淘汰技术、质量、安全等不达标的落后产能，提高行业集中度。一是给予兼并重组乳企政策优惠。政府应引导企业以自愿的方式进行兼并重组，保障兼并重组企业的财税、金融、土地等优惠政策落实，对于转产转能、技术改造的兼并重组企业落实奖励政策。二是鼓励大型乳企扩大海外市场的兼并重组。推动兼并重组的大型乳品企业“走出去”，扩大海外市场，在资金和外交方面对大型乳企的海外布局加大支持力度，以增强中国乳品加工业的国际竞争力。

（4）以乳品加工业为引领，加快推进产业一体化。乳品加工业连接着奶牛养殖端和乳品销售端，乳品加工业责任重大。要以乳品加工业为引领，推进建设奶牛养殖主体与加工业的利益连接机制，推进产业间相互渗透，“产、加、销”利益共享、风险共担，构建乳制品产业体系，因地制宜多途径发展产业一体化。

（四）乳品消费

1. 推进乳制品质量安全信息公开化

（1）增强质量安全信息的有效传递，提升消费者知情权。一方面，通报乳品安全违规行为。推动建立中国乳业公共信息平台，政府对企业生产经营情况实施监控和跟踪，使消费者及时了解企业生产经营状况。发挥政府的严格执法能力，对乳业的全产业链进行监管，针对不符合生产、加工、销售质量安全标准，危害消费者健康的企业在乳业公共信息平台上进行公开通报及惩戒。另一方面，借助媒体科普乳制品科学知识及解读国家乳业政策。第一，科普乳制品科学知识。政府应积极协调广播、电视、网络等媒体对乳制品科学知识进行宣传，使消费者增加对乳制品，特别是婴幼儿奶粉的认知，让消费者自主选择安全信任的乳制品。第二，借助媒体解读国家乳业政策。政府应借助媒介解读国家针对乳业发展出台的各项政策方针、规划、意见、办法等，使消费者明确国家针对乳业健康发展的政策，提升中国消费者对国产乳制品，特别是婴幼儿配方奶粉的信任度。

（2）对消费者的安全信任情况进行实时监测，及时获取消费者的乳制品安全信任情况。一方面，构建消费者乳制品安全信任指标体系。针对乳制品特点严格构建安全信任指数体系，组织专家、学者对消费者乳制品安全信任指数进行充分论证和有效构建，对已经构建好的指标体系根据实际不断完善，确保安全信任指标能切实反映消费者的真实情况。另一方面，根据安全信任指标体系，对消费者乳制品安全信任情况进行实时监测。建立安全信任指数监测机构，由检测机构成立安全信任指数监测平台，通过对安全信任指标体系的实时监测，使政府监管机构及时获取消费者安全信任状况，并根据安全信任指标测算结果进行信任危机预警及控制。

2. 加强乳制品质量安全管理和监督

（1）强化乳制品质量安全问题执法力度和惩戒力度。当前中国的乳制品质量安全法律已非常健全，但对质量安全问题的执法力度和惩戒力度不够。一方面，要保障执法者的执法权力。要重视执法工作，对执法工作予以支持，维护执法机关的权力。另一方面，要加强对执法队伍的监督。执法机构要按要求履行执法义务，对执法队伍的行为进行严格监管，纠正乳制品质量安全管理中存在的有法不依、执法不严、有法不纠等问题。建立执法队伍的责任追究制度，确保乳制品质量安全法律法规落到实处。再者，加强对危害乳制品质量安全行为的惩戒力度。建立政府监管失信惩戒体系，强制退出失信经营的企业，对相关责任人依法定罪并给予严厉惩罚。对失信经营企业的失信行为和政府的惩罚措施及时向公众披露。

（2）落实乳制品的质量安全监管行为。一方面，强化乳制品质量监管。对乳品企业生产使用的复原乳进行监管，构建生鲜乳使用备案制度。企业要及时将复原乳使用情况向管理机关报备，对弄虚作假、信息不实者进行严厉惩罚。另一方面，增强乳制品安全监管。建立完善的乳制品可追溯机制。建立乳制品可追溯管理信息系统，对乳制品的生产、检验、监管和消费各个环节进行跟踪监管，使消费者了解生产和流通过程中的安全性，提升消费者质量安全信任度。

2018年国内外生猪产业发展形势分析

2018年上半年生猪产能明显增加，下半年非洲猪瘟疫情和生猪调运政策导致生猪压栏和补栏受阻，生猪产能下滑，第四季度猪肉消费受疫情影响小幅下滑。全年生猪价格和猪肉价格明显下跌，第二季度生猪价格快速下跌，下半年尤其是第四季度疫情导致产销区间供需形势明显分化，受疫情影响的主产区生猪价格创最近10年的新低，供求偏紧的南方主销区猪价创新高。猪肉进口量小幅下降，仍保持高位。受能繁母猪产能持续下降影响，2019年猪肉产量预计下降6.7%，猪肉产量为5 040万吨，猪价将处于上涨通道；猪肉进口量将显著增长，为170万吨，展望后期受国内外价格差和贸易开放程度影响，猪肉进口将下降但仍保持较高水平。

一、2018年国际生猪产业发展形势

（一）供求形势

2018年世界猪肉生产继续增加，总产量达到1.21亿吨，同比增长0.6%。中国猪肉产量占世界总产量的45.6%，2018年中国猪肉产量为5 496.9万吨，增长2.9%；欧盟猪肉产量为2 415万吨，增长3.5%；美国猪肉产量略有增加，为1 194.8万吨，增长0.9%；巴西猪肉产量明显下降，为356.7万吨，减少6.5%；俄罗斯猪肉产量增至372.4万吨，增长4.7%；加拿大猪肉产量211万吨，减少3.4%。目前，世界猪肉产量由高速增长进入平稳增长阶段，生产主要集中在亚洲、欧洲和美洲，其中亚洲猪肉产量增速最快。欧美发达国家已经实现了生猪生产的产业化、现代化和规模化，实现了种养结合、订单化生产、专业化生产，其产业链纵向和横向高度整合，带动养殖区域化和专业化分工。中国、美国、德国、西班牙、巴西和越南仍为世界猪肉生产大国。在猪肉生产方面，生产技术与机械化生产是美国、德国、西班牙等发达国家主要的生产优势。因此，这些国家的产量水平较高。中国的猪肉产量稳居世界第一，经历了3次较大的价格波动后，生产模式由资本推动进入产业推动，大型屠宰加工企业、饲料企业进入养殖行业开始全产业链整合，而专业的养殖企业加大了产业布局力度，规模化、专业化和组织化水平快速提升。

近年来，发展中国家肉类消费明显上升，其中以亚洲国家和地区变化最为

显著。随着收入增加和城市化进程加快，一些以传统谷物为主要食品消费的国家和地区，逐渐向以富含蛋白质的动物性食品消费方向转变。特别是在中国，近20年来中国经济迅速发展，居民收入水平提高，带动了肉类产品消费量的增长。同时肉食消费结构发生转变，由传统的红肉消费逐渐向更加健康营养的白肉消费转变。猪肉和牛肉一直是传统消费量最多的肉食品，但近年来随着人们对健康的关注，消费观念逐渐转变，禽肉消费的增长速度明显快于猪肉和牛肉的增长速度。

猪肉是世界消费最多的肉类产品，消费量占世界肉类消费总量的36%。2018年猪肉消费需求增速放缓，据联合国粮农组织预测，2018年世界猪肉消费量达1.2亿吨，比上年增长1.4%。欧洲、北美洲和大洋洲猪肉人均消费量较高。其中，北美洲国家猪肉人均消费量相对较为稳定，欧洲发达国家和大洋洲小幅上涨，南美洲以及亚洲国家由于基数较小，其猪肉人均消费量均呈增长态势。世界猪肉人均消费前10位的国家中，除中国外，其他都是发达国家，相对于发展中国家，发达国家的猪肉人均消费量在世界猪肉产品消费中占据主导地位。近年来，随着国内经济的发展和人民生活水平的提高，发展中国家猪肉人均消费量逐年增加，而近年来发达国家则变化不大，这主要是由于其猪肉人均消费量已达到饱和水平。

（二）价格形势

2018年世界猪肉价格明显下跌，美国、巴西、德国猪肉出口平均价格分别为2 506美元/吨、1 965美元/吨和1 728美元/吨，分别比上年下跌0.9%、20.8%和7.6%（图1）。欧洲和北美猪肉产量的增加、亚洲地区收入的提高带

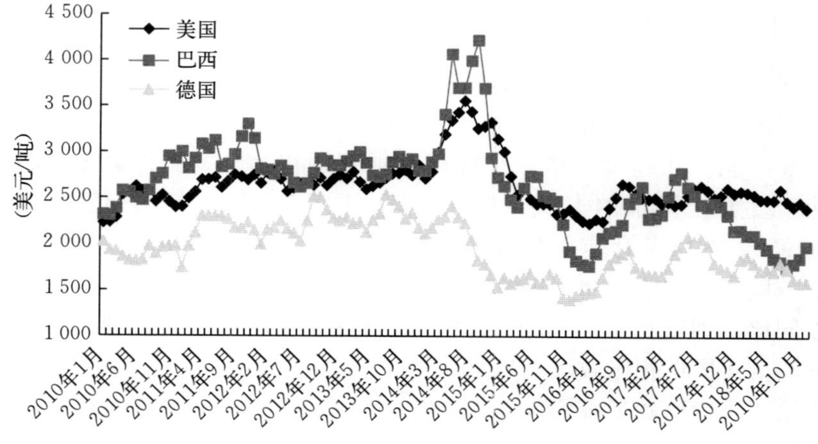

图1 世界猪肉价格变化

数据来源：联合国粮农组织（FAO）。

动猪肉贸易从欧洲与美洲流向亚洲，中国猪肉进口量变化影响了全球猪肉市场价格。中国调控措施的日趋完备稳定了猪肉市场，建立了涉及价格体系、生产补贴和服务性补贴、生猪保险和生猪期货等保障体系，充分利用国内、国际两个市场来稳定猪肉供给、调控国内生猪和猪肉价格。

（三）贸易形势

2018 年世界猪肉贸易量略有增加。进口方面，世界猪肉进口量为 825.3 万吨，同比增长 0.8%，主要猪肉净进口国为中国、意大利、日本、波兰、韩国等国家。由于国内外存在价差，导致中国猪肉进口明显增加，达到 192.4 万吨，同比增长 2.3%，但中国猪肉仍以国内供给为主，进口猪肉占国内猪肉消费总量的比例不足 2%。出口方面，世界猪肉出口量为 836.6 万吨，同比增长 2.0%。欧盟猪肉出口 291.6 万吨，下降 5.9%；美国猪肉出口 254.4 万吨，增长 2.6%；加拿大猪肉出口 128.4 万吨，减少 2.0%。欧洲、美洲是世界猪肉产品出口贸易集中地区，猪肉产品贸易量占世界猪肉产品贸易总量的比重达 95%以上。其中，在世界猪肉产品贸易中占据绝对主导地位的是北美洲，2018 年其猪肉产品出口量占世界总出口量的 46%。欧洲是世界猪肉产品的第二大主要出口区域，2018 年出口的猪肉产品占世界猪肉产品出口总量的 37%。南美洲是世界猪肉产品的第三大出口区域，其猪肉产品出口量占世界出口猪肉产品总量的比重为 12%。世界猪肉贸易洲际间流动主要是从欧洲与美洲流向亚洲，趋势较为明显。

二、2018 年国内生猪产业发展形势

（一）供求形势

2016—2017 年，全国生猪养殖保持了较好收益，带动养殖户和企业加大投资、积极补栏，2018 年上半年生猪出栏量明显增加，下半年非洲猪瘟导致规模企业产能扩张速度减缓，小规模户加速退出市场。据国家统计局数据，2018 年，生猪出栏 6.94 亿头，与上年相比下降 1.2%；猪肉产量 5 404 万吨，下降 0.9%。2018 年年末生猪存栏 4.28 亿头，与上年相比减少 3.0%。2018 年前三季度生猪供给过剩，规模以上生猪定点屠宰企业屠宰量，第一季度和第二季度同比分别增长 17.5%和 15.8%，第三季度增幅下滑，增长 5.4%，第四季度与上年同期相比微降 0.02%。

受第四季度消费下降影响，全年猪肉消费量小幅下降。2018 年供给总量为 5 507 万吨，与上年相比下降 0.9%；人均猪肉占有量 39.47 千克，与上年相比减少 1.2%。2018 年第四季度受非洲猪瘟疫情影响，部分消费者对猪肉消

费趋于谨慎，禽肉、牛羊肉等猪肉替代品消费量明显增加，价格上涨。由于活猪调运受阻，上海、广东、福建、浙江、四川等南方主销区自 9 月开始外调白条肉满足当地消费需求，冷鲜肉消费量增加。

（二）价格形势

生猪和猪肉价格明显下跌，第二季度猪价创 2011 年以来新低，第三季度末开始地区间猪价走势明显分化。2018 年猪肉均价为 22.47 元/千克，同比下降 12.5%。1 月猪肉价格延续了 2017 年年底的上涨趋势，涨至 25.46 元/千克，2 月开始持续下跌至 5 月的 19.52 元/千克，之后触底反弹，10 月回升至 23.55 元/千克后总体平稳，12 月为 23.69 元/千克，环比上涨 0.7%，同比下跌 5.7%。生猪年均价为 12.98 元/千克，同比下跌 15.3%。1 月生猪价格为 15.25 元/千克，持续跌至 5 月的 10.57 元/千克后季节性回升，9 月上涨至 14.14 元/千克，10 月开始总体呈跌势，12 月为 13.95 元/千克，环比上涨 0.6%，同比下跌 7.4%。受非洲猪瘟疫情影响，南方主销区重庆、四川、贵州、广东、福建、浙江等猪价明显上涨，其中西南地区的重庆、四川和贵州 12 月底生猪价格较 8 月初未发生疫情时上涨超过 6 元/千克。受疫情影响的主产区如河南、吉林、黑龙江、辽宁、内蒙古、山西等地猪肉价格明显下跌，东北 3 省跌幅最高，下跌 3 元/千克左右。

（三）贸易形势

猪肉进口小幅下降，出口降幅明显。2018 年，国内外猪肉价格均下跌，中国规模以上定点屠宰企业白条肉出厂价格与欧盟猪肉批发价格的价差为 7.02 元/千克，与上年相比缩小 15.3%。国内外价差缩小降低了中国猪肉进口，但美元贬值提升了欧美猪肉出口竞争力，猪肉进口量仅小幅下降。受猪杂碎进口明显下降影响，2018 年生猪产品进口量与上年相比减少 13.8%，为 215.44 万吨，其中，猪肉进口 119.28 万吨，同比下降 2.0%；猪杂碎进口 96.06 万吨，下降 25.1%。受国内加工猪肉和活猪出口小幅增加影响，2018 年中国生猪产品出口增加，全年出口 33.29 万吨，增长 0.7%。其中，猪肉出口 4.18 万吨，与上年相比下降 18.6%；活猪出口 17.51 万吨，增长 2.8%；加工猪肉出口 11.43 万吨，增长 5.3%。

三、2019 年生猪产业发展预测

（一）国际产业发展预测

未来全球猪肉产量和需求预计仍会增长，但增速将会显著放缓。从生产来看，全球猪肉产量总体未来增速将会降至2%以下，增长背后的主要推动力是以中国为主的亚洲地区。随着发达国家国内市场的饱和，猪肉产量预计会表现出小幅增长趋势，主要推动力是美国、加拿大以及南美国家，产量增长的驱动力是贸易拉动。欧盟国家将会持稳略增。

从消费来看，未来猪肉消费需求增速放缓，供给增速略大于需求增速。亚洲地区是消费增加的主要地区，但未来空间也不大，尤其中国猪肉人均消费量已经达到40千克/（人•年），消费增速预计为1.5%。此外，像越南、菲律宾等以猪肉消费为主的亚洲发展中国家，受国内经济发展向好的影响，猪肉消费增长潜力仍然很大。墨西哥、俄罗斯等国家猪肉消费需求将会继续增加，而美国等发达国家将会稳中略增。

从国际市场价格来看，主要猪肉进口国中国、俄罗斯的猪肉产量预期继续恢复性增长，进口需求下降；国际谷物价格处于低位，都将会拉动猪肉价格继续处于下降通道，预计2020年前后将会进入下一轮周期。

（二）国内产业发展预测

受非洲猪瘟疫情和环保政策影响，生猪产能展望前期连续2年明显下降，中后期将逐步恢复，未来10年猪肉产量年均增速0.9%。在环保政策和疫情风险双重挑战下，散养户和小规模户加速退出市场，非洲猪瘟将在相当长一段时间内影响中国的生猪产业发展，规模养殖企业在粮食主产区和适养区的布局放缓甚至暂停，母猪产能快速下降，展望前期生猪产能将会明显下滑。在疫情风险逐渐得到控制后，生猪产业将进入稳定发展阶段。2019年猪肉产量预计将大幅下降，全年产量为5 040万吨，同比下降6.7%。

消费需求前期下降，后期恢复并趋于稳定。猪肉产量预期下降，疫情下禽肉和牛羊肉替代性消费提升，展望前期猪肉消费将下降，预计2019年猪肉供给量为5 197万吨，较上年减少5.6%；人均猪肉占有量为37.10千克，较上年减少6.0%。

猪肉进口量前期明显增加，后期下降但仍保持相对高位。展望前期，生猪产能下降，国内猪肉价格预期上涨，猪肉进口将会连续2年增加，预计2019年中国猪肉进口量为170万吨。

产能下降带动展望前期生猪价格出现新一轮上涨，展望中期将再次回落。短期来看，生猪供应2019年下半年将会明显下降，供需偏紧的局面将会持续到2020年，预期2019年下半年开始生猪价格将处于上涨通道。

四、值得关注的问题

（一）外调受限，部分主产省压栏严重

种猪和仔猪压栏严重。据对养殖企业调研，河南、云南等省母猪产能较高，特别是河南60%左右的产能需要外调。受疫情影响，仔猪和种猪外调受阻，仔猪压栏率达到40%。东北3省很多“公司+农户”需要跨市甚至跨省调运仔猪，现在仔猪场压栏严重，而种猪场无猪可育肥。销售不畅又导致养殖企业存在资金链断裂风险。压栏、银行借贷收紧和社会资金减少造成养殖企业资金回款出现一定困难。目前部分养殖企业的资金出现紧张，已经出现饲料厂赊账及借贷的情况。有养殖企业因为前期扩张速度较快，目前已经资不抵债，周转资金困难将会是部分养殖企业面临的普遍问题。当前形势下一部分散户和小猪场开始淘汰母猪甚至带仔母猪以及后备母猪，以缓解资金短缺问题。

（二）粮食主产区生猪产能扩张

中国生猪产业正处于规模化、组织化、区域化和产业化发展过程中。大型饲料企业如新希望、大北农和屠宰企业纷纷进入养殖行业，这表明行业纵向和横向整合开始加快，粮食主产区的生猪产能释放将是未来生猪产能增加的主要推动力之一。东北地区生猪养殖适应性还必须加强研发支持。猪生长的较适宜温度是14～23℃，而东北3省和内蒙古因纬度较高，气候寒冷，冬季漫长，提高了保温成本，降低了仔猪成活率，给生猪养殖带来一定制约。从美国生猪产业和种植业融合经验可以看出，尽管东北地区是玉米、大豆等饲料原料的主产区，但是需要从规模化、组织化、产业化及流通、消费模式进行相应的调整，才有助于推动生猪产能转移。猪价波动、粮食产区的营商环境、环保税等都将会影响粮食主产区生猪产能的释放，进而影响总体的生猪供给。

（三）疫情防控长效机制的有效程度将会影响产能变化

非洲猪瘟分区防控实施的效果将会影响未来生产发展和产销格局。非洲猪瘟对中国来说还是一种全新的动物疫病，与过去发生的许多重大动物疫病的致病机理、传播路径、防控基础都有很大不同，并且在国际上也没有与中国生猪养殖量和生产流通消费方式相似的国家，在国内外都没有可以直接借鉴的成套防控经验和做法。当前和今后一个时期的非洲猪瘟防控工作将会是生猪产业发

展的关键，在进一步加强和优化各项防控措施，形成适应中国国情的非洲猪瘟防控长效机制后，生猪产能将会逐步恢复，后期将会稳步增长。非洲猪瘟由于缺乏有效疫苗，难以根除，因此将可能扰乱生产的稳定性和可持续性，导致生猪产能阶段性下降。如果疫情风险控制水平提升所需时间较长，将会影响产能恢复速度。

（四）产业支持政策将会影响产能恢复速度

生猪产业支持和保障政策将会影响生产恢复速度。在非洲猪瘟疫情条件下，以及跨省禁调、价格下滑等多重压力下，北方主产区养殖户大幅亏损，市场出现产能加速清退的局面。在非洲猪瘟疫情相对较轻的南方地区，产能退出情况也较为明显，无论大型养殖户还是中小散户，对于补栏都抱着谨慎心态。目前中小散户在持续去产能，市场集中化程度可能会提升。在这种情况下，在南方地区推动符合环保要求的规模化、标准化养殖将成为带动整体产能和区域内供给恢复、提高自给率的关键，通过提供融资渠道等方式鼓励和支持符合环保要求的规模化养殖将会有助于南方销区自给率水平的提升；北方主产区受疫情和环保政策双重影响，产能下降明显高于南方地区，部分前期扩张较快的企业已经面临资金断裂风险。因此，国家适时出台相应的保障和激励政策将会影响近两年的产能以及中后期的产能恢复速度。

（五）冷链物流发展和消费者消费习惯变化将会影响猪价稳定

消费者对猪肉消费偏好变化以及冷链物流发展将会影响非洲猪瘟分区防控后的产销格局和猪价稳定。中国消费者尤其是南方销区偏好热鲜肉，对冷鲜肉的接受需要一个过程，消费习惯的转变速度将会影响区域内的猪价走势。另外，全国冷鲜肉调运取代生猪跨省调运的关键是冷链物流发展，运输过程中冷鲜肉品质的保障是消费者接受快慢的重要影响因素之一。冷鲜肉需要在屠宰后立即冷却至 0～4 ℃，随后冷链物流配送至各地区，这种肉类的生产要求集中屠宰、冷链运输，需要大量冷链物流设备。目前生鲜冷链物流行业发展环境还不够成熟，大量的冷链配送都是客户自营配送，由此为客户带来了更大资金投入及人员管理成本，冷链市场发展将会影响未来猪肉产销格局和猪价稳定。

五、政策建议

（一）优化区域猪肉屠宰、加工流通机制

非洲猪瘟下当前全国产销矛盾主要在于屠宰产能布局和生猪生产布局严重

不相匹配。转变以活猪调运为主的流通方式，改善区域流通环境。通过加强生猪主产区的屠宰产能，支持生猪适度规模化养殖，就地屠宰加工，通过加强生产基地建设以及屠宰企业与规模化养殖企业纵向合作，不但能够减少交易环节，降低流通成本，还能降低疫病传播风险。

（二）加强冻猪肉储备应对突发情况

生猪疫情、极端天气等突发状况是影响中国猪肉市场剧烈波动的重要因素。在各类突发因素冲击下猪肉供给容易受到影响，因此更有必要建立相应的应急机制。除了加强对生猪疫病、极端天气的监测，还需要加强冻猪肉储备，减少突发情况对猪肉市场的影响。

（三）优化仔猪、种猪调运管理政策

整体看，非洲猪瘟疫情在短期内很难根除，限制调运给后续生猪生产造成了一定影响。完善调运监管方案，通过大区域划分等形式实现种猪和仔猪的点对点调运，保障生猪生产的稳定性。

（四）强化猪肉市场监测预警，建立数据信息共享机制

尽管中国诸多机构建立起了市场数据及其他信息采集系统和相关数据库，但却鲜有建立起信息共享机制的机构，导致这些信息难以在实际生产中指导养殖生产者调整生产结构和经验策略，更难以对市场产生调节作用，同时也导致了信息拥有者采集信息成本的提高。通过统筹各种资源，协调各利益主体，以生产者为主体，以服务换信息，整合生猪生产和猪肉消费信息，强化信息预警及成果发布和共享，为生产提高决策支持，推动生猪产业的健康发展。

（五）合理引导猪肉生产

尽管猪肉价格上涨影响了部分社会中低收入者及家庭的居民生活支出、猪肉消费及生活质量，但猪肉价格反映的是市场中供给与需求的关系，自有其内在的市场规律。对于猪肉价格的管控，应该在公平竞争的市场环境下，通过合理的生产调节政策、面向生产者的信息共享机制来引导猪肉生产，从而实现对猪肉价格的调节，而非通过大量进口猪肉、冻猪肉投放等仅具有短期效果却不利于生猪产业持续平稳发展的措施。

中国棉花公证检验制度的发展应用与国际比较

中国的棉花公证检验制度在2001年确立，在2011—2013年的棉花临时收储政策和2014—2019年的棉花目标价格政策执行期间得到了充分的发展。虽然对这一制度的看法各界存在争议，但从国际经验和中国实际操作来看，中国采用的“专业仓储监管＋在库取样公检”制度既有国际先例，更是为棉花目标价格补贴政策的有效实施提供了重要支撑。棉花的公检制度是大宗农产品所不具备的环节，也是棉花目标价格补贴政策实施成功而大豆目标价格政策不成功的重要原因。本文对中国棉花公检制度的产生、发挥的作用、存在的问题、国际借鉴进行梳理总结，并提出进一步完善的建议。

一、中国棉花公证检验制度的产生

20世纪90年代后期，随着棉花流通体制改革的不断深化，中国逐步推行棉花公证检验制度。2001年国家放开棉花收购，社企分开，储备经营分开。为了加强棉花市场管理、棉花质量的监督，国务院颁布实施了《棉花质量监督管理条例》，确定了棉花公证检验制度，规定由专业纤维检验机构按照国家标准和技术规范，对棉花质量、数量进行检验，所需检验费用由国家财政列支。2003年，为了提高棉花流通效率，降低棉花流通成本，稳定提升棉花质量，增强纺织竞争力，国务院批复了由国家发展和改革委员会等部门制定的《棉花质量检验体制改革方案》，要求纳入新体制改革的棉花加工企业，改用国际通用的棉包包型，对成包皮棉进行信息化管理，并规定由专业纤维检验机构，对大包型的棉花实行一系列普遍性、权威性的仪器化公证检验。《方案》关于棉花质量检验体制改革的主要内容第（七）项明确规定了发展棉花专业仓储的制度。

二、入库公检制度对棉花目标价格改革的作用

新疆棉花目标价格改革试点工作实施以来成效明显，棉农利益得到保障，

生产布局优化调整，棉花价格市场形成，棉花产业健康发展。而棉花目标价格补贴制度的有效实施，“专业仓储监管＋在库取样公检”制度发挥了重要甚至不可替代的作用。

一是提高了补贴发放的精准性，对保护农民利益起到了核心作用。监管库和入库公检制度设计，最核心的作用是在监管库核查棉花加工企业生产了多少皮棉，可以倒推其收购了多少籽棉（企业按要求将所有生产加工的皮棉送监管库），从而确定企业是否虚开收购票据，是否存在“转圈棉”骗取补贴行为。这一措施，有效防止和限制了“转圈棉”，将棉花加工企业的收购量、加工量与籽棉交售单据进行对应，进而分解到各棉农，为按照棉农交售量发放补贴资金提供了依据，有效保证了基本农户补贴不被摊薄，利益不受损害，维护了棉农核心利益，推动了棉花目标价格改革顺利实施。

二是摸清了新疆棉花产量底数。近年来，新疆棉花统计产量与通过其他渠道测算的产量差异比较大，其真实数据一直未能核实清楚。“专业仓储＋入库公检”的工作模式和制度措施，要求所有棉花加工企业加工的棉花都要送到专业仓库进行重量检验和品质抽样检验，且在库公检公定重量和企业收购籽棉折合皮棉数据之间上下不得超过 4%（2014 年度规定不得超过 5%）。2015 棉花年度，新疆 44 家专业仓储库实行在库公检，800 余家棉花加工企业全部参加公证检验，棉花质量公证检验实现全覆盖，并完成数据联网，形成数据库，为核实新疆棉花产量提供了基础数据。

三是有效防控了金融风险。中国农业发展银行等有关银行、保险公司充分利用公检环节，其所有贷款的企业收购加工的皮棉必须存放在专业监管仓库并纳入第三方监管，实行在库取样公检，公检重量和品质结果与其棉花信贷监管全面挂钩，有效控制了棉花信贷资金风险，降低了监管成本。

四是促进了现代物流发展。及时、全面、权威的棉花公证检验数据通过棉花公证检验网及时对外发布，多方采信，成为棉花贸易结算和企业加工销售的重要依据。公检信息系统与棉花目标价格改革信息平台全面对接，实现了棉花加工企业、公证检验、专业仓储和各类棉花交易平台的信息共享，全面提高了棉花流通链条的信息化水平，为建立发展棉花现代物流体系奠定了坚实基础。

三、入库公检制度的一些不足

一是增加了部分棉花的物流环节和社会物流成本。因铁路运力限制，汽运出疆的棉花比例呈直线上升趋势。但一些原本可以汽车直接运输出疆的棉花却必须要先运到监管仓库，再经两次重复装卸，既费时又增加了物流成本。尤其一些零散产区缺乏监管仓库，企业还必须长途运输到其他地区。还有一些轧花厂和纺织企业相邻而建，必须先运到监管仓库，再由监管仓库运到纺企，无形中增加了财务成本和时间成本。

二是增加了经营企业的市场风险。尽管公检部门、监管库各方做了很多努力，尽可能缩短入库、检验的时间周期，但从预约成功到出库，仍需要几个工作日，一定程度影响了企业的快购快销。这个问题在 2014—2015 年棉价下滑期间尤为明显。2016 年之后棉价回升，时间周期的问题有所缓解。

四、世界主要产棉国的棉花公证检验制度

（一）美国

美国棉花检验是全国性的规划性项目，由美国农业部市场服务局具体实施。全国设有棉花检验中心 12 个，负责日常棉花检验和出证工作。其中田纳西州的孟菲斯棉花检验中心为美国农业部市场服务局棉花项目部的执行总部，下设检验部、标准工程部和质量保证部等，负责全美棉花分级检验管理，主要职能包括制作和销售棉花等级实物标准和校准棉花等，负责为出口棉和期货交割棉花重新检验出证，为保障各棉花检验中心提供一致的测试结果，实行抽查检测计划，负责收集当天美棉交易的价格、等级、数量、供求情况等，并于当天下午 3 点发布棉花市场信息。棉花检验样品在加工厂逐包抽取，每个棉包取两个样品，一份交棉花检验中心检验，一份留样。棉花生产者可以通过网络或者电话获得棉花检验数据，并依据检验结果销售棉花或者将结果提供给农产品信贷公司获取贷款（CCC 贷款）。

（二）澳大利亚

澳大利亚生产的原棉全部出口，全部采取市场化方式运作，政府几乎不采取任何干预措施。种植者可以销售皮棉也可以出售籽棉。澳棉没有制定国家棉花质量标准，澳大利亚也没有专门的棉花分级检验机构，所有棉花质量问题都由各棉花公司负责，分级检验参照国际通用标准。轧花厂将棉花样品送至农场主指定的棉花检验机构进行分级检验，澳大利亚有 5 家棉花分级检验机构。

（三）印度

印度棉花流通高度自由化，没有官方统一检验。国内贸易一般是通过对比小样和看大货的方式确定质量，大多以买方的认可为准。国际贸易中为配合棉花出口，出口棉花的企业一般委托相关机构进行大容量测试仪检验报告。印度

棉花公司（CCI）接受印度中央政府委托，当市场价格较低时，以政府确定的最低保护价从棉农手里收购籽棉，以稳定籽棉价格水平，保护棉农利益，这些棉花在经营过程中发生亏损由印度中央政府承担。印度没有统一的棉花分级标准，一般按照品种来说，习惯上认为 Shankar6 和 MCU5 属于中高等级棉花。

（四）乌兹别克斯坦

乌兹别克斯坦对棉花产业实行高度计划经济管理体制，包括棉花种植、收购、加工、仓储、运输、销售、检验等各个环节。棉花收购、加工由棉花工业协会负责管理，棉花加工厂负责从农场收购籽棉。收购籽棉经轧花厂加工成皮棉并经国家棉花质量检测中心（SIFAT）检验后运到各州棉花仓库，棉花所有权属于棉花工业协会。用于出口或国内使用的棉花，都由棉花工业协会分别与负责出口的企业或国内用棉企业签订合同。乌兹别克斯坦对棉花实施强制检验，由 SIFAT 全权负责。SIFAT 在首都塔什干设有中央级检测中心和培训中心，在 13 个产棉州设有 13 个地区性检测中心，中心实行包包检验，SIFAT 各地区检测中心指派员工驻厂负责抽检工作。SIFAT 各地区检测中心每两周向中央监测中心报送检验数据，中央监测中心及时进行统计和质量分析，并将统计分析报告提供给相关主体。所有棉包加工后都要运到指定仓库，SIFAT 在各州的棉花仓库派驻专门人员实施监督。检验收费标准由财政部确定，出口棉检验费用由外贸公司支付，国内用棉检验费由棉花工业协会支付。

（五）巴西

巴西棉花一半用于国内消费，一半用于出口。由于近几年巴西棉花才开始大规模出口，国内消费棉花较少进行检验，因此棉花检验也是近年才得到快速发展。巴西棉花检验不是强制进行，标准化仪器检验只针对外销棉花。巴西棉花分级室主要有巴西期货交易所下属的棉花分级室和国际棉花检验中介机构（伟得公证）在主要产棉区设立的棉花分级室。棉花分级检验完全参照美国标准，包包检验。

五、对完善中国棉花公证检验制度的启示

一是继续优化在库公检流程，提高工作效率。优化、简化分配流程，加强人员、时间和异常棉包管理，强化环节监管和无缝对接，落实责任追究制，提高工作效率。提高入库公检信息化水平，样品交接通过信息化系统实现等。继续组建调剂实验室，就近就地安排后续仪器化公证检验，降低企业等待周期，

方便棉花销售。

二是优化完善棉花专业仓储布点，提高新疆棉花仓储能力。进一步优化完善棉花临时监管区域认定条件和实施细则，在棉花产业集中、兵团团场连片区域，以及符合专业仓储条件的大中型棉花加工企业增加设立监管区域，逐步形成以国家专业仓储为主体，民间专业仓储和临时监管区域为补充的分布格局。

三是进一步完善棉花目标价格改革信息化综合平台。将公检数据与新疆棉花目标价格信息化平台、企业生产加工、销售数据完全实现对接，形成大数据，供多方查询、采信和分析，促进棉花产业健康发展。

中国马铃薯生产区域格局变化及原因分析

一、引言

马铃薯作为全球第四大粮食作物，在解决饥饿、消除贫困、创造就业、增加收入等方面发挥了重要作用，马铃薯生产、加工、消费、贸易在农业生产中的发展前景也越发受到各界关注。

中国马铃薯种植历史相对较短，但发展较为迅速。17 世纪中叶荷兰人将马铃薯传入中国，现已有 300 余年的栽培历史。因其适应性广（高原、山地、丘陵、洼地均可种植）、产量高、营养丰富（富含淀粉、蛋白质、各种矿物质和维生素等营养成分）、用途广（可作为粮食、蔬菜、饲料和工业原料等）等特性，马铃薯在全国范围内被大量种植。

马铃薯种植快速发展始于 20 世纪 80 年代家庭联产承包责任制。1982 年中国马铃薯产量[①]仅为 476.5 万吨，2016 年达到 1 947.7 万吨，产量翻了两番，年均增速达到 4.2 个百分点。从播种面积来看，1982 年马铃薯播种面积仅为 2 454.4千公顷，至 2016 年攀升至 5 626 千公顷，增长了 1.29 倍。

中国马铃薯增产潜力较大。自 1993 年起，中国马铃薯产量稳居世界第一，是名副其实的马铃薯生产大国。通过对比马铃薯单产可以发现，中国马铃薯单产远远低于美国、波兰、荷兰等欧美主产国，换言之，中国是马铃薯生产大国而并非马铃薯生产强国。960 多万千米^2 的国土为马铃薯生产提供了广阔空间，但多样化的地理位置、自然生产条件以及社会经济文化等因素导致地区间马铃薯生产存在较大差异。统计数据显示，山东地区马铃薯单产水平可以达到 44 274.62 千克/公顷（2016 年），遥遥领先于其他省份，甚至跻身世界前列，东北 3 省以及西北地区的新疆、西藏马铃薯单产也显著高于全国平均水平，但也可以发现，宁夏、陕西、内蒙古、山西等地马铃薯单产水平明显偏低。

马铃薯生产具有明显的地域特征，各地区马铃薯生产地位也在不断变化，追踪区域内各指标的变化情况，探究其变化的内在原因，对于推动马铃薯主粮

① 本研究中的马铃薯数据均为中国大陆地区数据，暂不包含中国香港和澳门特别行政区以及台湾地区。

化战略政策落实、深化产业发展具有重要意义。

二、马铃薯生产区域发展现状

为监测需要，根据马铃薯种植地理位置、生产特点以及社会经济情况等因素，将中国马铃薯生产区域划分为四大作区，即北方一作区（包括黑龙江、吉林、辽宁、内蒙古、河北、陕西、山西、甘肃、宁夏、青海和新疆）、中原二作区（包括北京、天津、山东、河南、上海、江苏、安徽、浙江和江西）、西南混作区（包括湖北、湖南、重庆、四川、贵州、云南和西藏）和南方冬作区（包括福建、广东、广西和海南）。

（一）马铃薯生产区域产量情况

2000 年以后，中国马铃薯产量呈现快速增长态势，尤其是北方一作区和西南混作区。2000—2001 年北方一作区和西南混作区两个地区马铃薯产量占比之和维持在 88%左右，2002 年以后上升至 93%以上，其中，2006 年一度达到 98.09%。2000—2010 年绝大多数年份北方一作区马铃薯产量占比维持在 50%左右。北方一作区马铃薯产量年际变动有增有减，而西南混作区马铃薯则表现出平稳上升态势。自 2013 年起，西南混作区马铃薯产量超越北方一作区并呈现逐年增大态势，2015 年两产区之间的产量差达到 148.40 万吨（大致与当年中原二作区产量相当）。中原二作区和南方冬作区马铃薯产量相对较小，近年来虽然亦呈现增长态势，但与北方一作区和西南混作区相比，其增长幅度相对较缓慢，2002 年以后两者在全国中的占比合计不足 10%。

（二）马铃薯生产区域播种面积情况

从播种面积变化来看，自 2000—2016 年，北方一作区与西南混作区马铃薯播种面积占比合计维持在 92%～95%，其中，西南混作区马铃薯播种面积由 2000 年的 1 735.70 千公顷增长至 2016 年的 2 802.41 千公顷，年均增长 3.04 个百分点；其在全国中的占比相应由 36.75%增长至 48.75%。北方一作区马铃薯播种面积呈现下滑态势，其播种面积由 2000 年的 2 656.61 千公顷减少至 2016 年的 2 534.68 千公顷，减少了 121.93 千公顷，在全国的占比由 56.25%下降至 44.10%。与中原二作区相比，南方冬作区马铃薯播种面积变动相对较大，由 2000 年的 141.56 千公顷增长至 2016 年的 196.40 千公顷，其在全国的占比由 3.00%上升至 3.42%。

2000—2006 年，北方一作区、中原二作区和南方冬作区马铃薯播种面积有一个明显的下降轨迹，2006 年西南混作区马铃薯播种面积也显著减少。随着 2006 年《农业部关于加快马铃薯产业发展的意见》文件的出台，马铃薯总播种面积增长了 28.55 个百分点，其中，北方一作区、西南混作区、南方冬作区和中原二作区马铃薯播种面积分别增长了 8.05%、51.86%、105.44%和 16.19%，未来西南混作区与中原二作区仍有一定的增长空间。

（三）马铃薯生产区域单位面积产量情况

就马铃薯单产变动而言，中原二作区马铃薯单产位居四大作区榜首，其中，在优良的品种、科学的种植方法等多种因素作用下，山东省马铃薯产量一直处于全国前列，高达 8 854.92 千克/公顷。2012 年以后，南方冬作区马铃薯单产突破 4 000 千克/公顷，虽始终高于北方一作区和西南混作区，但与中原二作区相比，还存在较大差距。北方一作区与西南混作区马铃薯单产水平相当，2015 年以后，西南混作区马铃薯略高于北方一作区。全国马铃薯单产水平（3 400 千克/公顷左右，2016）与上述两地区相当。

（四）马铃薯生产成本、收益情况

从马铃薯生产成本和收益对比分析，可以发现，相对于北方一作区，西南混作区马铃薯种植具有高成本、高产值、高利润的特点。如表 1 所示，西南混作区平均露地马铃薯每亩总成本明显高于北方一作区，也高于全国平均水平。以 2016 年为例，北方一作区平均每亩总成本为 1 376.65 元，全国平均水平为 1 474.87 元，而西南混作区达到了 2 213.78 元。

表 1 马铃薯生产总成本区域间比较

单位：元

年份	北方一作区	西南混作区	全国平均
2011	981.47	1 399.51	1 092.90
2012	1 082.93	1 788.16	1 416.48
2013	1 274.62	2 063.58	1 665.92
2014	1 329.60	2 081.05	1 587.66
2015	1 370.82	2 055.90	1 484.42
2016	1 376.65	2 213.78	1 474.87

数据来源：根据《全国农产品成本收益资料汇编》整理。

马铃薯总成本包括生产成本与土地成本，其中，生产成本又包含直接成本、间接成本和人工成本 3 部分。从表 2 中可知，西南混作区平均露地马铃薯

表 2　马铃薯生产成本区域间比较

单位：元

	平均露地马铃薯每亩生产成本	平均露地马铃薯每亩土地成本	平均露地马铃薯每亩人工成本
北方一作区	1 080.50	155.52	512.80
西南混作区	1 709.01	224.65	937.66
全国平均	1 232.76	223.38	584.61

数据来源：根据《全国农产品成本收益资料汇编》整理，表中各成本为 2011—2016 年算术平均值。

每亩生产成本和土地成本均高于北方一作区和全国平均水平，尤其人工成本，将近为北方一作区的两倍。这主要是因为西南混作区马铃薯种植多分布在丘陵、山区，地块小，种植分散，不利于开展机械化作业，因而对人工需求和要求均较高。此外，西南混作区地块相对分散，流转不便降低了规模化经营的可能性。

如表 3 所示，2016 年露地马铃薯全国亩均产值为 1 801.55 元，利润为 326.68 元；西南混作区马铃薯亩均产值为 2 890.27 元，其利润是全国平均水平的 2.07 倍；同期，北方一作区马铃薯产值为 1 571.81 元，利润仅为 188.33 元。结合表 1 可以发现，尽管西南混作区马铃薯亩均成本最高，但其产值和利润也均高于其他各产区，马铃薯生产具有高成本、高产值、高收益的特征。

表 3　马铃薯产值区域间比较

单位：元

年份	西南混作区		北方一作区		全国平均	
	平均露地马铃薯每亩产值	平均露地马铃薯每亩净利润	平均露地马铃薯每亩产值	平均露地马铃薯每亩净利润	平均露地马铃薯每亩产值	平均露地马铃薯每亩净利润
2011	2 141.68	742.17	1 064.99	62.15	1 346.66	253.76
2012	2 421.23	633.07	1 338.25	249.45	2 403.53	987.05
2013	2 866.55	802.97	1 944.20	628.90	2 984.92	1 913.00
2014	2 602.23	521.19	1 575.89	229.96	1 829.42	353.07
2015	2 637.33	581.43	1 612.69	232.02	1 933.52	449.10
2016	2 890.27	676.49	1 571.81	188.33	1 801.55	326.68

数据来源：根据《全国农产品成本收益资料汇编》整理。

三、马铃薯生产区域格局变动原因分析

（一）马铃薯生产格局变动

中国马铃薯产量、播种面积与单产基本呈现出增长趋势，从马铃薯区域生产布局变动情况来看，北方一作区与西南混作区马铃薯生产地位发生变动。2012年之前，北方一作区马铃薯播种面积与产量始终处于第一的位置，西南混作区紧随其后，但自2013年起，西南混作区马铃薯播种面积与产量超越北方一作区，成为全国最大的马铃薯主产区。

马铃薯生产区域变动是自然、社会、经济等多种因素共同作用的结果，那么，中国马铃薯生产区域布局变动的主导因素是哪些，这些因素又是如何引导马铃薯生产变动，这些问题值得进一步深入研究。

（二）生产区域格局变化原因分析

1. 复种指数扩展种植面积

西南混作区播种面积与产量的增长主要得益于较高的复种指数。与北方一作区相比，西南地区纬度相对较低，全年气温特别是秋冬春气温显著高于北方一作区，优越的气候条件为西南地区马铃薯开展全年种植提供了天然条件。在市场价格等经济因素的驱动下，西南混作区以及南方冬作区农民大力开展冬闲田马铃薯种植活动，马铃薯复种面积与复种指数明显提高。

在复种因素作用下，近年来西南混作区马铃薯播种面积增长较快，其总播种面积由2001年的1 822.00千公顷增加至2016年的2 802.40千公顷，增长53.81个百分点，其中，四川马铃薯播种面积增长最快，由2001年的309.90千公顷增加到2016年的807.00千公顷，增长了1.60倍，贵州、云南、重庆以及湖北播种面积分别由494.90千公顷、378.70千公顷、302.40千公顷和237.40千公顷分别增加至731.70千公顷、557.80千公顷、371.80千公顷和251.50千公顷。反观北方一作区，2001年其总播种面积为2 560.10千公顷，而至2016年其播种面积不仅没有增长，反而减少了25.40千公顷。中原二作区与南方冬作区马铃薯播种面积表现出稳定的态势，缓慢增长。

2. 比较优势致作物替代

生产马铃薯比粮食作物的利润率更高。西南混作区、北方一作区和中原二作区露地马铃薯亩均净利润分别为545.35元、238.97元、1 329.11元，明显高于同期稻谷、小麦和玉米收益。由于作物间收益的差异，导致农户用马铃薯替代粮食种植，但同时，三大粮食作物种植面积并未出现大幅度下滑，主要是

因为，相对于粮食生产，马铃薯生产更需要农业生产照料，而且马铃薯主产区大致与中国贫困区高度重合，较低的机械化水平在一定程度上限制了马铃薯机械化作业的发展。

3. 错季上市更具价格优势

北方一作区与中原二作区露地马铃薯一般是春季和夏季种植，夏季和秋季收获，此时南方冬作区和西南混作区两个产区均有马铃薯上市，在强劲的市场供应条件下，马铃薯市场价格偏低。在正常气候条件下，西南混作区马铃薯可以实现周年种植，特别是冬季马铃薯的上市，避开了北方马铃薯上市高峰，同时，恰逢中国最大的传统节日春节，作为菜食两用的马铃薯，其市场需求巨大，价格普遍高于北方一作区和中原二作区的夏秋马铃薯上市期。

2011 年西南混作区平均露地马铃薯每 50 千克主产品平均出售价格为 73.48 元，此后逐年上涨，至 2016 年马铃薯价格上涨至 99.09 元；而就北方一作区马铃薯价格而言，2011 年其价格为 39.43 元，至 2016 年上涨至 55.52 元，该价格水平约为西南混作区的 56.03%。同期，马铃薯全国平均价格远低于西南混作区。

显然，西南混作区马铃薯错季上市为西南混作区薯农带来了较为可观的收益，促使该区薯农积极扩大冬闲田马铃薯种植。

4. 加工企业云集

中原二作区马铃薯多是菜用马铃薯，北方一作区马铃薯可作为粮食、加工和菜用，但中原二作区和北方一作区马铃薯播种面积相对较小，而且全年一季生产，马铃薯集中上市，对于全年生产的加工企业而言需要承受较大的库存成本。而西南混作区具有立体的气候条件，马铃薯周年种植，全年供应，天然的仓储条件不仅降低了企业的库存压力，而且可以保证企业的开工率。

此外，随着马铃薯主粮化政策的落实，西南地区布局的加工企业增多，企业为保证开工率加价收购马铃薯亦会给薯农带来较大的经济利益。

（三）小结

综上所述，自然条件和成本收益情况显著影响着各生产区域的发展现状。西南混作区和南方冬作区气候等自然条件优越，马铃薯可以实现全年种植（高复种指数）、全年收获，为提升马铃薯加工企业开工率、降低企业运营成本提供了可行性，同时，也为马铃薯错季上市提供了可能，因而具有了价格优势。

马铃薯是一种高成本、高产值、高收益的作物。西南混作区马铃薯亩均投入成本居于四大作区榜首，但其亩均产值和利润也处于首位。尽管如此，由于作物照料等因素，马铃薯仅仅取代了部分粮食作物（小麦）。结合马铃薯生产现状，未来西南混作区马铃薯单产、产量均具有较大的增长潜力，马铃薯产业会有极大的增长空间。

四、结论与政策建议

从近20年中国马铃薯种植情况来看，总体生产能力呈现提升态势，产量与播种面积不断扩大，单位面积产量也不断改善；生产分布呈现出集中化的趋势，生产格局悄然转变。西南混作区成为全国马铃薯第一大产区，北方一作区退居第二位，南方冬作区与中原二作区较为稳定。马铃薯生产的区域化特征愈发明显，基于此，本研究对马铃薯产业未来发展提出以下建议：

（一）优化区域布局，充分发挥区域优势

中国马铃薯生产布局鲜明，区域性特征突出，各生产区域气候、土壤等自然条件差异较大，导致各区域耕作制度、耕作方式、机械化作业程度具有显著不同，进而导致各区域马铃薯生产效率与比较优势存在较大差异。各马铃薯生产区域应该因地制宜调整马铃薯生产规模，合理引导马铃薯种植布局，对于土地细碎的地区可以通过土地流转的方式，从制度和实践上促进规模化生产，进而推动机械化生产。

西南混作区与南方冬作区气候条件优越，马铃薯生产可实现四季生产，“错峰供应”优势也大大增加了薯农的经济效益，未来可适度提高冬闲田利用率，增加马铃薯复种指数。北方一作区拥有悠久的种植基础，可通过增加单产来增加经济效益，在土壤相对贫瘠且降水量少的地区，可以通过改善土壤条件和兴修农田水利设施来改善马铃薯种植条件，从而优化马铃薯生产。

（二）丰富马铃薯品种与结构，明确产业定位

目前，马铃薯加工品对马铃薯的品种要求较高，具有专薯专用的特点。中国马铃薯种植品种类型单一，大部分为高产鲜食菜用品种，加工专用型品种稀少，制约了马铃薯产业链的深化与产业效益显著提升。中国应当重视专用种薯品种不足的现实，加强专用薯种培育，尤其是适于薯片、薯条和全粉生产的低还原糖且抗低温糖化品种的选育。

西南混作区马铃薯产量大，供应时间长，并且临近东南亚国家，可发展加工型与出口型马铃薯产业，延长产业链，扩大供应范围，稳定增加经济效益。北方一作区马铃薯产量大，种植基础雄厚，可发展加工型产业，深化产业链，提高作物附加值，发展衍生加工产品。中原二作区与南方冬作区马铃薯品质优

良，适于鲜食，产量较低，可发展本地区鲜食型产业。

（三）加强新品种研发和技术推广

从资料中可以发现，中原二作区虽然马铃薯产量和播种面积所占比重较小，但是单位面积产量远高于其他 3 个产区，换言之，北方一作区、西南混作区与南方冬作区的单产水平提高将显著提高各区域的产量与效益。中原二作区采用先进的播种、灌溉、培育等新技术，部分地区实行大棚作业，加上不断改良的品种，显著提高了区域内的单产水平。品种和种植技术是影响马铃薯单产的重要因素，加强优良品种的研发推广和新技术的推广实践，有助于提高中国马铃薯的生产效率，提高各种植省份单产水平。可把综合优势较低的省份作为试点省份，展开追踪观察形成数据对比，分析其效果，进而再逐步在全国推广。

产业链延伸过程中的马铃薯贮藏技术亟待提高。马铃薯块茎水分含量高，如果在贮藏过程中水分和温度控制不合适，容易造成大量浪费。研究适于批量和长期贮藏的关键技术，尤其是适应中国经济和技术条件的贮藏技术，对于减少贮藏损失、满足生产需要、降低生产成本具有重要意义。不断提高农民对马铃薯优良品种和新技术的认识，定期安排专业人员下乡指导推广，从而提高马铃薯生产效率和比较优势。

中国蔬菜出口增长的三元边际及出口潜力分析

中国是世界上最大的蔬菜生产国与和消费国，同时也是主要的蔬菜出口国之一。近年来，中国蔬菜出口快速增长，在平衡农产品贸易逆差和促进农民增收就业等方面发挥了重要作用。2017 年，中国蔬菜出口量和出口额比 2000 年分别增长了 2.4 倍和 6.5 倍，已成为中国出口农产品中贸易顺差最大的品种。中国蔬菜出口快速增长是出口数量的大幅增长还是出口价格的快速提升所导致？主因是源自品种的增加还是市场的拓展？本研究运用三元边际分析方法，从出口市场格局和品种结构两个角度分析中国蔬菜出口广度，并量化观察动态演进趋势。在此基础上，运用 CMS 模型对中国蔬菜的出口潜力进行分析。

一、文献回顾

传统贸易理论主要从比较优势的角度来解释贸易扩张，认为现有产品的出口增加是贸易增长的唯一动力。新贸易理论认为国际贸易的增加主要是由于经济规模和产品的多样性引起的，即认为扩展边际也是贸易增长的核心动力。近年发展的新贸易理论中，Meliz（2003）等人开创了企业异质性贸易研究，认为一国（地区）的出口增长受到集约边际与扩展边际的共同作用促进。随后二元边际在实际运用方面得到了进一步的延伸，Hummels 和 Klenow（2005）将集约边际进一步分解为价格和数量，二元发展为三元。学术界现对集约边际的定义基本已经确定，指一国（地区）在原有的贸易伙伴和产品的基础上实现了进一步的贸易增加。但是对扩展边际的定义却存在不同的认识，可以分为 3 个角度：从国家（地区）角度，Felbermayr 和 Kohler（2006）将扩展边际定义为参与贸易的国家或地区；从产品品种角度，Hummels 和 Klenow（2005）则从双方贸易的产品品种价值增减来衡量扩展边际的贡献；从公司角度，Bernard 等（2007）认为扩展边际应该是贸易公司的数目和公司出口产品的种类。

目前农产品出口增长分析的文章中运用三元分析的也较多。耿献辉、张晓恒（2014）等选取 1995—2010 年中国农产品出口数据计算二元边际并采用普通最小二乘法计算贡献率得出集约边际是中国农产品出口不断增长的主要原因。随后郭俊芳、武拉平（2014）选取 2000—2013 年中国农产品出口数据进行分析也证实了这一结论。张宇青、周应恒等（2014）采用 1995—2010 年 HS6 位编码数据运用二元边际方法分别对中国农产品出口发达地区和不发达地区进行差异分析，结果表明中国农产品对不发达国家出口的集约边际要高于发达国家。杨逢珉、李文霞（2015）对中国出口日本的农产品数据进行三元分析得出集约边际中的数量边际是出口日本农产品增长的主要原因。钱涛、冯中朝等（2016）利用 1995—2013 年中国农产品出口数据，采用 HK 测度方法测度中国农产品出口增长的二元边际，发现中国农产品的出口主要由集约边际拉动。黄杰、刘成等（2018）对中国出口"一带一路"沿线 64 个国家农产品数据为样本进行分析发现，扩展边际对农产品增长起主要推动作用。

国内三元边际在蔬菜出口方面的研究较少，目前刘义、阳素文（2014）选取 2003—2011 年中国对 10 个国家（地区）出口蔬菜数据进行二元分解，结果表明中国蔬菜出口增长主要原因是扩展边际的增加。章胜勇、王诗薇（2016）研究中国对东盟蔬菜出口增长的动力，发现集约边际发挥主导作用，而其中数量边际的贡献率高达 80%以上。郑红玲、刘肇民（2018）收集 1995—2015 年中国出口至日本蔬菜数据分析发现主要推动力是集约边际，而其中价格边际作用相对数量边际较大。

已有文献也存在不足之处。国内对于农产品三元边际出口方面的研究中，扩展边际都是从产品品种的角度进行分析，缺少从国家层面进行分析比较的文章。在蔬菜的出口分析中，刘义和阳素文（2014）仅选取了与中国进行贸易的 10 个伙伴国（地区）计算，在数据量上略显不足。目前对蔬菜出口增长的研究依旧较少，没有将出口目的地作为扩展边际分析蔬菜出口增长的文献，且缺少对分类蔬菜进行三元分析的研究。本文拟从国家和产品两个层面对扩展边际进行计算说明，分析中国蔬菜出口贸易伙伴与产品品种的变动对中国蔬菜出口增长的影响，然后利用 Hummels 和 Klenow 的方法将价格因素引入集约边际，对中国整体蔬菜和分类蔬菜出口增长原因从扩展边际、价格边际和数量边际进行解释说明。

二、中国蔬菜出口现状及市场格局演变

（一）中国蔬菜出口现状分析

21 世纪以来，中国蔬菜出口除了 2008 年受国际金融危机和 2012 年受中国蔬菜出口退税政策调整影响出现下降外，整体呈现出快速增长的态势。联合国商品贸易统计数据库蔬菜进出口统计数据显示，2000—2017 年，中国蔬菜

出口量从 320.4 万吨上升到 1 095.2 万吨，增长了 2.4 倍；蔬菜出口额从 21 亿美元上升到 155.2 亿美元，增长了 6.5 倍。

长期以来，蔬菜一直是中国出口创汇的重要农产品，在平衡中国农产品贸易逆差方面发挥着重要作用。中国农产品进出口贸易自 2004 年开始出现贸易逆差，并呈现出不断扩大的趋势，2004—2017 年中国农产品进出口贸易逆差从 46.4 亿美元扩大到 503.3 亿美元，而同期中国蔬菜进出口贸易顺差从 37 亿美元上升到 149.7 亿美元，在农产品中排名第一。

（二）中国蔬菜出口的市场格局演变

2000—2017 年中国蔬菜出口的市场格局发生了很大变化，主要呈现出 3 个显著特征，一是主要出口市场逐渐向中国周边国家或地区聚集；二是出口市场多元化的格局基本形成；三是加工保藏蔬菜和干蔬菜出口的市场分布相对于鲜冷冻蔬菜而言更为均衡。

1. 主要出口市场逐渐向中国周边国家或地区聚集

从中国蔬菜出口前十大市场的分布来看，2000 年出口额排名前 10 位的市场依次是日本、美国、韩国、中国香港、德国、荷兰、意大利、新加坡、加拿大和马来西亚。2017 年出口额排名前 10 位的市场依次是日本、中国香港、越南、韩国、美国、马来西亚、印度尼西亚、泰国、俄罗斯和荷兰。2000 年出口市场主要集中在东北亚、西欧、北美以及东南亚等经济发达国家或地区，而 2017 年逐渐向中国周边国家或地区聚集，除了东北亚的日本、中国香港和韩国，以及北美的美国等传统市场外，与中国距离更近的越南、马来西亚、印度尼西亚和泰国等东南亚国家以及俄罗斯逐渐取代了与中国距离相对较远的德国和意大利等西欧国家，成为中国蔬菜出口的主要市场。

具体来看，在中国蔬菜出口前十大市场中，越南是增长最快的市场。2000—2017 年中国对越南蔬菜出口从 0.04 亿美元上升到 20 亿美元，增长约 470 倍，目前已成为中国第三大蔬菜出口市场。2017 年中国对越南出口的蔬菜品种主要包括干蔬菜（9.75 亿美元）、鲜或冷藏的大蒜等葱属蔬菜（5.47 亿美元）、鲜或冷藏的马铃薯（1.11 亿美元）、鲜或冷藏的芥菜类蔬菜（0.91 亿美元）、鲜或冷藏的萝卜等食用根茎（0.76 亿美元）以及加工蘑菇及块菌（0.64 亿美元）等。泰国目前是中国第八大出口市场，2000—2017 年中国对泰国蔬菜出口从 0.08 亿美元上升到 6.09 亿美元，增长约 80 倍。2017 年中国对泰国出口的蔬菜品种主要包括干蔬菜（2.57 亿美元）、鲜或冷藏的芥菜类蔬菜（0.54 亿美元）以及鲜或冷藏的其他蔬菜（0.53 亿美元）等。俄罗斯目前是中国第九大出口市场，2000—2017 年中国对俄罗斯蔬菜出口从 0.21 亿美元上升到 5.71 亿美元，增长约 26 倍。2017 年中国对俄罗斯出口的蔬菜品种主要包括鲜或冷藏的番茄（1.01 亿美元）、鲜或冷藏的大蒜等葱属蔬菜（0.85 亿美元）、鲜或冷藏的其他蔬菜（0.56 亿美元）、加工保藏的番茄（0.55 亿美元）以及加工蘑菇及块菌（0.49 亿美元）等。与此同时，中国对荷兰、德国和意大利等欧洲国家的蔬菜出口虽然也保持增长，但在中国蔬菜出口中所占比重呈现出下降趋势，2017 年除了荷兰仍排名中国第十大蔬菜出口市场外，德国和意大利已经退出了中国前十大蔬菜出口市场的行列。

2. 出口市场多元化的格局基本形成

经过多年的发展，中国蔬菜出口市场结构呈现出多元化的趋势，对单一市场的依赖性显著降低，出口市场更加均衡。2000 年中国蔬菜出口前十大市场的蔬菜出口额达到 17.55 亿美元，占当年中国蔬菜出口总额的比重高达 83.5%；2017 年中国蔬菜出口前十大市场的蔬菜出口额达到 118.18 亿美元，比 2000 年增长了 5.73 倍，占中国蔬菜出口总额的比重却下降到 76.14%。2017 年中国蔬菜出口前十大市场中只有日本和荷兰两个国家的市场份额相对于 2000 年出现下降。其中，日本一直是中国最大的蔬菜出口市场，但在中国蔬菜出口中所占的比重却大幅下降，2000 年中国对日本蔬菜出口额为 11.18 亿美元，占当年中国蔬菜出口总额的比重高达 53.21%；2017 年中国对日本蔬菜出口额达到 22.12 亿美元，比 2000 年增长了 97.8%，但中国对日本蔬菜出口占中国蔬菜出口总额的比重下降到 14.25%。2000—2017 年中国对荷兰蔬菜出口总额从 0.75 亿美元上升到 2.53 亿美元，增长了 2.38 倍，但中国对荷兰蔬菜出口占中国蔬菜出口总额的比重却由 3.57%下降到 1.63%。除日本和荷兰以外，中国其他主要蔬菜出口市场的份额都呈现出快速上升的趋势。2000—2017 年，中国对中国香港、越南、韩国、美国、马来西亚、印度尼西亚、泰国、俄罗斯蔬菜出口占比分别由 4.63%、0.2%、4.86%、4.87%、1.63%、1.56%、0.36%、1.01%升至 13.89%、12.91%、8.64%、7.38%、5.56%、4.27%、3.92%、3.68%。

3. 不同种类蔬菜的出口增速和市场分布存在较大差异

从中国三大类蔬菜的出口增速来看，干蔬菜出口增长最快，加工保藏蔬菜出口增长相对较慢。2000—2017 年中国鲜冷冻蔬菜出口从 7.9 亿美元上升到 63.6 亿美元，增长了 7.1 倍，占中国蔬菜出口总额的比重从 38%上升到 41%；干蔬菜出口从 4.0 亿美元上升到 44.8 亿美元，增长了 10.1 倍，占中国蔬菜出口总额的比重从 19%上升到 29%；加工保藏蔬菜出口从 8.9 亿美元上升到 45.3 亿美元，增长了 4.1 倍，占中国蔬菜出口总额的比重从 43%下降到 30%。

从中国三大类蔬菜的出口市场分布来看也存在较大差异，鲜冷冻蔬菜出口市场主要集中在中国周边国家或地区，而加工保藏蔬菜和干蔬菜出口市场分布更为广泛和均衡。具体来看，2000—2017 年中国鲜冷冻蔬菜出口超过 1 000 万美元的国家或地区从 9 个扩大到 33 个，但主要集中在距离中国较近的亚洲国家，出口到距离中国较远的欧洲、美洲和非洲国家的鲜冷冻蔬菜大多是不受保鲜和储运条件限制的鲜或冷藏的大蒜（海关编码 0703）以及冷冻蔬菜（海关编码 0710）。2000—2017 年中国干蔬菜出口超过 1 000 万美元的国家或地区从 6 个扩大到 25 个，其中亚洲 10 个、欧洲 9 个、美洲 4 个、非洲和澳大利亚各 1 个。2000—2017 年中国加工保藏蔬菜出口超过 1 000 万美元的国家或地区从 11 个扩大到 42 个，其中亚洲 16 个、欧洲 10 个、美洲 4 个、非洲 11 个和澳大利亚 1 个。

三、中国蔬菜出口增长的三元边际分析

（一）三元边际模型与数据来源

1. 三元边际定义与框架

本研究借鉴 Hummels 和 Klenow（2005）提出的三元边际分解方法，施炳展（2010）、刘瑶、丁妍（2015）和钟建军（2016）都是采用该测度方法进行分析。由于本研究从市场和产品两个层面分析扩展边际，所以对各变量的定义和赋予的含义也不同。下面对每个公式都分别从两方面进行定义与解释。

（1）扩展边际，即广度（*EM*）如式（1）表示：

$$EM = \frac{\sum_{a \in ja} p_{ra} q_{ra}}{\sum_{a \in ra} p_{ra} q_{ra}} \tag{1}$$

从产品品种角度，扩展边际表示中国与世界出口到某一国相同品种商品价值量占世界对该国出口总贸易量的比重。a 表示出口产品品种，ja 为中国对某一国出口产品的全部种类，ra 表示世界对某一国出口产品的全部种类。p_{ra} 表示世界对某一国出口 a 类产品的价格，q_{ra} 表示世界对某一国出口 a 类产品的数量。

从市场数量角度，扩展边际表示中国与世界出口某一类产品至相同国家的价值占全世界出口该类产品价值的比重。a 表示产品进口国，ja 为中国产品出口的目的国家，ra 表示全世界中所有进口某一类产品的国家。p_{ra} 表示世界对 a 国出口某一类产品的价格，q_{ra} 表示世界对 a 国出口某一类产品的数量。

（2）集约边际，即深度（*IM*）见式（2）：

$$IM = \frac{\sum_{a \in ja} p_{ja} q_{ja}}{\sum_{a \in ja} p_{ra} q_{ra}} \tag{2}$$

从产品品种角度，集约边际表示中国与世界对某一国在重叠产品上出口贸易额的比值。其中 p_{ja} 表示中国出口至某一国 a 类产品的价格，q_{ja} 表示中国出口至某一国 a 类产品的数量。

从市场数量角度，集约边际表示中国与世界对同一市场出口某一类产品贸易额的比值。其中 p_{ja} 表示中国出口至 a 国某一类产品的价格，q_{ja} 表示中国出口至 a 国某一类产品的数量。

将价格与数量引入集约边际，集约边际则可表示为 $IM = P \times Q$，见式（3）：

$$P = \prod_{a \in ja} \left(\frac{p_{ja}}{p_{ra}} \right)^{w_{ja}} \quad Q = \prod_{a \in ja} \left(\frac{q_{ja}}{q_{ra}} \right)^{w_{ja}} \tag{3}$$

P 表示价格边际，Q 表示数量边际。

其中权重 w_{ja}、s_{ja} 和 s_{jr} 的对数平均值计算公式见式（4）：

$$w_{ja} = \frac{s_{ja} - s_{ra}}{\ln s_{ja} - \ln s_{ra}} \Big/ \sum_{i \in ja} \frac{s_{ja} - s_{ra}}{\ln s_{ja} - \ln s_{ra}}$$

$$s_{ai} = \frac{p_{ja} q_{ja}}{\sum_{a \in ja} p_{ja} q_{ja}}, s_{ra} = \frac{p_{ra} q_{ra}}{\sum_{i \in ja} p_{ra} q_{ra}} \tag{4}$$

从产品品种角度，权重 w_{ja} 是 s_{ja}（中国对某一国出口 a 类产品占中国对某一国总出口的比重）和 s_{jr}（世界出口 a 类产品占世界出口 ja 产品组合出口总额的比重）计算而得的对数平均数。

从市场数量角度，权重 w_{ja} 是 s_{ja}（中国对 a 国出口某一类产品占中国对所有市场出口该类产品总额的比重）和 s_{jr}（世界对 a 国出口某一类产品占世界对 ja 市场组合出口总额的比重）计算而得的对数平均数。

再对所有的不同国家（品种）单个边际指数进行加权加总，得到中国蔬菜出口总的三元分解值，见式（5）：

$$IM = \prod_{i \in I} (IM_i)^{\beta_{iI}}$$

$$EM = \prod_{i \in I} (EM_i)^{\beta_{iI}}$$

$$P = \prod_{i \in I} (P_i)^{\beta_{iI}}$$

$$Q = \prod_{i \in I} (Q_i)^{\beta_{iI}} \tag{5}$$

从产品品种角度，I 表示中国蔬菜出口的目的国（地区），β_{iI} 表示中国对

第 i 个国家出口价值占中国蔬菜总出口的比重。

从市场数量角度，I 表示中国蔬菜出口所有种类，β_{iI} 表示中国出口的第 i 类产品价值占中国蔬菜总出口的比重。

2. 数据来源与说明

本研究数据来源于联合国商品贸易统计数据库，由于从两个层面对扩展边际进行测算，所以选取数据的角度不同。根据蔬菜定义选取的编码有 HS0701～HS0712 和 HS2001～HS2005 共 17 个四位编码和相对应的所有六位编码，并根据各编码含义将 HS0701～HS0710 划分为鲜冷冻蔬菜，HS0712 为干蔬菜，HS0711 与 HS2001～HS2005 为加工保藏蔬菜。首先从市场的角度进行三元边际测算，选取的是 2000—2017 年的 17 个四位蔬菜编码数据，共计 599 959 组相关贸易数据。从产品角度进行分析，根据中国历年蔬菜出口情况，选取了 30 个中国蔬菜主要出口目的地作为研究样本，这些国家和地区分别是澳大利亚、孟加拉国、比利时、贝宁、巴西、加拿大、中国香港特别行政区、法国、德国、印度尼西亚、意大利、日本、加纳、马来西亚、荷兰、尼日利亚、巴基斯坦、菲律宾、韩国、俄罗斯联邦、沙特阿拉伯、新加坡、南非、西班牙、斯里兰卡、泰国、英国、美国、越南、也门，18 年间中国对样本国和地区的蔬菜出口额占中国蔬菜出口总额的比值都在 85.5%～93.56%，具有非常强的代表性，所以在以品种层面进行分析测算时选取的是 2000—2017 年中国与其他国家向 30 个样本国和地区出口 17 个四位编码下的所有六位蔬菜编码数据，共计 411 442 组相关贸易数据。为保证数据的准确性和一致性，本研究全部采用的是出口数据。

（二）中国蔬菜出口增长三元边际的实证分析——基于国家和产品层面

1. 以国家为广度的三元边际分析

（1）中国蔬菜出口增长的整体分析。蔬菜出口增长主要来自于数量上的贡献，价格贡献次之，国家扩展边际对出口增长贡献为负。从分解的三元边际来看，扩展边际的数值在 18 年间总体呈逐渐下降的趋势，从 2000 年的 0.912 下降至 2017 年 0.874，年均下降 0.25%，表明中国蔬菜出口目的地虽然涵盖了世界大部分国家，但是在全球蔬菜进口中的占比却在下降。而反观集约边际，年均复合增长率为 4.49%，远远高于扩展边际的增长率，表明集约边际是中国蔬菜出口增长的主要原因。从集约边际分解来看，价格指标和数量指标分别从 2000 年的 0.920 和 0.168 上涨到 2016 年的 1.217 和 0.266，年均增长率分别为 1.52%和 2.71%，数量边际发挥主导作用，除了少数几个年份的数值出现下降外，总体上保持不断增长。这里我们可以初步推测，中国蔬菜出口增加的主要因素为数量边际，即出口快速增长来自出口量的快速增加。其中 2010 年中国蔬菜出口的价格指数突破 1，表明中国蔬菜出口的平均价格已经高于世界平均价格，并处于上升趋势。

（2）中国蔬菜出口增长的蔬菜种类分析。本研究根据 HS 编码将蔬菜分为三类，HS0701～HS0710 为鲜冷冻蔬菜，HS0712 为干蔬菜，HS0711 与 HS2001～HS2005 为加工保藏蔬菜。由于三类蔬菜的六位海关编码较少，其中干蔬菜只有 6 个六位 HS 编码与之对应，若以品种为广度进行计算则扩展边际意义不大，所以在分类蔬菜的分析中从出口国家价值的层面计算扩展边际，此时的集约边际虽然与以品种为广度计算的扩展边际有细微差别，但是总体趋势吻合。

中国鲜冷冻蔬菜出口的扩展边际明显小于加工蔬菜与干蔬菜，说明鲜冷冻蔬菜出口国家数量相对较少，且鲜冷冻蔬菜扩展边际的增长率为负值，2012 年之前仅有 2008 年金融危机使得鲜冷冻蔬菜扩展边际低于 0.8，2012 年中国取消部分蔬菜出口退税后再次降为 0.77，至 2017 年都一直在 0.75 左右浮动，鲜冷冻蔬菜由于本身不宜长时间保存的特点，而逐渐减少对距离中国相对远距离国家的出口，以降低成本，出口目的地较以前更为集中。可以看到中国鲜冷冻蔬菜出口价格边际在大部分年份都大于 1，价格波动较小，较为稳定，仅在 2003 年与 2008 年低于世界平均价格，年均增长率仅为 0.63%，与数量边际的增长率 5.06%相差较大，所以数量上的快速增长是近年中国鲜冷冻蔬菜出口增加的主要原因。

干蔬菜与加工蔬菜在扩展边际上的变化都不明显，说明这两类蔬菜的出口目的地较为稳定。干蔬菜与加工蔬菜价格边际分别在 2010 年与 2013 年首次超过 1，以高于世界平均价格的出口价格进行出口。干蔬菜与加工保藏蔬菜出口增长的主要原因与鲜冷冻蔬菜相反，干蔬菜与加工蔬菜价格边际增长率分别为 2.87%和 1.69%，均大于其数量边际增长率 0.74%和 0.03%，可见出口价格的上涨，即出口蔬菜质量的提升是干蔬菜和加工保藏蔬菜出口增长的主要因素。

2. 以蔬菜品种为广度的三元边际分析

蔬菜整体分析。中国主要蔬菜贸易品种出口较为全面，以品种层面测算的扩展边际虽然增幅不大，但仍然处于稳步增加阶段，在 2017 年已经达到 0.868，总体增长 11.25%，但年均增长率仅为 0.63%，所以扩展边际对中国蔬菜出口贸易额增加的作用较小。中国对世界出口的集约边际增加较快，从 2000 年的 0.276 到 2017 年的 0.535，总体增长 94.29%，年均增长率为 3.98%，可见中国蔬菜出口快速增长主要是集约边际增长的贡献。2008 年的金融危机与 2012 年中国取消或降低部分蔬菜出口退税使得集约边际与扩展边际有小幅度的下降，下一年则恢复上升的趋势。

集约边际可分解为数量边际与价格边际，从整体上看，价格边际增速较慢，年均增速为 1.05%，且增长较为稳定，在 2008 年扩展边际与数量边际都下跌的情况下，价格边际仍然有小部分增长，即金融危机在短期内对蔬菜出口价格没有明显负向作用。2012 年初政策的调整也对价格边际的影响很小，只是下降了 0.006，几乎没有太大的波动。长久以来，中国蔬菜采用低价拉动出口增长的策略，在 2014 年以前，价格边际都小于 1，表明中国出口蔬菜的平均价格一直低于世界平均价格，而在 2014 年后价格边际超过 1，中国蔬菜出口平均价格已经略微高于世界蔬菜出口平均价格，表明中国整体蔬菜正处于由原来低附加值、粗加工产品向高附加值、深加工产品的转型中。

中国蔬菜出口数量边际增长迅速，从 2000 年的 0.321 到 2017 年的 0.523，总体增加了 62.8%，且数量边际的年均复合增长率将近价格边际增长率的 3 倍，达到 2.91%，即数量边际对中国蔬菜出口增长贡献很大，反映出出口增长以数量上的增长为主。2000—2017 年，有 5 个年份较上一年有轻微的下跌，其中包括 2008 年金融危机对进出口市场的冲击、2012 年政策调整影响了国内蔬菜出口商积极性，其余 3 年是 2004 年、2007 年与 2016 年，相较上一年下降幅度也很小，处于一个合理的波动范围内。数量边际总体还是呈现出稳定且快速增长的态势。

3. 中国整体蔬菜与分类蔬菜两种广度对比分析

（1）整体蔬菜扩展边际对比分析。三元边际广度测算中是以价值进行衡量，并不能通过扩展边际的增加或减少就直接判定出贸易伙伴或出口品种的增加或减少，所以此处本研究增加相应的对比指标，从个数的占比、从进口国（地区）数量与蔬菜品种数量角度分别进行对比分析，进口国（地区）数量占比指标即用中国蔬菜出口目的地个数占世界蔬菜进口国或地区个数，如 2017 年总共有 235 个国家（地区）进口蔬菜，其中有 183 个从中国进口，则从进口国（地区）数量计算的广度为 0.779。蔬菜品种数量占比指标则是中国出口至所有目的国或地区的六位蔬菜编码数目与该国（地区）从世界进口所有六位蔬菜编码数目比值的平均值。

中国蔬菜出口目的地扩展速度跟不上世界蔬菜进口增长速度。从国家层面看，2006 年之前，中国蔬菜出口目的国或地区的数量增长速度较快，从 2000 年 116 个增加到 2005 年 175 个，占比从 0.624 增加至 0.742，之后则在 0.75 左右徘徊，表明中国对约 75%的蔬菜进口国（地区）都有出口。但是从进口国（地区）蔬菜价值角度计算的扩展边际数据则与此相反，整体呈下降的趋势，表明中国出口国（地区）虽然增加，但是这些目的国（地区）进口总额占世界蔬菜进口的比例却在下跌，说明未从中国进口蔬菜的国家在全球蔬菜贸易市场上的份额越来越大，中国可以继续扩展市场，且有较大潜力。

中国蔬菜出口品种虽有增加，但是新增蔬菜品种出口较少。从蔬菜品种层面看，中国出口的蔬菜品种数量广度在 2012 年之前处于平稳上升阶段，从 0.4 上升至 0.542，随后 2012 年初中国取消或降低对部分蔬菜出口退税，致使中国蔬菜出口减少，蔬菜出口品种也随之缩减，但是 2013 年随着恢复对部分蔬菜出口退税政策，中国出口蔬菜品种数量广度又开始稳步增加。从各品种蔬菜价值角度计算的广度边际却在 18 年内一直处于 0.8 附近，较为稳定，说明中国蔬菜在 18 年出口中新增品种较多，但是新增品种的出口量却较少。至 2017 年中国对 54.14％的蔬菜品种均有出口，即表明还有近一半的品种中国还未涉及其出口，所以增加出口蔬菜品种是中国蔬菜未来出口持续增长的一个方向。中国出口蔬菜种类虽然不足世界蔬菜进口品种的 60％，但是这些品种却占到了世界所有蔬菜进口总额的 80％以上，可以看出中国出口的品种虽然不多，但都是世界蔬菜贸易主要品种。

（2）分类蔬菜扩展边际对比分析。鲜冷冻蔬菜出口目的地虽然整体上在增加，但是以价值计算的扩展边际却在减少，至 2017 年，采用两种方法计算的广度已经相差无几，说明各国对鲜冷冻蔬菜进口的需求逐渐趋于均衡，没有出现如干蔬菜那种 50％的国家进口了 90％的干蔬菜的情况。中国在 2017 年已经与鲜冷冻蔬菜需求市场中 70％的国家或地区有贸易往来，近几年中国鲜冷冻蔬菜出口地区数量占比增长并不明显，这是由于鲜冷冻蔬菜冷藏与运输成本较高，拓展新的贸易伙伴成本太高，所以中国还是向原来的老市场增加出口蔬菜的品种和数量，以此来保持鲜冷冻蔬菜出口的增加。但是鲜冷冻蔬菜作为中国出口的主要类别未来若要持续增加出口，必须降低成本以增加新的贸易伙伴。

干蔬菜和加工保藏蔬菜都有一个共同的特征，即采用国家进口价值角度测算的扩展边际都明显大于从国家数量角度计算的结果，以国家数量计算的结果且价值角度的扩展边际接近于 1，表明这两种蔬菜在出口过程中有新增市场的扩张，但是新市场对蔬菜进口的需求量并不大。

干蔬菜以国家数量计算的结果在 18 年内仅有少量增加，基本都在 0.55 左右波动，说明中国干蔬菜出口目的地的数量占比一直较为稳定，且以各市场进口蔬菜价值计算的扩展边际也较为稳定，都在 0.95 上下浮动，表明 55％的国家（地区）进口了约 95％的干蔬菜，中国干蔬菜贸易伙伴大都为干蔬菜进口需求较大的市场，所以干蔬菜若要继续增加高质量的出口，向现有市场推行附加值更高的干蔬菜来保证出口的持续增加，同时留意其他未拓展的新市场，若有发展空间则可以提前进入。

观察加工保藏蔬菜以国家数量计算的结果可以发现，加工蔬菜出口目的地数量在2007年前保持着稳定的增长，2007年后基本保持稳定，数值在0.75左右波动，即中国近几年对加工蔬菜进口国（地区）中的3/4进行贸易，而以国家进口蔬菜价格计算的扩展边际则在18年内都等于1。表明加工保藏蔬菜在出口过程中有新增市场的扩张，但是新市场对加工蔬菜进口的需求量并不大，且中国加工蔬菜出口的目的市场从世界进口加工蔬菜额几乎等于全球加工蔬菜出口额。所以若加工蔬菜要持续增加出口，可以加大对现有贸易伙伴在蔬菜数量和品种方面的出口力度，向已有市场推行更多元化、更丰富、附加值更高的加工蔬菜来保证出口的持续增加，不必急于寻找新的目标市场。

四、中国蔬菜出口的潜力分析

（一）模型构建与数据来源

1. 恒定市场份额模型

恒定市场份额模型主要是研究贸易问题，基本假设是一国产品出口竞争力与该国产品在国际市场所占的出口份额有关，若份额增加，则竞争力增强。该模型最初由Tyszynski于1951年提出，随后各国许多学者对其进行修正与补充，本研究借鉴的是张寒、聂影（2010）修正后的CMS模型。模型如下：

$$Y_t - Y_0 = rY_0 + \frac{1}{2}\sum_{i=1}^{m}(r_i - r)Y_{i0} + \frac{1}{2}\sum_{j=1}^{n}(r_j - r)Y_{j0} +$$

（增长额）（需求规模效应）（产品结构效应）　　（市场结构效应）

$$\frac{1}{2}\sum_{i=1}^{m}[Y_{it} - Y_{i0} - r_i Y_{i0}] + \frac{1}{2}\sum_{j=1}^{n}[Y_{jt} - Y_{j0} - r_j Y_{j0}]$$

（产品竞争力效应）　　（市场竞争力效应）

Y表示中国蔬菜出口额，t代表当期，0代表基期，r表示世界蔬菜出口总额增长率，r_i表示世界出口第i类品种蔬菜的出口增长率，Y_{i0}表示中国基期出口第i类品种蔬菜的贸易额，r_j表示j国从世界进口蔬菜总额的增长率，Y_j表示中国出口至j国的蔬菜贸易额。

2. 数据来源

本研究数据来源于联合国商品贸易统计数据库，选取澳大利亚、孟加拉国、比利时、巴西、加拿大、中国香港特别行政区、法国、德国、印度尼西亚、意大利、日本、马来西亚、荷兰、巴基斯坦、菲律宾、韩国、俄罗斯联邦、沙特阿拉伯、新加坡、南非、西班牙、斯里兰卡、泰国、英国、美国、越南 26 个国家和地区为样本进行计算分析，在 18 年内，中国对样本国家和地区出口蔬菜贸易额达到中国蔬菜出口总额的 82.97%～93.18%，具有很强的代表性。根据中国蔬菜出口情况将研究分成 5 个时间段。2000—2007 年为第一阶段，此时中国蔬菜出口贸易额平稳上升，年均增长率 17.2%。2007—2009 年为第二阶段，经济危机时期中国蔬菜出口仍有轻微的增长但幅度不大，年均增长率仅为 3.23%。将 2009—2011 划分为第三阶段，中国蔬菜出口在 2010 年和 2011 年开始大幅回升，年均增幅分别达到 47.89%和 17.8%。2011—2012 年为第四阶段，由于 2012 年初中国出台取消或降低对部分蔬菜出口退税政策，致使 2012 年蔬菜出口贸易额比 2011 年减少 15.32%。2012—2017 年为第五阶段，为应对蔬菜出口大幅下跌中国又恢复了部分蔬菜的退税，蔬菜出口恢复稳定增长。

(二) 中国蔬菜出口潜力的实证分析

本研究运用恒定市场份额模型（CMS）对中国蔬菜的出口潜力进行分析，分析结果见表 1 所示：

表 1　2000—2017 年鲜冷冻蔬菜分阶段 CMS 分解结果

单位：亿美元、%

影响因素	2000—2007		2007—2009		2009—2011		2011—2012		2012—2017	
	金额	贡献率	金额	贡献率	金额	贡献率	金额	贡献率	金额	贡献率
增加额	13.29	100.00	3.90	100.00	18.47	100.00	−6.47	100.00	20.97	100.00
需求规模效应	7.86	59.17	0.69	17.66	5.51	29.83	−2.66	41.07	5.45	25.97
结构效应	−0.67	−5.04	1.74	44.49	6.16	33.34	−2.44	37.65	6.17	29.42
产品结构效应	0.29	2.15	0.33	8.36	1.30	7.06	−1.36	21.07	1.31	6.23
市场结构效应	−0.96	−7.19	1.41	36.14	4.85	26.28	−1.07	16.57	4.86	23.19
竞争力效应	6.10	45.87	1.06	27.20	7.31	39.59	−1.38	21.28	9.35	44.60
产品竞争力效应	2.43	18.27	1.28	32.82	5.18	28.02	−0.54	8.39	6.46	30.78
市场竞争力效应	3.67	27.60	−0.22	−5.61	2.14	11.57	−0.83	12.89	2.90	13.82

数据来源：根据联合国商品贸易统计数据库（comtrade. un. org）整理。

需求规模效应对鲜冷冻蔬菜出口增加的作用逐渐降低。2000—2007 年，需求规模效应贡献率是 5 个阶段中的最高值，达到 59.17%，在金融危机期间，世界对中国鲜冷冻蔬菜的需求规模效应减弱，需求规模效应带来的增长为 0.69 亿美元，贡献率仅为 17.66%，小于其余 4 个阶段值，2012 年，全球鲜冷冻蔬菜出口减少致使第三阶段需求规模效应为负值，对鲜冷冻蔬菜出口增加有负向作用。总的看来，需求规模效应对鲜冷冻蔬菜出口增加的作用逐渐降低，至第五阶段，需求规模效应的贡献率已降为25.97%。

结构效应对鲜冷冻蔬菜出口的促进作用逐渐减小。在第一阶段，鲜冷冻蔬菜出口增加13.29亿美元，但是结构效应对出口增长却为负效应，其中主要是由于市场结构效应的副作用，表明在第一阶段中国鲜冷冻蔬菜对各市场出口的变化来不及应对各市场对鲜冷冻蔬菜需求结构的变化。产品结构效应对鲜冷冻蔬菜出口增长的贡献率仅在第四阶段超过20%，其余4个阶段均小于10%，所以产品结构效应对鲜冷冻蔬菜出口增长的正向作用较小。市场结构效应从第一阶段的负向阻碍作用到第二阶段正向的促进作用，且第二阶段贡献率达到36.14%，随后两个阶段贡献率持续下降，第四阶段市场结构效应贡献率为16.57%，第五阶段又上升至23.19%，市场结构效应对蔬菜出口增长有促进作用，但是并不稳定。

竞争力效应是鲜冷冻蔬菜出口增长的主要因素，在第一阶段，竞争力效应贡献率为45.87%，仅次于需求规模效应，第二阶段至第四阶段的贡献率有所下降，到第五阶段竞争力效应贡献额为9.35亿美元，贡献率回升至44.60%。分效应来看，产品竞争力效应逐渐增强，贡献率从第一阶段的18.27%增加至第五阶段的30.78%。而市场竞争力效应呈减弱趋势，第一阶段，市场竞争力效应带来鲜冷冻蔬菜出口增加3.67亿美元，贡献率达到27.60%；第二阶段，市场竞争力效应贡献率为负值，阻碍鲜冷冻蔬菜出口的增加；第五阶段，市场竞争力效应虽有轻微回升，但是贡献率仍然只有13.82%，和同期产品竞争力效应贡献率的30.78%差距较大。

需求规模效应对加工蔬菜出口的促进作用逐渐下降，在5个阶段中，除2011—2012年需求规模效应对加工蔬菜出口增长是负向作用外，其余4个阶段对加工蔬菜出口均是正向的促进作用。在第一阶段，加工蔬菜出口增长12.99亿美元，由需求规模效应引起的增长额为7.67亿美元，贡献率达到59.05%；在第二阶段金融危机的波及下，中国加工蔬菜出口减少2.65亿美元，但是需求规模效应对加工蔬菜出口增长作用为正，使得出口增加1.42亿美元，减轻了其他效应的负向作用；第三和第五阶段，需求规模效应贡献率分别达到41.97%和35.29%，需求规模效应对加工蔬菜出口增长的作用逐渐减弱。

加工蔬菜结构效应不稳定，第二阶段结构效应贡献率达到48.26%，至第五阶段，结构效应贡献率仅为2.42%，使得加工蔬菜出口增加0.15亿美元。结构效应中又以市场结构效应为主，产品结构效应除第二阶段外均小于市场结构效应，可以看到产品结构效应有4个阶段对出口增长的贡献率都为负值，即对加工保藏蔬菜的出口增长有阻碍作用，在第五阶段，产品结构效应的负效应使出口额减少 0.44 亿美元，贡献率达到－7.21%，表明中国对加工蔬菜出口品种结构的变化不适应需求市场对加工蔬菜品种结构变化。市场结构效应对加工蔬菜出口增长的作用不稳定，第一阶段市场结构效应阻碍出口增长，贡献率为－7.78%，其余 4 个阶段则均为正的贡献率。中国加工蔬菜对进口国（地区）需求变动的适应能力有待提高。

竞争力效应是加工保藏蔬菜增长的主要因素，第一阶段竞争力效应使得出口增加 6.92 亿美元，贡献率为 53.30%，仅次于需求规模效应；第二阶段竞争力效应的贡献率达到 105.22%，随后又下降恢复至第五阶段的 62.29%，成为促进加工蔬菜出口增长的主导因素。分效应来看，产品竞争力效应贡献率在前 4 个阶段逐渐上升，从第一阶段的 25.05%上升至第四阶段的 50.34%，在第五阶段又下降至 39.56%，总体还是处于上升的趋势，且在后 4 个阶段的贡献率都高于市场竞争力效应的贡献率。市场竞争力效应在第一阶段使得出口额增长 3.67 亿美元，贡献率为 28.26%，至第四阶段贡献率跌至 12.04%，第五阶段又回升至 22.73%，仍以产品竞争力效应为主。

需求规模效应是干蔬菜增长的主要因素，除了第四阶段中国由于取消部分蔬菜出口退税而导致中国干蔬菜出口减少 9.86 亿美元，其中由于需求规模效应引起干蔬菜出口减少 7.35 亿美元，贡献率达到 74.48%。可以发现第一阶段、第三阶段与第五阶段需求规模效应的贡献率均在 70%左右，且较为稳定，所以需求规模效应是干蔬菜出口增加的主要原因。

结构效应对干蔬菜出口促进作用不稳定，由于选取的四位 HS 编码，仅有 HS0712 一类属于干蔬菜，所以无产品结构效应。在第一阶段，干蔬菜出口增加 5.25 亿美元，市场结构效应对出口增长起阻碍作用，贡献率为负值，说明在第一阶段中国出口干蔬菜的市场结构不合理。2007—2009 年，市场结构效应使得出口增加 0.32 亿美元，贡献率达到 33.54%。至第五阶段，市场结构效应贡献率又跌至为 14.55%。可见市场结构效应对中国干蔬菜出口虽有促进作用，但是并不稳定，说明进口市场对干蔬菜需求的变化，中国出口未能按照需求进行调整。

竞争力效应对干蔬菜出口的促进作用逐渐下降，第一阶段竞争力效应使得出口增加 2.14 亿美元，贡献率达到 40.76%，此后 4 个阶段竞争力效应的贡献率则一直下降，至第五阶段，贡献率仅为 15.89%。通过对产品竞争力与市场竞争力的对比发现，只有在第一阶段，市场竞争力效应高于产品竞争力效应，贡献率分别为 24.88%与 15.87%。市场竞争力一直较弱，在第五阶段，市场竞争力贡献率不到 1%，相比之下，中国干蔬菜的产品竞争力对出口增加的作用较大，但还是有下降的趋势。在金融危机期间，产品竞争力效应使得出口增长 0.33 亿美元，贡献率为 34.52%，到第五阶段则跌至 15.22%。所以市场竞争力效应对干蔬菜出口增长作用不明显，产品竞争力对出口增长的促进作用逐渐减少。

五、结论及政策建议

（一）主要研究结论

本研究采用 2000—2017 年世界蔬菜贸易数据，分析了中国蔬菜出口的市场格局演变过程，并从贸易伙伴和贸易品种两个角度对中国整体蔬菜出口的扩展边际进行分析，对分类蔬菜的出口增长情况也进行三元分解测算，在此基础上运用恒定市场份额模型（CMS）对中国蔬菜的出口潜力进行分析，得出如下结论：

（1）2000 年以来中国蔬菜出口数量和金额保持快速增长，蔬菜出口市场格局发生了很大变化。中国蔬菜出口的主要市场从经济发达国家（地区）向中国周边国家（地区）转移，且多元化的市场结构逐渐形成，对单一市场的依赖性不断降低；在中国不同种类蔬菜的出口方面，干蔬菜和鲜冷冻蔬菜的出口增长快于加工保藏蔬菜，鲜冷冻蔬菜出口市场主要集中在中国周边国家或地区，而加工保藏蔬菜和干蔬菜出口市场分布更为广泛和均衡。

（2）2000—2017 年中国蔬菜的贸易伙伴数量虽然在增长，但是随着全球蔬菜贸易的快速发展，中国蔬菜未到达的市场在全球蔬菜进口中所占的比重越来越高，中国拓展新市场的速度较世界蔬菜进口增长速度低，中国应当继续拓展海外新市场。中国出口各国的蔬菜品种数量差逐渐缩小，出口品种数两极分化情况有所好转，2017 年中国蔬菜出口品种不足全部品种的六成，但中国出口的品种都是国际蔬菜贸易中出口量较大的品种，18 年内中国蔬菜品种也有增长，但是新增品种出口额不大。

（3）通过对中国蔬菜出口增长的三元边际分解可以看出，中国蔬菜出口增长的主要来源是集约边际，扩展边际的贡献相对较小，集约边际中价格边际贡献相对数量边际较小。2000—2017 年集约边际年均增长率达到 3.98%，2014 年价格边际超过 1，但是超出幅度并不大，基本与世界蔬菜出口平均价格持平，表明中国出口蔬菜质量提升，从低廉产品逐渐向品质产品转型。从价格边际动态演进图可以看出中国蔬菜出口价格逐渐上升，中国对各伙伴出口价格差距缩小，说明中国蔬菜对各市场定价较为一致，且不断提高的价格说明蔬菜处于从初级加工品到精加工的转型，附加值的提高伴随着价格的提升。三元分解中对蔬菜出口增长贡献最大的是数量边际，年均增长率 2.91%，大约是价格边际增长率的 3 倍，中国对各市场出口数量的差距越来越大，数量上的快速增长是蔬菜出口额增加的主要因素。

（4）通过对三大类蔬菜进行三元边际测算得出的结论与整体蔬菜结论相同，三大类蔬菜的出口增长都是主要来源于集约边际，扩展边际作用较小。对鲜冷冻蔬菜来说，大部分年份中国出口价格高于世界平均价格，各市场对鲜冷冻蔬菜进口需求量较为均匀，说明中国不能始终向某些国家（地区）进行集中出口，出口增加与市场的增加关系密切，但是由于鲜蔬菜运输保存成本较高，拓展新市场成本较高，所以在中国近几年鲜冷冻蔬菜出口市场变化不大，数量边际是其出口增长的主导因素，即中国继续向原有市场出口数量更多的蔬菜。对干蔬菜来说，中国出口干蔬菜的国家（地区）数量虽不多，且在 18 年内都较为稳定，但目标市场都为干蔬菜进口大国（地区），目标国（地区）进口干蔬菜总额占全世界干蔬菜出口总额的 95%。干蔬菜出口价格在 2010 年超过世界平均价格，干蔬菜作为深加工产品，质量的提升是干蔬菜出口增加的主要因素。对加工保藏蔬菜而言，中国加工蔬菜出口目的市场在 2007 年之前虽有增长，但是新增市场进口加工蔬菜并不多，中国加工蔬菜贸易伙伴几乎进口了全世界所有的加工蔬菜。加工蔬菜出口价格在 2013 年超过世界平均价格，与干蔬菜一样，价格边际即质量上的提升是加工蔬菜出口增长的主要因素。

（5）运用恒定市场份额模型（CMS）对中国蔬菜的出口潜力进行分析可以看出，竞争力效应是中国鲜冷冻蔬菜和加工蔬菜出口增长的主要因素，而需求规模效应则是次要因素；世界各国对蔬菜需求的增加是干蔬菜出口增长的主要因素，竞争力效应则是次要因素；对三类蔬菜而言，结构效应均不稳定且贡献率较小，说明中国蔬菜出口在产品结构方面已经涵盖绝大多数蔬菜品种，通过蔬菜出口品种结构的调整对中国蔬菜出口增长的贡献相对有限。

（二）相关政策建议

促进中国蔬菜出口的健康、稳定发展，可以从以下 3 个方面采取积极措施：

1. 发挥比较优势，优化中国蔬菜出口的市场结构

充分发挥中国蔬菜的成本价格优势，不断提高中国出口蔬菜产品的市场竞争力，降低蔬菜种植、储存与运输成本，加大在蔬菜深加工方面的创新与投入，保持、巩固蔬菜市场的竞争力。针对不同蔬菜种类，合理优化中国蔬菜出口的市场结构。对于距离中国较近的东北亚和东南亚国家或地区，重点加大受运输成本和保鲜成本影响较大的保鲜蔬菜的出口比重；对于距离中国较远的欧洲、美洲和非洲市场，重点加大受运输成本和保鲜成本影响较小的冷冻蔬菜、干蔬菜和加工蔬菜的出口比重，形成近距离的保鲜蔬菜出口和远距离的冷冻蔬菜、干蔬菜和加工蔬菜出口相结合的蔬菜出口市场格局。

2. 适应国际市场的蔬菜消费需求变化，合理调整中国蔬菜出口的品种结构

掌握不同市场消费者的蔬菜消费习惯和需求变动特征，及时优化调整中国蔬菜出口的品种结构，促进中国出口蔬菜品种类别的多元化。对于日本、韩国、美国、荷兰、德国等发达国家市场，重点围绕绿色蔬菜和有机蔬菜出口，大力开拓高端蔬菜市场，不断提升中国出口蔬菜的品质和质量安全水平，实现优质优价，提升蔬菜种植户和出口商的利润；对于以越南、泰国、马来西亚、印度尼西亚等市场，重点围绕东南亚华人较多的地区，以及在蔬菜消费习惯上与中国较为相似的地区，大力推进多品种多类型的蔬菜出口；对于以俄罗斯为代表的蔬菜进口空间较大的新兴市场，重点围绕深受当地消费者喜爱的番茄、马铃薯、食用菌等蔬菜，不断扩大中国蔬菜出口的市场占有率。

3. 加快中国蔬菜出口市场多元化的进程，减少市场风险和政策风险

继续推进中国蔬菜出口市场多元化的进程，不断优化中国蔬菜出口的市场结构，降低对单一蔬菜出口市场的依赖。在提升中国出口蔬菜市场竞争力的同时，加强对主要蔬菜出口市场相关贸易政策的研究，采取积极有效措施规避中国蔬菜在出口过程中所面临的各种非关税壁垒，减少由于个别国家蔬菜贸易政策变动对中国蔬菜出口的冲击，降低出口的市场风险和政策风险。

中国玉米产业发展新形势及趋势预测与政策模拟

2016年以来，在“市场定价、价补分离、市场主体多元化”新机制以及对深加工、饲料企业补贴等政策的引导下，受“供给减少、需求增加”双重推动，中国玉米市场年度结余量总体呈逐年减少趋势，2017—2018年度结余量首次出现负值。本研究基于2000—2016年的玉米产业基础数据，综合考虑短期和长期影响因素，重点模拟预测了2020年和2035年两个关键时期的玉米生产、消费、贸易、供求及价格趋势，并设计了3种去库存政策模拟方案，对玉米产业以及畜产品生产的影响进行模拟，在研究基础上提出相应政策建议。

一、中国玉米产业发展新形势

（一）生产发展新形势

玉米种植结构调整效应显著，2016—2017年种植面积调减进度较快，2018年由于种植效益回升，玉米种植面积有小幅回升。自2003年以来中国玉米产量接连实现了“十二连增”，2016年国家取消了玉米临储政策，实行“市场定价、价补分离”的新机制，推进玉米生产结构调整等重大政策，到2020年力争在“镰刀弯”地区减少玉米种植面积5 000万亩以上。政策引导使得玉米种植比较收益下降，农户玉米生产行为发生了转变，各地根据实际情况调减玉米种植面积，改种大豆、青贮玉米、马铃薯、花生、杂粮、蔬菜等其他作物。2016年玉米种植面积为近13年来首次下降，据国家粮油信息中心预计，2016年玉米种植面积3 676万公顷，比上年减少136万公顷（2 040万亩，减幅3.5%）；2017年玉米种植面积3 544.5万公顷，比2016年减少132万公顷（1 980万亩，减幅3.6%）。在玉米面积减少的同时，2016年大豆种植面积增加69.4万公顷（1 041万亩，比上年增长10.7%），2017年大豆种植面积增加70万公顷（1 050万亩，比上年增长9.7%），由此可见国家种植结构调整政策取得了显著效果。2018年，由于玉米价格触底回升并涨势较大，玉米种植效益好于大豆，在一些面积调整区有明显的玉米复种现象，国家粮油信息中心预计，2018 年玉米播种面积为 3 556 万公顷，比上年增加 11.5 万公顷（173 万亩，增幅 0.32%）。其他机构对 2018 年玉米种植面积的预测各不相同，大多数机构预计 2018 年玉米种植面积增幅为 1%～3.5%，农业农村部预计玉米种植面积增幅 1.4%，中国玉米网、中华粮网和美国农业部预计玉米种植面积增幅分别为 3.2%、1%和 2.9%。由于单产下降，预计 2018 年玉米产量不容乐观。

（二）消费发展新形势

2016 年以来国家连续出台对玉米深加工及饲料企业的有关政策，2018 年中美贸易摩擦使得 DDGS（玉米干酒糟及其可溶物）和高粱进口量大幅减少，国内玉米饲料消费量和工业消费量呈现双增长态势。2013 年以来中国玉米消费持续低迷，2016 年逐步走出低迷的状态，2016—2017 年度消费总量达到 2.016 8 亿吨、比上年度增长 14.2%，2017—2018 年度消费量为 2.219 7 亿吨、比上年度增长 8.4%。2016 年以来国家连续出台的政策起到了刺激玉米消费的作用，一是东北地区相继实施不同标准的玉米深加工及饲料企业玉米收购补贴，提高了企业采购加工热情，其中内蒙古自治区 200 元/吨、黑龙江省 300 元/吨、吉林省 200 元/吨、辽宁省 100 元/吨；二是恢复玉米淀粉等深加工产品出口退税，刺激了玉米深加工产品出口；三是国家扩大燃料乙醇生产以及推广使用乙醇汽油政策（简称 E10 政策），使得玉米库存快速消化。

2016 年以来，国内玉米消费呈现饲用和工业消费双增长态势，主要表现为：一是饲料消费总量增加。预计 2016—2017 年度饲料消费量 1.18 亿吨、比上年度增长 15.7%，2017—2018 年度饲料消费为 1.29 亿吨、比上年度增长 6.6%。饲料消费增长点来自于国内畜禽存栏的回升以及进口 DDGS 和高粱数量的下降。2016 年以来畜禽养殖向好大大提振了玉米饲料消费需求；2016 年由于国内玉米价格的下降使得国外高粱等替代品失去价格优势，再加上 2018 年的中美贸易摩擦，对美国进口 DDGS 和高粱采取反倾销反补贴措施以及加增 25%关税，2017 年 DDGS 进口下降到 39.1 万吨（比上年减少 87.3%），高粱进口下降到 505.7 万吨（比上年减少 23.9%），2018 年 1—3 月 DDGS 进口量同比减少 87.1%、高粱同比减少 16.5%，DDGS 和高粱进口的减少意味着国内玉米消费的增加。二是工业消费总量增加。预计 2017—2018 年度工业消费为 7 300 万吨，比上年度增加 900 万吨，增幅 14.1%。2016 年 11 月以来，由于玉米原料价格大幅下跌，用粮企业成本显著下降，深加工行业开工率大幅增加，东北地区尤为显著。E10 政策的出台使得酒精及燃料乙醇行业呈扩张趋势，大大增加了玉米的工业需求。国内深加工行业产能持续扩张，在东北深加工补贴政策支持下，深加工行业开工率保持在近几年最高水平，2017 年 1—12 月淀粉行业平均开工率为 75%、酒精行业平均开工率为 64%。

（三）贸易发展新形势

中国玉米进出口格局发生变化，由净出口国变为净进口国，进口来源呈多元化发展，替代品与 DDGS 进口大幅减少。中国曾是世界第二大玉米出口国，2003 年玉米出口量达 1 639 万吨的峰值，2010 年玉米进口量激增达 157.2 万吨，改变了长期以来的玉米净出口状况，首次成为玉米净进口国。2011 年中国玉米进口量达到 175.3 万吨、2012 年 520.7 万吨、2015 年 473 万吨、2016 年 316.7 万吨、2017 年 282.6 万吨。从玉米进口来源国看，改变了一直以来以美国一国独大的局面，2017 年玉米进口国结构：乌克兰占 64.5%，美国占 26.8%，缅甸占 3.3%。2015 年由于价差驱动，高粱、大麦、木薯、DDGS 总进口量达到 3 748 万吨，2016 年以来由于国内玉米价格的下降，进口高粱、大麦等替代品不再具备价格优势，2016 年替代品进口也受到明显抑制。2016 年高粱、大麦、木薯、DDGS 进口量合计 2 213 万吨（比上年减少 41%），2017 年 2 215 万吨（与上年持平，其中大麦增加，DDGS 大幅减少）。

（四）供需平衡及价格变化新形势

1. 种植结构调整已对中国玉米的供需格局产生较大影响，玉米年度结余量呈逐年减少趋势，供需格局向“产不足需”转变，产需缺口有扩大趋势，前期玉米面积调整或已到底

2016 年中国开始大力推进农业供给侧改革，调结构、去库存是农产品供给侧改革的关键。目前来看，玉米结构调整已对中国玉米的供需格局产生较大影响。从供给端看，玉米种植面积和产量连续两年下降，减少供给增量；国内玉米价格下降，进口玉米及替代品进口随之减少，有利于消化国内玉米库存。从需求端来看，受畜禽养殖利润向好拉动，玉米饲用消费持续回暖；玉米深加工行业利润提高，产能扩张，大大提振玉米工业消费需求。受玉米供给减少、需求增加双重推动，未来中国玉米年度结余量总体将呈逐年减少趋势，市场形势由原来的“产大于需”向“产不足需”转变（图 1）。2017—2018 年度中国玉米生产量与消费量为 2010—2011 年度以来首次出现缺口，市场结余量首次出现负值，产需缺口为−2 308 万吨。2018—2019 年度玉米种植面积有小幅回升，但是由于吉林、辽宁的玉米优势产区以及华北地区高温干旱天气，单产下

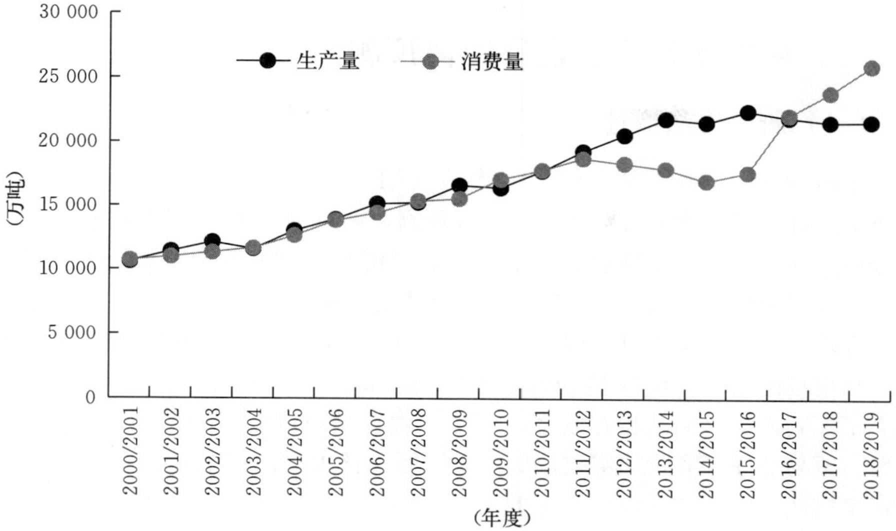

图 1　中国玉米产需形势变化

资料来源：国家粮油信息中心。

降明显，预计 2018 年玉米增产不容乐观。从库存方面看，2017 年国储拍卖成交量 5 741 万吨，2018 年国储拍卖出库率高于上年，由于对新季玉米减产的预期，预计 2018 年的成交量约 9 000 万吨，目前玉米库存量大约在 1 亿吨。在消费持续增加的情况下，产需缺口将快速扩大，由于库存大多是 2015 年的陈粮，可用率不高，因此中国玉米供需格局已经面临紧平衡状态，前期的面积调整或已到底。

2. 玉米市场托底价格政策取消，玉米市场价格改变以往平稳态势，2016 年市场价格大幅下跌，2017 年以来受供求关系影响探底回升，涨势明显

2016 年国家取消了玉米临储政策，实行市场定价，加上玉米库存压力大，玉米价格大幅下跌。2016 年 12 月全国玉米均价为 1 725 元/吨，比上年同期下跌 15.8%，为 2009 年以来最低。2017 年 2 月全国玉米均价跌至历史最低点 1 512元/吨。2017 年 3 月以来国内玉米市场价格总体呈现探底上涨走势，2018 年 3 月全国玉米均价为 1 937 元/吨，比最低点上涨 425 元/吨。玉米价格探底上涨主要原因：一是国家及相关部门采取补贴等一系列措施，吸引多元主体入市收购，对玉米价格形成一定支撑；二是由于产量连续下降而需求不断增加，供求关系出现逆转，玉米市场价格尤其是优质玉米价格持续上涨。由于玉米价格的上涨使得玉米种植收益增加，导致在原来玉米面积调整地区出现农民复种玉米的现象。

二、中国玉米产业发展趋势预测

（一）研究方法概述

本研究运用中国农业产业模型（China Agricultural Sector Model，CASM）对玉米产业未来发展趋势进行预测，并对国家玉米去库存进行政策模拟分析。该模型是由中国农业科学院农业经济与发展研究所（IAED）与国际食物政策研究所（IFPRI）依据局部均衡理论构建的包括多个农业产业的多市场局部均衡模型，该模型可以广泛应用于模拟各种政策变化和外界冲击对中国农产品市场的影响。该模型涵盖了农作物、畜产品及其加工品等 33 种产品，建立了不同产品之间的相互联系，模拟了农产品市场的运行机制，包括生产、消费、贸易、库存和价格等之间的互动关系。该模型由多个方程组成，通过方程定量描述了中国主要农业产业的生产、消费、贸易和价格及其影响因素，并建立了相互之间的关系，由国内供给、国内需求和外生国际市场价格共同决定国内价格，当市场出清时，实现市场均衡。该模型应用 GAMS（通用代数建模系统）软件进行开发和模型求解，不仅可以应用于多个产业和所有产业，也可以应用于预测和模拟分析单个产业的生产、消费、贸易、库存和价格等之间的相互关系。

（二）短期产业发展趋势预测结果分析（2018—2020 年）

1. 生产趋势

玉米实行结构调整后，2016—2017 年玉米种植面积减少，随着玉米供应减少，2017 年市场价格探底回升，受到种植利益影响，国内玉米种植面积将出现小幅增加。预计到 2020 年玉米种植面积将达到 3 596 万公顷，玉米单产 6 133千克/公顷，玉米产量 22 055 万吨。2018—2020 年玉米种植面积小幅增长，单产水平不断提高，产量稳步增加，其增长主要是依靠单产。种植面积、单产、产量年均增长率分别为 0.34%、1.8%、1.45%。

2. 消费趋势

由于国内畜禽存栏的回升和进口高粱等替代品数量下降的影响，玉米深加工企业开工率保持较高水平，由于燃料乙醇 E10 新政策的出台等多种因素影响，给玉米消费带来新的增长点。消费总量持续增长，饲用消费量和加工消费量占据玉米消费的主导地位。预计到 2020 年，玉米消费总量为 24 111 万吨，其中种子消费量为 135 万吨、饲料消费量 12 680 万吨、加工消费量 8 617 万吨、食物消费量 1 787 万吨、损耗量 892 万吨，分别占消费总量的 0.6%、

52.6%、35.7%、7.4%、3.7%。2018—2020年，玉米消费总量的年均增长率为1.4%，种子消费量、饲料消费量、加工消费量、食用消费量、损耗量的年均增长率分别为0.34%、1.8%、1.2%、−0.3%、1.8%。

3. 贸易趋势

未来3年玉米净进口量将出现逐年增加态势。一方面随着玉米需求量不断加大，短期内国内玉米市场将出现供不应求现象，另一方面由于供求偏紧导致国内玉米价格走高，国外玉米价格优势重现。预计2018年玉米净进口量约为529万吨，到2020年净进口量增长为803万吨，年均增长率为23.2%。

4. 供需平衡总体形势

总体来看未来3年国内玉米市场将维持供需偏紧态势。预计2018年玉米总供给约为21 815万吨，其中国内总产量约为21 286万吨，净进口量约为529万吨，总消费量约为23 442万吨，玉米库存变化约−1 627万吨。预计到2020年，玉米总供给量为22 857万吨，年均增长率约为2.4%，其中国内总产量约为22 055万吨，净进口量约为802万吨，总消费量约为24 111万吨，玉米库存变化约−1 254万吨。

（三）长期产业发展趋势预测分析（2018—2035年）

1. 生产趋势

随着2035年中国农业现代化的基本实现，农业综合生产水平将有较大程度的提升，玉米生产综合效益不断提高。预计到2035年玉米种植面积3 791万公顷，玉米单产7 302千克/公顷，玉米产量27 682万吨（图2）。预计，2018年至2035年玉米种植面积共增加220万公顷，年均增长率0.35%；单产逐步提升，年均增长率1.2%；总产量稳步增加，年均增长率1.6%，单产提升将成为玉米生产发展的主要推动力。与前面的短期形势相比，增长水平相差不大，增长较为平稳。

2. 消费趋势

消费总量保持刚性增长。预计到2035年玉米总消费量29 495万吨，其中，种子消费量约为142万吨、饲料消费量约为15 307万吨、加工消费量约为11 365万吨、食用消费量约为1 562万吨、损耗量约1 120万吨（图3），分别约占总消费量的0.5%、52%、38.5%、5%、4%。2018—2035年，各类消费年均增长率分别为0.4%、1.3%、1.8%、−0.8%、1.4%。食用消费、种用消费相对稳定，饲用消费随着畜牧业标准规模化的发展将呈现稳定增长趋势。长期来看玉米工业消费量增幅较大，玉米价格回归市场，为玉米加工业提供了良好的市场环境，加工业开工率将保持较高水平，酒精及燃料乙醇行业将有扩张之势，未来玉米加工消费具有较大市场潜力。

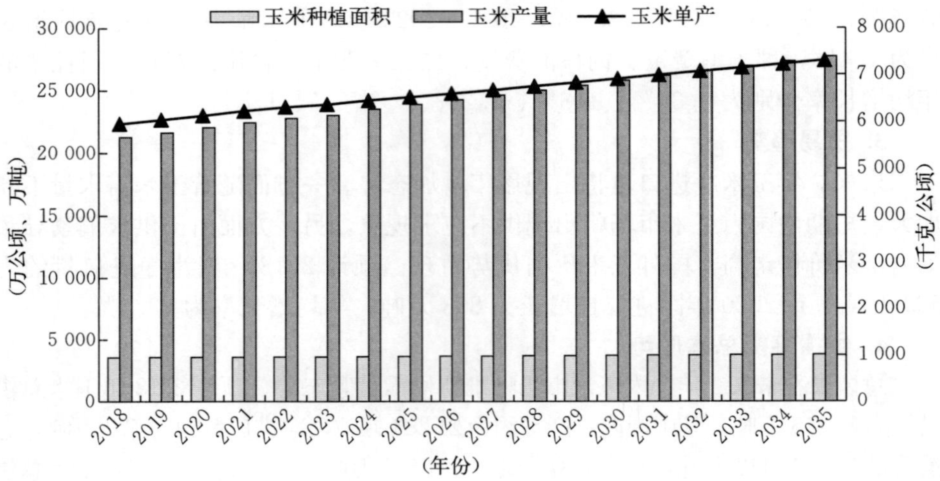

图 2　中国玉米生产趋势预测

资料来源：模型预测结果。

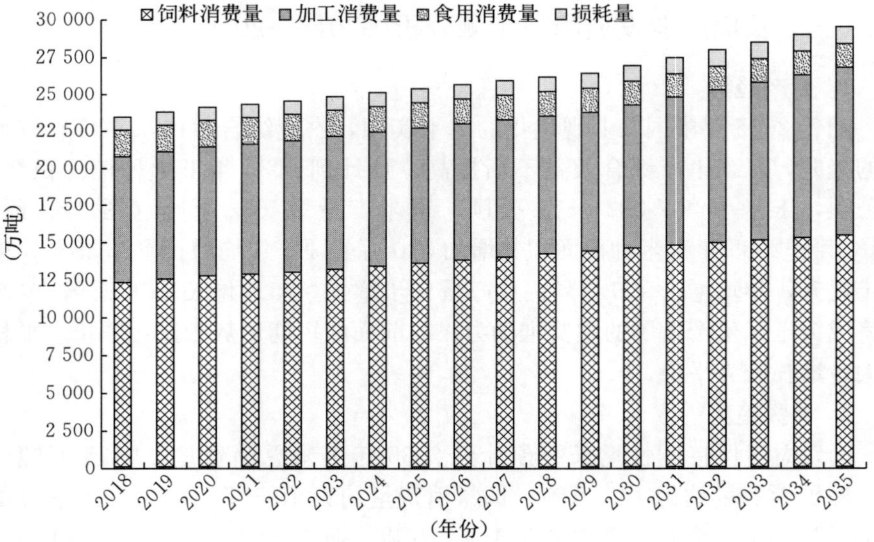

图 3　中国玉米消费趋势预测

资料来源：模型预测结果。

3. 贸易趋势

玉米净进口呈波动上涨态势。国内玉米供求关系、国内外玉米价差以及玉米贸易政策变化都是影响玉米进口的主要因素。受国内政策、价格、饲用需求和工业需求量持续增加等多重影响，国内玉米产不足需，产需缺口需要通过净进口来弥补。长期来看，玉米净进口量呈现波动上涨，2022—2024 年，随着库存量的消化、产需缺口的增大，净进口将呈快速上涨态势，2024 年净进口量达到 1 533 万吨，之后进入波动上涨态势，预计到 2035 年玉米净进口量约为 1 717 万吨（图 4）。

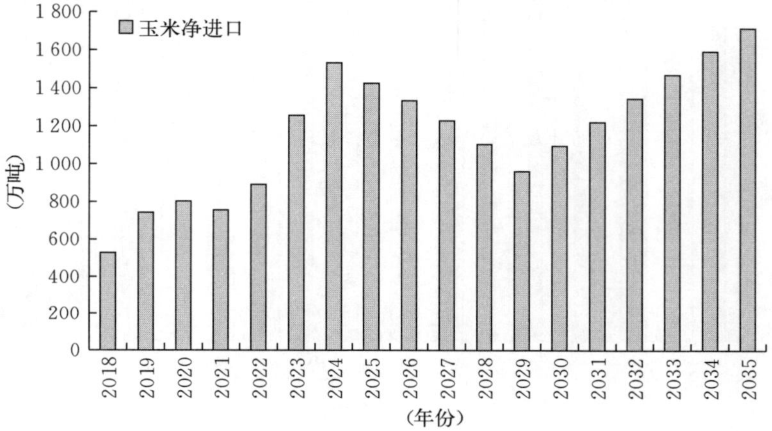

图 4　中国玉米贸易趋势预测

资料来源：模型预测结果。

4. 供需平衡总体形势

长期来看，2018—2035 年，玉米总供给量稳步提升，消费总量持续增加，但由于消费量增长率高于生产量的增长率，国内玉米市场产不足需，产需缺口将逐步增大，供需偏紧现象还将持续。预测到后期，随着库存量的减少，国内玉米市场供给缺口主要依靠进口填补。预计到 2035 年，玉米总供给量为 29 403万吨，与 2018 年相比，年均增长率约为 1.8%，其中国内总产量约为 27 686 万吨，净进口量约为 1 717 万吨，总消费量约为 29 495 万吨（图 5），玉米库存变化约－92 万吨。

三、中国玉米产业发展政策模拟

（一）模拟方案设计

玉米临储政策的实施使得中国玉米产量持续增长，2011 年起由于玉米消费的低迷加上进口量的增加导致玉米库存大幅度增加，国家财政不堪重负。2016 年东北 3 省和内蒙古自治区取消了实施了 8 年的玉米托市收购政策，调整为“市场化收购＋补贴”的新机制，并且开始了去库存和调结构的玉米供给侧结构性改革。当前，玉米的供给侧结构性改革已取得明显效果。据农业农村部报道，自 2016 年中国实施玉米供给侧结构性改革以来，玉米种植面积连续

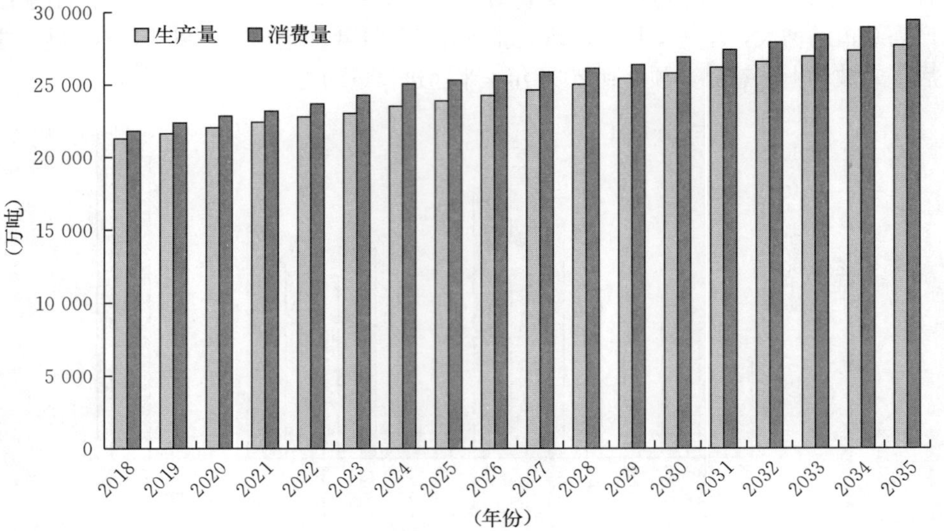

图 5　中国玉米供需平衡趋势预测

资料来源：模型预测结果。

两年大幅下降，近 3 年来累计调减面积已达到 5 000 万亩。未来如何去库存、去库存力度有多大是影响中国玉米市场和产业发展的重要因素之一。

从中国玉米库存消费比的变化看，自 2013 年以来库存量的快速增长，使得库存消费比超出了正常的水平，2013—2016 年玉米库存消费比分别达到 65%、99%、124%、115%。为了反映不同程度的去库存力度对玉米市场的影响，参考联合国粮农组织粮食安全警戒线最低为 17%的标准，同时根据历年玉米的库存消费比，正常年份通常为 20%～40%，本研究设计了高、中、低 3 种模拟方案（表 1）：其中，方案 1 是按照 2025 年库存消费比达到 20%，方案 2 是按照 2025 年库存消费比达到 30%，方案 3 是按照 2025 年库存消费比达到 40%（表 1）。

表 1　玉米去库存政策模拟方案设计

	方案 1	方案 2	方案 3
去库存方案	2025 年库消比达到 20%	2025 年库消比达到 30%	2025 年库消比达到 40%

（二）模拟结果分析

为模拟单一因素变化对国内玉米市场的影响，本研究假定国内玉米价格由国内市场的供给和需求来决定，国际市场封闭，不存在国际贸易。当玉米库存下降，国内供给增加，将会引起国内价格下降，一方面会刺激消费增加，另一方面会导致产量下降。由于玉米的进口量相对于产量来说非常小，这种假设比较符合现实，而且能够模拟去库存政策对玉米消费和生产的影响。将模拟方案模拟结果与基准值（2016 年实际值）作比较。

当去库存政策实施时，库存玉米投放到市场导致国内市场玉米增多，生产者价格显著下降，影响种粮农民积极性，玉米种植面积、单产下降明显，但受到价格下降的刺激，饲用消费量和加工消费量增加。由于不同年份库存变化对市场的影响有所差异，表 2 列出了 2017—2025 年去库存对玉米市场的平均影响。当 2025 年库存消费比达到 20%（方案 1），由于去库存，市场上的玉米供给增加，与基准值作比较，2017—2025 年生产者价格平均下降 5%，导致玉米种植面积和单产分别下降 1.9%和 1.0%，产量下降幅度高达 2.9%；由于玉米价格下降 5%，饲料消费量增加 1.9%，加工消费量增加 0.5%。当 2025 年库存消费比达到 30%（方案 2），玉米生产者价格下降 3.7%，玉米种植面积和单产的下降幅度相对小些，分别下降 1.4%和 0.7%，产量下降 2.1%，饲料消费量增加 1.4%，加工消费量增加 0.4%。当 2025 年库存消费比达到 40%（方案 3），对玉米市场的冲击较小，玉米生产者价格下降 2.3%，玉米种植面积下降 0.9%，单产下降 0.5%，产量下降 1.3%。总之，库存消费比影响效果：方案 1＞方案 2＞方案 3，当库存消费比为 20%时影响最显著，库存消费比 30%（方案 2）应该是较为适中的。从实际情况看，2014 年以前产的玉米库存量约占总库存的 47%，由于国家对超期库存采用定向销售的方式，近期看，去库存对市场价格的实际影响可能会小于预测结果（表 2）。

表 2　去库存对玉米市场影响的模拟结果

	基准值（2016 年实际值）	方案 1	方案 2	方案 3
		2017—2025 年平均变化（%）		
种植面积（万公顷）	3 677	−1.9	−1.4	−0.9
单产（千克/公顷）	5 971	−1.0	−0.7	−0.5
生产量（万吨）	21 955	−2.9	−2.1	−1.3
总需求（万吨）	21 955	−2.9	−2.1	−1.3
种子消费量（万吨）	138	−1.9	−1.4	−0.9
饲料消费量（万吨）	11 212	1.9	1.4	0.8
加工消费量（万吨）	6 400	0.5	0.4	0.2
食用消费量（万吨）	1 830	0.9	0.7	0.4
损耗量（万吨）	649	−2.9	−2.1	−1.3
生产者价格（元/吨）	1 540	−5.0	−3.7	−2.3

资料来源：模型模拟结果。

作为重要的饲料粮，玉米市场的价格降低会使得畜牧业的生产成本降低，有利于畜牧业的发展，图 6 为玉米去库存对畜产品生产的影响模拟结果。模拟结果显示，与对玉米市场的影响相反，玉米价格下降幅度越多，越有利于畜产品的生产，在方案 1 下，畜产品产量增长最为显著，其次是方案 2，最后是方案 3。对畜产品的影响当中，猪肉受到的影响最大，其次是牛肉，对鸡肉生产的影响相对小一些。例如，在方案 1 下，猪肉、牛肉和鸡肉产量分别增长 0.39%、0.2%和 0.08%。而在方案 3 下，猪肉、牛肉和鸡肉产量分别增长 0.17%，0.08%和 0.05%。

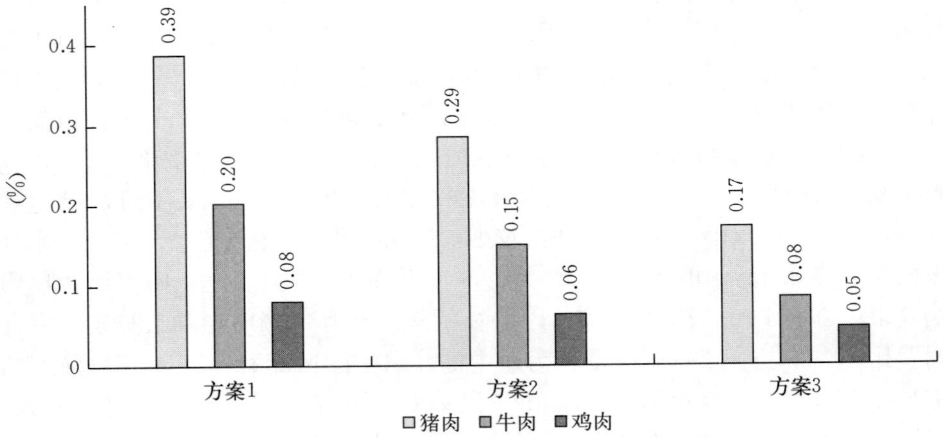

图 6　玉米去库存对畜产品生产影响的模拟结果

资料来源：模型模拟结果。

四、研究结论和政策建议

（一）研究结论

第一，玉米种植结构调整成效显著，市场供需逐步向紧平衡转变，产需缺口逐步扩大，前期玉米面积调整或已到底。2016 年以来的玉米供给侧改革已对中国玉米的供需格局产生较大影响。受玉米供给减少、需求增加双重推动，未来几年中国玉米年度结余量将呈逐年减少趋势，供需格局向“产不足需”转变，市场形势逐渐向紧平衡转变。预测数据显示，未来 3 年玉米去库存进程依旧加快进行，后期将会保持平稳。

第二，未来玉米加工需求增幅较大，玉米加工消费市场潜力较大。目前，中国针对玉米深加工行业实施玉米深加工补贴，恢复玉米淀粉等深加工产品出口退税，这些政策的实施有利于玉米加工业的发展。加之国家 E10 政策的出台也为玉米燃料乙醇的发展迎来契机。未来玉米加工消费量增长将成为玉米消费增长的主力军。

第三，随着玉米消费量的增加，未来玉米进口将常态化。据预测未来中国玉米消费量还将快速增加，国内玉米将维持产不足需态势，玉米进口将成为补充玉米供给的有效调节手段。预测数据显示，未来十几年中国玉米会长期处于净进口状态。

第四，把握去库存力度将对玉米市场以及畜产品生产产生重要影响。未来如何去库存、去库存力度有多大是影响玉米市场和产业发展的重要因素之一，同时也将影响国内畜产品（猪肉、牛肉和鸡肉）的生产。玉米去库存政策模拟结果表明：其一，当去库存政策实施时，生产者价格显著下降，影响种粮农民积极性，玉米种植面积、单产下降明显，饲用消费量和加工消费量增加。根据 3 种不同去库存方案的比较，方案 2（2025 年库存消费比达到 30%水平）较为适中。其二，方案 1 对畜产品产量增长最为显著，其次是方案 2，最后是方案 3；在畜产品的 3 个品种中，猪肉受到的影响最大，其次是牛肉，对鸡肉生产的影响相对小一些。

（二）政策建议

根据研究结论，为了保障国家粮食安全，促进中国玉米产业健康发展，提出以下政策建议：

第一，玉米种植结构调整政策应根据国内玉米市场供需形势的变化适时调整。2015 年农业部在《关于“镰刀弯”地区玉米结构调整的指导意见》中提到“到 2020 年力争在‘镰刀弯’地区减少玉米面积 5 000 万亩”，在政策的引导下，这一目标在 2016—2018 年已基本提前完成。目前国内玉米供需形势已转变为紧平衡，玉米价格的回升使得农民复种玉米现象出现，因此国家政策引导也应该顺应市场的变化，玉米面积的调减应以保障国家粮食安全为前提。

第二，把握好去库存力度，玉米去库存应与相关产业政策相配合。把握好去库存的力度，避免对玉米市场带来过大的冲击，影响农民种粮积极性。统筹考虑去库存与生产者补贴等政策，避免政策相互打架而提高政策落实成本。玉米加工业将成为未来国内玉米消费的主力军，要不断优化玉米加工企业补贴政策，提高补贴资金的效率，使补贴政策更精准、更有效，在保障粮食安全和农产品有效供给的基础上，保障玉米深加工业健康可持续发展。

第三，完善玉米进出口调节机制，实施进口来源多元化战略。要善于利用

“两个市场、两种资源”，不断完善玉米进出口调节机制，实现国内玉米市场供需平衡。由于玉米进口不可避免，加上国内玉米存在供需区域性不平衡，应考虑调整现有玉米贸易的区域布局，实施进口来源国多元化战略，分散进口市场风险，减少对美国玉米进口的依存度。

国别篇

GUOBIE PIAN

东盟“三农”发展面临的重大任务和挑战

东南亚国家联盟（以下简称东盟）所属国家农业生产自然条件优越、资源丰富，其农业用地占陆地面积的28.6%。随着经济不断发展，东盟农业产值占该地区国内生产总值（GDP）的比重已达14.2%，东盟农业产值占世界农业产值的比重也逐步提高（9%），已远超美国、加拿大等农业发达大国，其对世界农业生产的贡献正日益增大。但长期以来农业粗放型增长、土地过度使用、生态环境的退化给东盟农业可持续发展带来巨大挑战。此外，由于东盟各国之间差距较大，收入差距拉大和不平等程度加剧现象仍然存在，营养不良和发育迟缓也是主要问题。转变农业发展方式，解决营养不良人口的粮食安全需求将是东盟政策制定者进一步发展地区农业的关键挑战。

一、东盟“三农”发展情况

1. 东盟的全球农业生产地位日益凸显

东盟农业生产总值与中国尚存一定差距，但与印度的差距已不大且发展速度明显快于印度；东盟农业总产值占全球的比重已远超美国、加拿大、澳大利亚等农业发达国家，东盟对世界农业生产的贡献正在日益增大。柬埔寨、老挝、缅甸和越南是东盟主要的农业国家，农业是其国民经济的支柱产业。东盟农业生产以热带农作物为主，水稻、香蕉、棕榈油、木薯等产量在世界均列前位。目前，东盟已成为世界上最主要的水稻生产区域、全球最大的棕榈油生产区域以及第二大木薯生产区域。木薯、椰子、香蕉等东盟主要农作物以及玉米等生物质能源作物的产量、单产、收获面积也呈增长趋势。

2. 东盟农产品国际竞争力不断增强

由于东盟主要农产品的平均出口价格基本低于全球同类农产品的出口价格水平，因此产品出口竞争优势较强。2000年以来，东盟农产品进、出口额占全球的比重迅速提升，其农产品出口额与美国的差距逐步缩小；东盟农产品贸易总额始终保持贸易顺差状态，且顺差呈增长态势。目前，东盟是全球大米、棕榈油、木薯和椰子最大出口地区。东盟农产品的区域内贸易现象较为突出，棕榈油、水稻、木薯、香蕉、椰子等农产品既有出口也有进口。马来西亚和泰国椰子的区域内贸易不仅满足了消费者和加工企业对不同价格水平椰子的消费需求，增加了社会福利，而且有利于其出口创汇以及国民收入的提高。

3. 东盟国家间生产与贸易的区域比较优势更加集中

东盟整体农业资源丰富，但其生产与贸易主要集中在泰国、越南、印度尼西亚、马来西亚和菲律宾等国，且这种农产品优势分区愈加明显。从具体农产品来看，东盟棕榈油的生产与贸易均集中在印度尼西亚和马来西亚；椰子生产集中在印度尼西亚和菲律宾，贸易则集中在印度尼西亚和马来西亚；木薯生产集中在泰国和印度尼西亚，出口则主要在泰国；香蕉生产集中在菲律宾和印度尼西亚，但出口则主要依赖菲律宾。

4. 经济的快速增长使得东盟在减贫方面取得显著成就

东盟整体 2015 年 GDP 已达 2.4 万亿美元，并正以年均 5%的速度增长。伴随着经济的增长，该地区在减贫方面取得了巨大成就，贫困率从 1990 年的 47%下降到 2015 年的 14%，同期营养不良率从 30.4%下降到 8.9%，而预期寿命从 1967 年的 56 岁提高到 2016 年的 71 岁。东盟极端贫困人口从 2000 年的 1.38 亿减少到 2015 年的 4 400 万①。

5. 东盟各国基础设施水平差距日益拉大

目前，东盟 80%的人口可以获得较好的供水服务，70%的人口卫生条件有所改善②。在基本卫生设施方面，新加坡、泰国和马来西亚处于领先地位，93%以上的人的基本卫生设施可以得到满足。但同时，柬埔寨和印度尼西亚人民获得基本卫生设施的机会仍然有限③。据亚洲开发银行估计，如果要保持其增长动力、消除贫困和应对气候变化，亚洲发展中国家将需要在 2016 年至 2030 年间投资 26 万亿美元用于基础设施的完善，即每年 1.7 万亿美元。

二、东盟农业发展存在的问题和挑战

1. 农业对 GDP 的贡献正在下降但仍然是许多人的重要生计来源

1990—2015 年，东盟大部分国家农业产值占 GDP 的比重都在下降，下降幅度最大的是缅甸，从 1990 年的 57.26%下降到 2015 年的 26.70%，下降了 30.56 个百分点，同期柬埔寨下降了 21.92 个百分点，老挝下降了 20.26 个百分点，越南下降了 19.84 个百分点。尽管东盟各国农业产值对 GDP 的贡献在逐年下降，但农业仍然是多数人的主要生计来源，特别是低收入群体。从农业就业占总就业比重来看，老挝比重高达 72.2%，柬埔寨也有超过一半的就业

①② 资料来源：联合国亚洲及太平洋经济社会委员会（Escap）。

③ 数据来源：联合国粮农组织。

人口从事农业，越南该比重为 44.0%。

2. 收入差距扩大和不平等程度加剧现象仍然存在

在亚洲大部分地区，经济增长是减轻贫困的主要动力，但在增加中产阶级的规模或缩小贫富差距方面成效有限。从基尼系数来看[①]，比较发达的几个国家：马来西亚（2009 年为 46.2）、新加坡（2016 年为 45.8）和泰国（2015 年为 44.5）与中国情况（46.5）相似。2016 年瑞士信贷全球财富报告指出，泰国是世界上第三个最不平等的国家，其中最富裕的 1%人口控制着该国 58%的财富，前 10%的收入比最低的 10%高出 35 倍。据乐施会（Oxfam）报道[②]，印度尼西亚 4 个最富有的人比最贫穷的 1 亿人拥有更多的财富，越南首富在一天内获得的收入高于最贫困人口 10 年所赚取的收入。

3. 营养不良和发育迟缓仍然是主要问题

最新的数据显示，东盟平均有 30%或 1 790 万名 5 岁以下儿童存在营养不良和发育迟缓问题，特别是在农村和交通欠发达、难以进入的地区。例如，2015 年马来西亚国民健康与发病率调查显示，柬埔寨柏威夏州 44%的儿童发育迟缓，而首都只有 18%。越南的相关调查显示，越南昆嵩省的患病率超过 40%，而胡志明市的患病率不到 7%。食物不足是导致营养不良和发育迟缓的主要原因，根据联合国粮农组织（FAO）的数据，食物不足比率比较高的国家包括老挝（29%）、缅甸（24%）、柬埔寨（23%）和菲律宾（21%），而泰国的食物不足率为 16%，越南为 18%，印度尼西亚为 15%。

4. 环境退化导致农业发展面临巨大挑战

东盟地区拥有丰富的自然资源，在该地区经济活动中发挥着重要作用。但多年来粗放式的增长方式导致资源的过度利用，造成较为严重的环境退化，在保持环境可持续性与经济发展之间面临着巨大挑战。该地区还极易受到极端天气事件的影响，根据东盟秘书处的报告，东盟地区自然灾害导致的年平均损失估计为 44 亿美元。2016 年，洪水和干旱等灾害导致亚太地区 5 000 多人死亡、3 500 万人受灾，造成 770 亿美元的损失。

5. 土地过度利用给农业可持续发展带来较大的挑战

东盟农业快速发展主要受逐年增加的土地投入驱动，东盟农业用地在 35 年中增加接近 40%[③]。1980—2014 年，柬埔寨、印度尼西亚、缅甸和越南的

---

① 基尼系数表示不平等，其中 0 是完全平等，1 是完全不平等。

② 乐施会（Oxfam）是一个具有国际影响力的发展和救援组织的联盟，它由 14 个独立运作的乐施会成员组成，旨在共同推行消除贫困和社会不公的工作。

③ 数据来源：联合国粮农组织。

农业土地使用量年均增长超过 50%，其中增幅最大的是柬埔寨，农业用地增加了 100%以上。在印度尼西亚和马来西亚，农业用地扩张大部分是大范围砍伐森林使其转变成可以用于种植棕榈的土地。虽然这种土地用途的改变有助于增加农业就业人员的收入，对减少贫困和保障粮食安全产生积极影响，但也带来巨大的环境代价，热带雨林的生物多样性丧失导致碳排放量的进一步增加，对该地区农业可持续发展产生持久影响。

三、东盟“三农”面临的重大任务

1. 解决粮食安全仍然是一个重大问题

根据亚洲开发银行（ADB）的数据，2010—2030 年，东盟的人口将增长 18%，达到 7 亿多人。因此，满足快速增长人口的粮食需求对于东盟来说是一项具有挑战性的任务。值得注意的是，粮食安全问题不仅在于给人们提供粮食，而且在于减少人口中的营养不良。在 20 世纪 90 年代早期，东盟营养不良率是世界上最高的，大约为 31%；到 2016 年，该比率已经下降到 10%以下。尽管如此，东盟总人口约为 6.3 亿（占世界总数的 9%），其中营养不良人口约 6 000 万（占 8%），满足这些营养不良人口的粮食安全需求仍然存在挑战。

2. 改善农业创新体系是未来生产力增长的关键

长期以来，东盟国家依靠增加生产要素投入促进农业生产增长的方式，在资源约束条件下已经不可持续。另外，气候变化也给农业生产带来更多的不确定性因素，产量增长面临下行压力，农业研发和创新系统的作用将在未来农业发展中变得越来越重要。改善农业创新体系，加大农业研发的投入，将会减少气候变化的负面影响，还可以有效解决收获后的粮食损失问题。经济合作与发展组织相关研究也证明，农业研发的公共支出在提高农业可持续性方面比灌溉和化肥补贴更有效。东盟国家未来应当更广泛地改进研发和创新体系，以提高其农业生产率，并更好地管理未来粮食生产中的风险问题。

3. 吸引内部和外部的私营部门对东盟农业进行投资

加强对农业部门的投资不仅可以促进生产率增长，也会推动农民收入的提高。东盟地区经济长期以来保持稳健增长，成为了亚洲经济发展的中坚力量，也吸引了来自全球的贸易伙伴及投资者。根据世界银行 2017 年 10 月发布的营商环境报告，在 190 个接受调查的国家中，新加坡、马来西亚及泰国的排名较高，其他东盟成员国排名则处于中下游。随着东盟各国逐步放宽或取消了投资限制，营商环境逐步得到改善，将进一步激发内部和外部私营部门的投资热情。近日，亚洲发展银行与老挝财政部签署了一项价值约 4 000 万美元的无偿援助协议，旨在帮助老挝建设可持续和能灵活应对气候变化的农业产业链，该项目将惠及老挝近10万村民，使其收入水平至少提高30%。

4. 促进东盟农产品参加全球价值链

全球价值链（GVC）正改变着世界各地的生产和专业化的性质，对东盟成员国来说，发挥比较优势、促进农产品加入全球价值链至关重要。例如，东盟成员国使用许多进口的投入品来生产其出口的食品。食品出口价值的近35%是由进口投入品构成的，这充分说明了进口投入品在维持该地区食品出口竞争力方面的重要性。然而，由于东盟大部分农场规模较小，生产过程缺乏规范的生产流程，使其进入全球市场的机会十分有限，这将是未来东盟成员国政府重点要解决的难题。

美国贸易摩擦与农产品贸易

一、美国农产品贸易概况

2018 年美国农产品贸易整体保持增长。根据美国农业部（USDA）2018 年 12 月公布的数据，1—10 月，美国农产品出口 1 162.4 亿美元，较上年同期的 1 120.6 亿美元增加 41.8 亿美元，同比增长 3.7%；进口 1 077.7 亿美元，较上年同期的 1 007.2 亿美元增加 70.5 亿美元，同比增长 7.0%；贸易顺差 84.8 亿美元，较上年同期的 113.5 亿美元减少 28.7 亿美元，趋向缩小。

按美国农产品进出口金额月度显示，2018 年 1—10 月，美国农产品进口规模大于 2013 年以来的各年同期规模；出口方面，1—4 月出口规模仅次于 2014 年同期水平，5—7 月高于各年份同期水平，但 8 月的出口低于 2016 年水平，在通常出口向好的 9 月出口则进一步下降，比 8 月出口减少近 7 亿美元，环比下降 6%；美国 10 月的出口金额尽管比 9 月有较大幅度的提高，但仍处在 2013 年以来的最低水平上。

据美国农业部的数据，2018 财年出口达 1 440 亿美元，进口 1 245 亿美元，贸易顺差 195 亿美元。美国农产品进出口产品结构向消费品为主的结构转变。进口消费品所占比重在 2002 年开始走低后，2011 年转为上升，2017 年达到 68.6%。大宗产品所占比重从 2011 年开始明显走低，2017 年为 11.7%。在出口方面，大宗农产品出口占农产品总出口的 1/3 左右，显示出大宗农产品的贸易优势地位。消费品所占比重近年也有所增加，表明美国农产品消费多样化程度的进一步扩展。

美国农产品进口的区域构成显示，北美地区（墨西哥、加拿大）是美国农产品进口的最主要来源。其次是欧盟、南美、东南亚、东亚等，其中，包括中国、日本和韩国的东亚仅占比 5.1%。美国农产品出口结构与进口结构有较大反差，最主要的出口区域是东亚地区，2017 年占比 33.2%，金额达到 458.1 亿美元。由于耕地资源禀赋的匮乏，东亚各国（地区）都是美国农产品的出口目的地。

二、中美农产品贸易

中美贸易数量较大，但农产品贸易占贸易总量的比重相对较小，即使加上水产品仍不足 5%，低于世界平均水平。仅农产品而言，美国对中国出口农产品占其农产品出口的 14%（2017 年），中国对美水产品出口占中国水产品总出口的 10%，可见对于农业而言，两国互为重要的贸易伙伴。

2017 年美国从中国进口农产品 44.99 亿美元，向中国出口农产品 195.1 亿美元，贸易顺差 150.11 亿美元。从 2000 年以来美国对华农产品进出口的变化来看，美国向中国出口的金额变化较大，金额最高的是 2012 年，达到 258 亿美元，之后逐步下降；从中国进口的趋势则是逐步提高；贸易顺差最高为 213.2 亿美元，之后顺差逐渐下降。

2018 年 1—10 月，美国从中国进口农产品 37.7 亿美元，同比增长 7.4%；向中国出口 83.2 亿美元，同比减少 41.7%。向中国出口减少主要是受中国反制措施的影响。从美国向中国农产品出口月度数据显示，虽然 2018 年开始美国向中国出口农产品金额少于往年，但偏离趋势主要开始于 6 月，这与中国采取反制措施的时间点高度吻合，随着时间的推移，这种偏离越来越大，显示出贸易摩擦的扩大和深化。

三、美国农产品贸易摩擦

2018 年以来，美国先后根据 232 条款和 301 条款向多国发起了制裁措施，对中国、墨西哥、加拿大等国实施惩罚性关税。而中国等国也采取了相应的反制措施，涉及的农产品从猪肉、水果、坚果逐渐扩散到大豆、水产品等产品。美国对华制裁措施中直到 2018 年 9 月的 2 000 亿美元清单中才开始涉及农产品。

据美国国会研究部的报告，加拿大、欧盟、墨西哥、印度、土耳其和中国的反制措施，涉及 800 余种美国食品和农产品，覆盖肉类、谷物、奶制品、果蔬、水产品和酒精饮料等，这些产品 2017 年的出口金额超过 270 亿美元，相当于美国农产品出口的 19%①。另据彼得森国际经济研究所的研究，中国的反制措施涉及 197 亿美元农产品，相当于中国从美国进口农产品的 93%，加拿大、墨西哥、欧盟、印度和土耳其反制措施涉及的农产品分别占从美国进口农

① 资料来源：Farm Policy，USDA's Trade Aid Package，CRS report R45310，2018 年 9 月 26 日。

产品的 12.3%、15.1%、8.3%、63.2%和 42.7%[①]。各国对美国关税报复措施涉及的主要产品见表 1 至表 6。

表 1　中国对美国关税报复涉及的前 10 位美国出口农产品

单位：千美元、%

HS 编码	产品	2017 年对中国出口值	2017 年美国出口值	对华出口占美国出口值的比例	优惠关税	新关税税率
12019010 12019020	黄大豆、黑大豆	12 252 668	21 582 206	57	3	28
52010000	棉花（未梳理）	971 297	5 828 263	17	1（IQ），40（OQ）	26（IQ），65（OQ）
10079000	食用高粱	835 656	1 026 657	81	2	27
41015019	整张生毛皮	801 946	13 366 643	60	5	10
12149000	饲料产品	377 210	1 393 158	27	7	32
10019900	其他小麦和混合麦	348 727	5 990 891	6	1（IQ），65（OQ）	26（IQ），90（OQ）
03031200	冷冻其他太平洋鲑鱼	274 906	426 787	64	7	32
02064900	其他可食猪下水（冷冻）	250 637	804 083	31	12	62
04041000	乳清及改性乳清	235 154	624 065	38	2	27
05040011 05040012 05040029 05040021	猪羊肠衣、鸡胗、其他动物胃	182 953	526 453	35	1 元人民币/千克	每千克+25

资料来源：Profiles and Effects of Retaliatory Tariffs on U. S. Agricultural Exports，CRS report。

表 2　加拿大对美国关税报复涉及的前 10 位美国出口农产品

单位：千美元、%

HS 编码	产品	2017 年对加拿大出口值	2017 年美国出口值	对加出口占美国出口值的比例	优惠关税	新关税税率
09012100	未浸除咖啡碱的已焙炒咖啡	423 866	637 686	66	0	10
21039000	蛋黄酱	423 204	1 225 868	35	0	10
21032000	番茄沙司及其他番茄调味汁	217 658	365 936	59	0	10

① 资料来源：彼得森国际经济研究所报告。

（续）

HS 编码	产品	2017 年对加拿大出口值	2017 年美国出口值	对加出口占美国出口值的比例	优惠关税	新关税税率
22021000	加味、加糖或其他甜物质的水（包括矿泉水和汽水）	202 581	37 7640	54	0	10
21041000	汤料及其制品	163 802	446 226	37	0	10
17049020	甘草糖	148 131	295 735	50	0	10
20091200	非冷冻白利糖浓度不超过 20 的橙汁（未发酵及未加酒精的）	143 718	173 155	83	0	10
17049090	其他不含可可的糖食（包括白巧克力）	140 205	210 377	67	0	10
16025099	其他制作或保藏的牛肉，杂碎，面	136 017	178 623	76	0	10
16023211 16023292	其他制作鸡肉	127 582	300 668	42	0	10

资料来源：Profiles and Effects of Retaliatory Tariffs on U. S. Agricultural Exports，CRS report。

表 3　墨西哥对美国关税报复涉及的前 10 位美国出口农产品

单位：千美元、%

HS 编码	产品	2017 年对墨西哥出口值	2017 年美国出口值	对墨出口占美国出口值的比例	优惠关税	新关税税率
02031201	鲜或冷带骨前后腿和肉块	777 245	822 257	95	0	20
21069099	制作食品	440 191	4 693 746	9	0	15
08081001	苹果	274 795	969 499	28	0	20
02031999	其他鲜或冷猪肉	211 027	1 596 785	13	0	20
04062001	磨碎或粉化奶酪	181 158	432 624	42	0	20
04069004 04069099	其他奶酪	164 876	457 513	36	0	20，25
20041001	冷冻和制作土豆	146 172	1 133 842	13	0	20
02032999	其他冷冻猪肉	110 600	1 925 653	6	0	20
1601002	猪肠衣	47 921	388 926	12	0	15
02032201	冷冻前后腿	47 091	201 550	23	0	20

资料来源：Profiles and Effects of Retaliatory Tariffs on U. S. Agricultural Exports，CRS report。

表 4　欧盟对美国关税报复涉及的前 10 位美国出口农产品

单位：千美元、%

HS 编码	产品	2017 年对欧盟出口值	2017 年美国出口值	对欧盟出口占美国出口值的比例	优惠关税	新关税税率
22083082 22083088	威士忌（不含波旁）	512 950	768 724	67	0	25
22083011 22083019	波旁威士忌	154 192	361 602	43	0	25
10059000	饲料玉米	113 159	9 118 803	1	0	25
07133390	芸豆	97 680	219 751	44	0	25
20098100	蔓越莓汁	41 051	63 314	65	14～34	39～59
10063000	大米（糙米）	39 002	1 108 495	4	0	25
20081110	花生酱	26 121	140 341	19	13	38
19041030	谷物制作食品	10 989	481 895	2	5	30
20019030	用醋制作的甜玉米	3 676	74 238	5	5	30
20058000	非用醋制作的甜玉米	3 534	109 693	3	5	30

资料来源：Profiles and Effects of Retaliatory Tariffs on U. S. Agricultural Exports，CRS report。

表 5　土耳其对美国关税报复涉及的前 10 位美国出口农产品

单位：千美元、%

HS 编码	产品	2017 年对土耳其出口值	2017 年美国出口值	对土耳其出口占美国出口值的比例	优惠关税	新关税税率
08023100	带壳核桃	115 456	511 175	23	15	20
08025100	带壳开心果	23 094	1 352 234	2	43	48
21069066	食品制剂	19 225	3 247 180	1	9	19
24012080	烟叶（白勒烟）	16 584	121 636	14	25	50
24012080	烟叶（烤烟）	14 019	558 125	3	25	50
22083090	威士忌（不含波旁）	13 668	768 724	2	0	40
08025200	开心果（去壳）	11 285	65 254	17	43	48
10063090	大米（中粒型、碾米）	10 665	481 961	2	15	35
08023200	去壳核桃	9 735	858 435	1	15	20
10061000	大米（稻谷）	9 493	433 089	2	5	25

资料来源：Profiles and Effects of Retaliatory Tariffs on U. S. Agricultural Exports，CRS report。

表 6　印度对美国关税报复涉及的美国出口农产品

单位：千美元、%

HS 编码	产品	2017 年对印度出口值	2017 年美国出口值	对印度出口占美国出口值的比例	优惠关税	新关税税率
08021100	带壳杏仁	583 868	1 079 181	54	35 印度卢比/千克	42 印度卢比/千克
08081000	苹果	96 798	969 499	10	50	75
08021200	去壳杏仁	74 331	3 262 286	2	100 印度卢比/千克	120 印度卢比/千克
08023100	带壳核桃	58 627	511 175	11	100	120
07132000	鹰嘴豆	27 110	168 972	16	60	70
07134000	干小扁豆	16 169	218 307	7	30	40

资料来源：Profiles and Effects of Retaliatory Tariffs on U. S. Agricultural Exports，CRS report。

美国农业部的研究报告显示，各国的报复措施涉及的产品相当于 2017 年美国生产的 27%的大豆、14%的猪肉、12%的棉花、50%的高粱、2%的牛奶和 3%的小麦[①]。

比较各国的报复措施，中国采取的措施涉及的农产品范围大、金额多，加征的幅度相对较高。

对比中美各自采取的措施，也可以看到中方措施中农产品品种多、加征关税率高、高关税比重大的特点。美国对中国制裁措施中，只有 9 月的清单（2 000亿美元）中涉及从中国进口农产品，美方清单中的农产品涵盖了美国从中国进口农产品的 75.3%[②]，初始加征税率为 10%，2019 年起将提高到 25%。而中方 6 份反制清单中，涉及从美国进口农产品 213.9 亿美元，占从美国农产品总进口 245.9 亿美元的 86.8%[③]。

① USDA 资料。

②③ 作者根据 2017 年美国进口数据和美方清单计算。美方清单为 HS 八位代码，进口数据为六位代码或四位代码数据，计算结果存在误差。

四、贸易摩擦对美国农产品贸易和农业生产的影响

从贸易摩擦的影响来看，目前对美国农业的影响主要是短期冲击，典型表现为贸易额的相对下降、个别产品的贸易量下滑、价格下跌和贸易转移现象。从月度数据来看，美国农产品出口额相对下滑的趋势已经显现。美国10月的出口额比9月尽管有所增加，但为2013年以来同期出口额的最低值。至于对华农产品出口额，则呈逐月下降态势。

1. 个别品种出口额下降

美国大豆出口数量下滑。2017年10月至2018年8月底，美国大豆出口5 347.9万吨，同比减少173.2万吨，下降3.2%；其中对华出口2 532.7万吨，同比减少826万吨，下降24.6%。美国猪肉出口数量也一度下滑。但据美国农业部数据，2018年1—9月美国出口大豆3 165.96万吨，比上年同期的3 016.5万吨增加5%；其中对华出口792.8万吨，比上年同期的1 426.6万吨降低了44.4%，大幅减少出现在10月以后。美国猪肉及制品2018年1—9月出口为181.3万吨，比上年同期的179.4万吨增长1.06%。由此可见，美国1—9月出口并没有明显减少。

2. 价格反应相对敏感

从美国大豆价格大幅跳水可以看到贸易摩擦的明显影响，大豆期货价格下降了20%[①]，美国农业部预测有可能进一步走低[②]，甚至低于生产成本。除大豆之外，猪肉、高粱、牛奶、水果和坚果等产品的价格也出现一时性不同程度的下降。

但应该指出的是，这种价格变动是多种因素叠加的结果。以大豆为例，美国2018年大豆播种顺利，风调雨顺，长势良好，丰收在望。这增强了价格下滑趋势的预期。美国农业部资料显示，5月预期和9月预期相比，农场价格大豆下降18%、高粱下降8%、玉米下降8%，小麦上涨2%，棉花上涨15%[③]。

3. 贸易转移效应开始发生作用

以大豆为例，在美国大豆出口价格下滑、巴西大豆价格坚挺等多种因素影响下，部分国家的大豆采购从巴西转向美国，部分填补了中国减少采购而形成

---

① 2018年3月初，美国大豆期货价格曾达到阶段高点1 076.4美分/蒲式耳，目前价格为858美分/蒲式耳水平（10月12日），下跌20%。

② 美国农业部预测2018—2019年的大豆价格处在7.35～9.85美元/蒲式耳。

③ 美国农业部《世界农业供需预测报告》（WASDE），2018年5月10日和2018年9月12日报告。

的库存，缓解了美国豆农的困境。2018 年 1—9 月，美国向中国出口同比减少 633.7 万吨，而向墨西哥出口同比增加 42.5 万吨、荷兰 92.3 万吨、埃及 164.2 万吨、中国台湾 63.9 万吨、巴基斯坦 66.1 万吨、越南 41.2 万吨、伊朗 41.8 万吨、阿根廷 44.5 万吨。另据美国农业部的销售报告数据，2018 年 9 月至 12 月 13 日，美国大豆累计出口 1 541 万吨，比上年同期的 2 584 万吨下降超过 1 000 万吨；同期对华出口 34 万吨，比上年同期下降 1 760 万吨。尽管美国对欧盟、埃及、伊朗等国出口增加，但难以抵消中国反制措施的影响。

4. 对美国农场主收入的影响在秋季开始明显显现

2018 年秋季收获后农场大豆出售价格明显低于上年。美国农业部估计 2018 年收获的大豆价格在 8.5～7.3 美元/蒲式耳[①]的价格区间。据分析，2018 年秋天开始的下一年度中，美国豆农损失可能达到 30 亿美元（普渡大学估计）。特朗普政府虽出台了补贴政策，但由于美国无法开辟一个新的 3 000 万吨级的大豆海外市场需求，美国大豆库存增加在所难免，美国农业部预测 2019 年 9 月初的美国大豆库存水平将会超过 2 000 万吨，这将导致 2019 年的生产调整（大豆种植面积减少），而农场主最不愿意的是丢失世界最大的消费市场。

在贸易摩擦常态化的情况下，对美国农产品出口的潜在影响将进一步显示，对产出、就业的影响也将显现。据美国农业部最新预测，2019 财年的美国农产品出口额将比 2018 财年的 1 434 亿美元下降 18 亿美元，这主要源于关税报复带来的大豆出口减少和世界需求放缓引起的棉花出口的下降。普渡大学对美墨加协议（USMCA）效果分析研究表明，为适应关税报复措施的市场调整将使得美国农业出口额减少 80 亿美元。根据 GTAP 模型进行的分析（普渡大学）表明，报复措施导致的出口额的下降将导致农地价格的下降和 45 000 人（农场主、牧场主、加工业从业人员）失业；大豆出口潜在下降 21%，农地价格下降 18%[②]。农产品对产出和就业的一般影响见表 7。

表 7　美国农产品出口减少对产出和就业的影响

商品	就业人数/每出口 10 亿美元	产出系数（产出/出口）
所有农产品	8 010	2.811 6
大豆	9 558	2.17

① 蒲式耳为非法定容量计量单位，用其称量不同农产品时，可因容重不同而产生差异。1 蒲式耳大豆等于 27.2 千克。

② Chepeliev et al.，“How U. S. Agriculture Will Fare Under the USMCA and Retaliatory Tariffs.”

（续）

商品	就业人数/每出口10亿美元	产出系数（产出/出口）
其他油籽	13 344	2.17
小麦	10 214	2.88
水稻	10 828	2.88
玉米	7 885	3.06
其他谷物	40 816	3.06
蔬菜和瓜	6 600	1.71
水果	2 056	2.11
坚果	29 621	2.11
温室和花卉	11 021	1.87
烟草	29 001	1.86
棉花	7 271	1.86
甘蔗和甜菜	14 029	2.2
其他作物	33 973	2.04
奶牛和牛奶	17 954	2.45
肉牛	8 058	3
家禽和蛋	12 768	3.3
其他饲养业	11 885	1.8
林业	1 613	2.03
渔业	27 690	1.82
猫狗食品	3 332	3.23
其他动物饲料	3 496	3.64
制粉和麦芽	3 668	3.47
湿法玉米加工	1 816	3.05
脂肪精炼	1 290	3.87
大豆和其他油籽加工	1 662	3.27
早餐谷物	3 227	2.58
制糖业	6 274	2.98
冷冻食品	9 083	3.35
蔬菜水果罐头	6 386	3.16

（续）

商品	就业人数/每出口10亿美元	产出系数（产出/出口）
奶酪	3 392	3.34
奶粉	2 855	3.27
液体奶和黄油	4 606	3.18
冰激凌和甜点	5 521	3.08
禽肉加工	13 795	3.72
家畜屠宰加工	6 418	3.56
面包焙烤	10 287	2.86
饼干通心粉	8 014	3.01
小吃点心	3 930	2.76
咖啡和茶	4 199	2.93
风味糖浆和浓缩糖浆	2 087	2.43
调味品和沙拉酱	5 807	3.18
其他食品	7 780	3.1
软饮料	5 858	3.19
酿酒	2 199	2.64
葡萄酒业	5 816	2.67
香烟制造	487	1.68

数据来源：USDA ERS。

五、美国农业利益集团的反应与特朗普政府的救济措施

（一）农民和农业利益集团

美国农业收入的20%来自农产品出口，美国农民和牧场主都对维持和扩大出口市场感兴趣。各国的反制措施自然而然引发了农业利益集团的反响。

相关利益集团不仅担心出口销售的直接损失，更忧虑失去市场进入的可能性，长远来看失去市场份额。因为随着时间的推移，进口方可能会找到替代供应商，就像中国为大豆所做的那样。而使这一问题变得更加复杂的是那些报复美国的国家正在讨论的新贸易协议，如欧盟—加拿大自由贸易协定（FTA）于2017年生效，欧盟已与墨西哥签署自由贸易协定。墨西哥和加拿大是跨太平洋伙伴关系全面和进步协定的签署国，如果该自由贸易协定生效，墨西哥和

加拿大将扩大其他 9 个环太平洋地区市场的准入。这意味着美国农产品出口可能面临墨西哥和加拿大的激烈竞争。

美国大豆协会曾向美国贸易代表办公室就对导致中国对大豆采取报复措施的关税升级表示“极度失望”。美国“全国养猪业生产者委员会”（NPPC）指出，报复性关税“威胁了数千名美国养猪户的生计”。美国乳业出口委员会警告称，中国和墨西哥实施的报复性关税可能导致美国乳制品生产商损失数十亿美元。由前参议员马克斯•鲍卡斯和理查德•卢格领导的自由贸易农民联盟，倡导自由贸易并反对影响农民、牧场主和农村社区的关税，在全国主要舆论市场上，通过纸媒、广播和电视广告，表达了对政府贸易政策的不满及其对美国农业可能带来的潜在经济影响的担忧。

（二）国会

由于农产品遭受到一些重要贸易伙伴的报复性关税，美国国会也有所动作。在第 115 届国会的众议院和参议院议案中，有若干为受报复性关税影响的农民提供更多的出口促进资金和额外的调整援助，但这些议案都没有通过。包括：参议院 3258 号议案（Heitkamp）和众议院 6483 号议案（Blunt/Rochester）提出为因报复性关税导致出口减少而受到不利影响的农民提供贸易调整援助；参议院 3407 号议案（Heitkamp）和众议院 6699 号议案（Bustos）要求将作为美国进口的第 232 条或第 301 条关税的一部分收取的任何关税提供给外国市场开发计划，市场准入计划和技术协助特种作物计划。

美国农民和牧场主希望重新获得或扩大现有市场并建立新市场，国会议员可考虑通过其监督活动与政府合作，以确定有助于在国内和出口市场进一步销售农产品的行动，并长期加强美国食品和农业利益的经济活力。一些农业产业利益相关者则希望减少美国贸易政策行为的不确定性，并且不使美国作为贸易伙伴的可靠性受到质疑。

（三）特朗普政府的救济措施

7 月 25 日，特朗普宣布授权美国农业部根据《商品信贷公司宪章法》向美国农业中心地区提供高达 120 亿美元的援助。该计划包括三个部分，营销促进计划（Marketing Facilitation Program，MFP）：将为大豆、高粱、玉米、小麦、棉花、乳制品和生猪生产者提供直接现金援助；食品采购和分销计划：将授权购买多余的受影响商品，如水果、坚果、大米、豆类、牛肉、猪肉和牛奶，以便分发给食品银行和其他营养计划；市场推广计划：将代表农业生产者与私营部门共同开发新的出口市场，加强海外市场营销，增加海外销售办事处和展览会的支出。

1. 营销促进计划

为帮助国内农民渡过难关而出台的补贴，援引罗斯福新政时代时期制定的农业调整法。根据该法设置的商品信贷公司（CCC）隶属于美国农业部，是美国现代“常平仓”机构之一，它通过执行“农产品计划”为农民提供价格支持和收入保护。CCC 最多可以向美国财政部借款 300 亿美元实施相关项目，项目安排无须得到国会的批准。

9 月出台的补贴政策，将临时救济措施分两步实施，时间分别为 9 月和 12 月。支付标准和采购品种与数量，根据利用 GSIM 模型计算出的贸易损失而确定①，计算方式公开。

9 月的补贴对象确定为棉花、玉米、牛奶、猪肉、大豆、高粱和小麦产量的 50%，初期直接支付标准为棉花 0.06 美元/磅②、玉米 0.01 美元/蒲式耳③、牛奶 0.12 美元/100 磅、猪 8 美元/头、大豆 1.65 美元/蒲式耳、高粱 0.86 美元/蒲式耳、小麦 0.14 美元/蒲式耳，初期支付金额共 46.96 亿美元。对象商品后追加了脱壳大杏仁（巴旦木果仁）和新鲜甜樱桃（表 8）。

表 8　贸易救济直接补贴对象、补贴水平和预期补贴金额

商品	补贴水平（美元）	支付商品（单位）	补贴对象	预期最初支付（百万美元）
大豆	1.65	蒲式耳	2018 年收获作物	3 629.7
猪肉	8.00	头	2018 年 7 月 15 日至 8 月 15 日在栏数	290.3
棉花	0.06	磅	2018 年收获作物	276.9
高粱	0.86	蒲式耳	2018 年收获作物	156.8
乳制品（牛奶）	0.12	100 磅	历史上 MPP 乳业生产	127.4
小麦	0.14	蒲式耳	2018 年收获作物	119.2
玉米	0.01	蒲式耳	2018 年收获作物	96.0
新鲜甜樱桃	0.03	磅	2018 年收获作物	未知
脱壳大杏仁	0.16	磅	2018 年收获作物	未知
合计				4 696.3

资料来源：USDA。

① USDA，Office of the Chief Economist，Trade Damage Estimation for the Market Facilitation Program and Food Purchase and Distribution Program，September 13，2018。

② 磅为非法定计量单位，1 磅等于 453 克。

③ 1 蒲式耳玉米和高粱均等于 25.4 千克，1 蒲式耳小麦等于 27.2 千克。

直接补贴的对象为玉米、棉花、大豆、高粱、小麦、乳制品、生猪、新鲜甜樱桃和脱壳大杏仁的生产者，申请者 2014—2016 年的平均纳税调整收入不超过每年 90 万美元，遵守《高度易腐蚀的土地和湿地保护条例》的规定，通常称为《保护合规条款》。

补贴支付设有上限，共设有 3 个独立的支付限额，作物（玉米，棉花，高粱，大豆和小麦）的补贴限额为每人或每个法人实体合计 125 000 美元；牲畜（乳制品和生猪）的补贴上限合计为 125 000 美元，特种作物（新鲜甜樱桃和脱壳大杏仁）的补贴合计上限为 12.5 万美元。MFP 支付不计入其他 2014 年农业法案支付限制。因为没有适当的标准来计算 2014 年农业法案的收入支持计划（例如 ARC 和 PLC）所涵盖的损失可能会被 MFP 涵盖。

2. 食品采购计划

食品采购计划含有对苹果、杏子、牛肉、蓝莓、蔓越莓、乳制品、无花果、柚子、葡萄、榛子、芸豆、柠檬/酸橙、小扁豆、夏威夷火山果、白芸豆、橙子（新鲜）、橙汁、花生酱、梨、豌豆、核桃、开心果、李子/梅子、猪肉、土豆、大米、草莓、甜玉米、美洲山核桃等的采购，金额 12.388 亿美元。追加新鲜甜樱桃和脱壳大杏仁（巴旦木果仁）1.748 亿美元。

3. 市场推广计划

市场推广计划金额为 2 亿美元。目前采取的补贴措施只是临时救济措施，难以持久。贸易摩擦长期化情况下，特朗普政府将谋求新的补贴方式。美国政策工具箱中尚还有一些可供利用的工具，如农业调整法第 32 条款①。美国关税收入大幅增加，农业部就可得到更多的裁量资金来实施补贴政策，支持农产品出口，增加农民收入②。

补贴措施应该属于"黄箱"政策的范畴。由于 2010 年后美国"黄箱"补贴年平均数为 49 亿美元，即使加上 120 亿美元，尚未达到 191 亿美元的上限。更何况补贴分布在两个不同的日历年度中。但如果价格进一步下跌，需要进一步加大补贴力度的话，存在着突破"黄箱"上限的可能性。

根据 CCC 宪章，农业信贷公司最多可以向美国财政部借款 300 亿美元，

---

① 美国农业调整法（修改后）第 32 条款（1935 年 8 月 24 日 P. L. 74－320，修正案；7U. S. C. 612c）含有"永久性"拨款内容，该款规定美国历年关税收入的 30%将通过购买美国剩余农产品和其他活动支持美国农业。款项主要使用于美国农业部（USDA）的儿童营养账户和商务部的渔业活动，其余剩余资金的使用，通过 AMS（农业市场服务司），美国农业部长拥有广泛的自由裁量权。第 32 款规定的资金用途：a. 鼓励通过生产者支付或其他方式出口农产品；b. 鼓励国内农产品消费，从正常渠道转移盈余或增加低收入群体的使用；c. 重建农民购买力。

② 8 月的 CRS 报告显示 232 条款调查对铝钢产品的关税加征已经达 14 亿美元。

但需要偿还。目前离 300 亿美元上限尚有空间，还不至于困扰特朗普政府，但借款的偿还问题肯定会困扰本届乃至下届国会。

由于救济措施为临时措施，基本不存在纳入 2018 年美国农业法的可能性。美国农业部部长也一直对救济措施明年是否会延长持否定态度。2018 年 12 月通过的 2018 年农业改善法证实了作者在中期报告中的判断。

六、多管齐下，营造有利出口环境

值得注意的是特朗普政府正积极推进与其他国家的贸易谈判，形成对美有利的国际农产品贸易环境。USMCA 和美国与欧盟的谈判成果都会进一步扩大美国农产品的海外市场，疏解目前的贸易摩擦压力。

美国与欧盟的贸易谈判中，欧盟承诺积极购入美国大豆。欧盟进口大豆数量仅次于中国，近 3 年平均每年进口 1 419 万吨，35%进口来自美国（平均 502 万吨），38%来自巴西（平均 544 万吨），7.7%来自阿根廷（平均 109 万吨）。根据美国农业部发表的数据，欧盟采购美国大豆数量有望增加一倍。欧盟增加对美国大豆的采购，有利于美国降低对豆农和相关企业的市场压力，但美国要求欧盟农业市场准入放宽的要求估计将会遇到抵抗。

美国与韩国的贸易谈判已基本完成，预计韩国也会加大从美国的采购。

美国与墨西哥、加拿大的贸易协定尚待批准，相关成果已经公布。美国贸易代表在有关说明中强调该协议使美国农民、农场主和农业企业受益，协议取得的重要改进将使粮食和农业更公平地进行贸易，并扩大美国农产品的出口。

该协议将扩大美国食品和农产品的市场准入：美国的奶农有新的出口机会将乳制品销往加拿大。加拿大将为美国产品提供新的销售途径，包括液态奶、奶油、黄油、脱脂奶粉、奶酪和其他乳制品，还将取消对乳清和人造黄油的关税。对于家禽来说，加拿大将为美国鸡肉和鸡蛋提供新的通道，并增加其获取火鸡的机会。根据协议，美国和墨西哥之间交易的农产品的所有其他关税将保持为零。

协议规定加拿大等级为第 6 类和第 7 类的牛奶价格将被消除，这将有利于美国生产商扩大海外销售，抵制加拿大的廉价产品。通过改变价格体系来扩大市场，这一协议可以说开了先河。

协议各方还做出了重大承诺，减少贸易扭曲政策，提高透明度，确保农产品标准的非歧视性待遇。在北美自由贸易协定的基础上，美国、墨西哥和加拿大同意在其他论坛上就农业问题开展合作，提高透明度，并就影响各国贸易的事项进行磋商。美国、墨西哥和加拿大同意若干条款，以减少贸易扭曲政策的使用，包括：①不对出口到对方市场的产品使用出口补贴或世界贸易组织（WTO）特殊农业保障措施。②改善承诺，增加透明度，并就粮食安全为目的使用的出口限制进行协商。③如果支持生产者，则考虑使用具有极小或没有贸易扭曲或生产影响的国内支持措施，并确保国内支持计划的透明度。④加拿大和美国还同意制定强有力的规则，以确保公平和透明地管理关税配额，以确保贸易商充分利用它们的能力。

在《卫生与植物检疫措施》协议（SPS）章节中，协议各方同意加强科学的卫生和植物检疫措施规则，同时确保缔约方保持其保护人类、动物和植物生命或健康的主权。规定包括提高 SPS 措施的制定和实施的透明度；推进以科学为基础的决策；改进认证，区域化和等效性决定的过程；进行基于系统的审计；提高进口检查的透明度；并共同努力提高措施的兼容性。新协议将建立一个新的技术磋商机制，以解决双方之间的问题。

有关地理标志新纪律，缔约方同意提供承认新地理标识的必要的程序保障，包括提供强有力保护标准，防止新标识的使用有碍美国生产者使用通用名称，并建立缔约方之间有关未来地理标志国际协议的磋商机制。缔约方就专有食品配方的新保护措施达成协议：为了满足与预包装食品和食品添加剂相关的技术法规和标准，政府可能要求公司提供有关公司专有配方的信息。美国、墨西哥和加拿大就专有食品配方的附件要求各缔约方以同样的方式保护此类信息对国内和进口产品的机密性，它还将此类信息要求限制在实现合法目标所必需的范围内。

协议还就农业生物技术的标准、小麦和其他农产品质量要求的公平待遇等达成了协议。

USMCA 是特朗普上台后首次达成的一个广泛性自贸区协定，是对北美自由贸易协定（NAFATA）的一个矫正，美国优先的主张无疑贯穿其中，但也应该认识到成长起来的墨西哥和加拿大应该履行更多的义务。USMCA 的达成也充分展示了特朗普政府重塑国际经济和贸易新规则的图谋和能力。

七、中美首脑阿根廷会晤后的态势

2018 年 12 月 1 日，中美首脑在阿根廷布宜诺斯艾利斯举行了会晤，会晤达成的内容包括暂停中美贸易摩擦升级，中美休战 90 天，为谈判达成协议营造良好氛围。中国开始恢复大豆进口，但目前进口数量仅仅停留在象征意义上。

在贸易摩擦持续的状态下，2018 年 12 月 17 日美国农业部宣布根据总统的指示，启动第二轮支付，并将在尽可能短的时间内完成支付，以解决农场主的现金流问题。

最近公布的 2018 年中国贸易数据特别是大豆进口数据显示中国进口受到的影响在可控范围内。2018 年中国大豆进口 8 803 万吨，同比减少 7.9%，为 2011 年以来首次同比负增长，主要是受中美贸易摩擦的影响，进口多元化趋势明显。2018 年中国进口美国大豆 1 664 万吨，比 2017 年的 3 290 万吨减少了近一半，中国进口巴西大豆创出新高，达到 6 608 万吨，同比增加 30%。另外，从乌拉圭、加拿大、俄罗斯进口大豆同比也大幅增加。

八、关于中美贸易摩擦的几点认识

当前中美农产品贸易中出现的状况是从中美贸易其他产品摩擦或措施应对衍生而来，它只是整个贸易摩擦的一部分，农产品只是博弈的筹码。由于此次博弈涉及到中美贸易的主要产品（大豆、猪肉），关系到各自国内农业农村经济的发展，相关博弈构成了贸易摩擦的重要战场。

就中美双方的农产品关税博弈而言，双方底牌基本出尽。中方关税清单中，先后列入鲜水果、干水果和坚果制品、葡萄酒、改性乙醇、花旗参、猪肉及制品、大豆、玉米、小麦、高粱、DDGS、棉花、烟草、牛肉、果汁、水产品等，主要产品可以说一网打尽。美国 9 月首次将农产品列入公布的对华增加关税清单中，中国对美国农产品出口的主要商品均列入其中。但就运用空间而言，美国目前保留的选择性余地还大一些；尚有更多的品目可以加征关税，加征税率也可以进一步提高（从 10%提高到 25%）。由于中方留下的运用空间不大，需提前谋划诸如非关税手段的运用。

贸易摩擦是一把双刃剑。相对于美国农业所受影响，中国农业所受影响刚刚起步。由于初始税率低于部分农产品在国际市场上的波动幅度、美国食品进口商一时难以寻觅到替代进口国等因素，中国对美食品出口年内预计将会呈逐步减少趋势，全年出口美国贸易数据不至于大幅下降，但明年则可能发生大幅减少。对于中国农业生产、农民收入、就业的影响则会逐步显现，趋向扩大和增加。中国对美出口产品主要是劳动密集型产品，在美国加征关税长期化的情况下，对中国农业的影响必然会从贸易逐步扩大到生产、消费、收入和就业。尤其对国内就业产生影响和冲击，必须未雨绸缪，提前布局。对此，相关部门应该积极应对，努力开辟其他国家市场，增加国内销售；针对具体品种，发布相关信息，促成生产调整；在出现较大变化的情况下，出台救济补贴政策。

中国对从美国进口农产品加征关税从 2018 年 4 月份开始，以后逐步扩大，对美国农业的短期影响已经显现，长期影响则刚刚开始。在贸易摩擦长期化的情况下，美国种植格局预计会出现较大的调整，如减少大豆种植，增加玉米种植。而世界其他主要大豆生产国如巴西、阿根廷、俄罗斯、乌克兰等国将增加大豆种植和出口，世界大豆生产和贸易格局由此将会重组。

贸易摩擦尚在进行之中，中国也应该积极总结经验教训。中国大豆对进口依赖程度大，进口来源集中，欠缺世界性布局，长期受制于人。

对此，应积极反思。有必要认真探讨粮食安全状况及相关政策，稳定国内供给。根据不同产品的状况，确定合理库存。推动进口来源的多样化和稳定化。推动国内饲料多样化种植，确保饲料供给安全。

至于一些学者和媒体对巴西和阿根廷进口美国大豆后加工出口的担忧，目前的数据尚不能支持已经发生这样的大规模行动。

日本农业经营主体变迁对中国的启示

近年来，在工业化和城镇化进程中，日本农业农村面临离岛和丘陵山区的人口稀疏化、部分耕地荒废等问题，甚至出现农村资源环境保护乏力、乡村人口流失和乡村文化传承危机。为解决上述问题，日本开启乡村振兴运动，从微观层面改革农业经营组织形式，实现了生产和销售从以农协、个体为主体的格局逐步向地产地销、乡村企业、连锁超市、村落营农、新兴业态为主体的格局转变。其中，村落营农（日语：集落营农）是近年来政策扶持的主要经营主体之一，也是发展最为迅速、功能全面多样、组织效果最好的农业经营组织模式。

当前，中国农业和农村发展面临严峻挑战。农村空心化、农业副业化、农民老龄化、农户兼业化、耕地细碎化和生产非粮化等困境集中显现，农业生产“后继无人”危机也有所出现。解决这些问题的关键在于培育农业经营主体。本报告试图梳理和总结日本农业经营主体中“村落营农”这种新模式的基本特征，并通过与中国的新型农业经营模式“农业共营制”的对比分析，提出有针对性的经验启示。

一、日本“村落营农”的基本特征

日本农业经营方式主要包括家庭经营和组织经营，其中公司经营和村落营农是两种重要的组织经营模式。村落营农以单个农业村落或多个村落为单位，村落内多个分散农户共同认可并自愿达成协议，在农业生产过程中的全部或部分环节开展合作进行农业生产。村落营农的核心理念是促进农户在农业生产等方面的合作互助、风险共担和利益共享。近年来，村落营农在日本发展迅速，而且日益成为日本农业经营主体的重要组织形式之一。

（一）发展趋势

（1）农业组织经营主体中的村落营农发展迅速。由于村落营农经营功能全面，核心理念是合作互助、风险共担和利益共享，对农户有较强的吸引力，近年来以绝对数目迅速增加，村落营农经营的耕地面积也逐步扩大。根据日本农林水产省的农业普查和实地调查数据，日本村落营农数量从 2005 年的 10 063

个上升到2018年的15 111个，增幅近50%。2005年村落营农经营的耕地面积25.4万公顷，占农业经营体耕地总面积的6.9%；2015年，耕地面积已达37.6万公顷，占比升至10.9%。但从数量上看，2015年家庭经营主体仍占日本农业经营主体总数的84.5%。

（2）村落营农的公司法人化和规模化是发展趋势。日本公司法人型的村落营农数量从2005年的646个增至2018年的5 106个，在村落营农总数中的占比也从2005年的6.4%增至2018年的33.8%。其原因一方面在于村落营农在维系地缘与亲缘关系上具有明显优势，另一方面在公司法人化以后可获得财政、金融、土地制度政策等的大力支持，这更有利于其扩大组织规模、开展土地规模化经营。据统计，包含2个或2个以上村落的村落营农组织占比达到了32.3%。同时，在公司法人型的村落营农组织中，经营10公顷以上土地的组织数占比达到了89.3%；而非公司法人型的村落营农组织群体中，该比重仅为64.1%。

（二）组织形态

根据土地经营权的归属情况、农机设施的所有权及使用权的归属情况、农作物是否统一销售以及专业化分工的深化程度，村落营农大致可以分为共同利用型、农作业托管型、村落农场型3种组织形态。

（1）共同利用型是初级村落营农组织，分工程度最低，组织化程度最为松散，但可基本形成土地集中。农业机械设备的所有权和使用权归村落内农户共同拥有，土地经营权归各家庭经营主体各自所有，农户自行销售农作物，独立开展农业作业。若参与者不具备操作相关农机的能力，成员中有能力者将被委托以操作手的身份为其代理农作业。

（2）农作业托管型是中级村落营农组织，分工更加专业化，组织化程度较高，基本可形成土地外包服务体系。在村落内部成立农业机械操作小组，该小组以专业农户为主，兼聘部分有余力的兼业农户，接受集落内部其他农户的委托进行相关农业机械作业。机械设备所有权属于营农组织或者农业机械操作小组，农户自行销售农作物，进行辅助型作业。

（3）村落农场型是高级村落营农组织，分工完全专业化，组织化程度最高，该类型最为成熟，已基本形成公司形式，有些营农组织还不断从土地利用型和劳动集约型两方面扩大农场经营规模。村落内的农户依据签署的协议或契约，按照各自的能力进行分工协作，共同经营整个村落的土地，统一销售农作物，还设有财务、营销、机械维护等管理部门，最后按组员的土地持有份额和劳动参与时间等协议分配收益。

（三）功能作用

村落营农之所以能够在日本乡村振兴中发挥“催化剂”的作用，并且由“辅助型”组织经营体逐渐演变成现代核心组织经营体，这与其兼具经济功能和社会综合功能的特征密切相关。

（1）资源利用和经济功能。村落营农经营可以将村落的土地集中起来，避免土地撂荒，从而形成耕地的规模经营，提高了农业生产效率；也可以通过有效利用村落内农业机械设备，节省时间和资本投入，降低农业生产成本；还可以通过营农组织内专业化分工的深化，节约劳动时间，提高工作效率，增加成员收入；公司化的组织形态也能够吸收更多成员、雇佣更多劳动力，拓展农业生产空间，实施农业集约经营，发展农产品供应、加工、运输和销售全产业链模式，创新乡村旅游方式，增加就业和实现六次产业（1＋2＋3 或 1×2×3）的产业融合式发展。

（2）村落营农在经济营收功能之外还具备社会综合功能。村落营农经营方式可以保持村庄的机能、激发村庄的活力，有效地将村落中的专业农户、兼业农户、老年人、妇女等人群组织起来，有利于照顾老人、儿童教育、村容美化、城乡交流、文化传承以及资源环境保护等，这符合现代农业农村发展的基本要求。

（四）制度保障

村落营农的快速发展更是离不开日本政府的政策支撑，这些法律法规在不同的历史阶段展现出不同的侧重点，主要有 3 种具体保障形式：概念保障、资金保障和法人化推进。

（1）概念保障。1989 年《农业白皮书》首次提出“村落营农”的概念，表示积极支持村落营农型的生产组织，1992 年《新粮食、农业、农村政策的基本方向》将村落营农组织确定为“组织经营体”的一种，推进土地向该类经营体集中。1999 年《食物·农业·农村基本法》（《新农业法》）进一步以法律形式明确提出将村落营农定位为日本农业生产的基本主体。

（2）资金保障。进入 21 世纪以来，2002 年《大米政策改革大纲》提出支持村落营农组织等根据市场需求自主制定大米生产计划。2007 年《非特定产品经营所得安定政策》更进一步重点支持村落营农组织，并把村落营农认定为农业规模经营方式之一，可以享受政府的收入直接补贴政策。2012 年《农业经营者户别所得补偿制度》规定可对村落营农组织等给予旱地作物所得补偿补助金、各种奖励金等直接补贴。

（3）法人化推进。2005年第二次发布《食物·农业·农村基本计划》，提出了加快推进村落营农组织法人化进程，2009年修订《农地法》，促进土地利用权自由化从而加速村落营农的法人化，2015年《食物·农业·农村基本计划》和2018年修订的《强化促进农业经营基础的法律》也都主要支持村落营农等农业经营主体的法人化经营。

总体来看，村落营农经营是近年来日本新型经营主体的重要代表，在其乡村振兴和实现农业农村现代化的道路上发挥了重要作用。

二、中国“农业共营制”的基本特征

当前，中国正在实施乡村振兴战略中大力推动和发展农业新型经营主体，不断创新农业经营体系和制度，以实现产业兴旺、生态宜居、乡风文明、治理有效、生活富裕，达到农业强、农村美、农民富。在各类不断涌现的新型经营主体和组织模式中，农业共营制与日本的村落营农有相似之处，也有不同点。本部分重点梳理农业共营制的组织形态及成因、功能作用、缺陷不足以及和村落营农的异同。

（一）组织形态及成因

为了解决未来中国农业的“谁来经营”“谁来种地”“谁来服务”以及“规模经营”“两头兼业难”等现实矛盾，四川省成都市崇州市最先实行“土地股份合作社＋农业职业经理人＋农业社会化服务”三位一体的新型农业经营模式，称为“农业共营制”。借鉴四川崇州的经验，辽宁省大连市于2017年也开始推行“农业共营制”。根据农业共营制的产生原因、产生时间、地域范围和主要特点将其分为两种主要的组织形态：西南模式和东北模式。

一是西南模式。该模式起源于四川省成都市，产生于2011年，前期探索成本较高，发展时间相对较长，存在多村交叉联合的现象，已经启动和金融机构的合作，建立了比较成熟的职业经理人选拔和培训体系，而且符合政府政策推动方向和农民的诉求，是大环境和小气候共同作用的结果。西南模式的产生原因主要是“困境倒逼＋政府推动＋顺其自然”的三位一体。其中，“困境倒逼”指在鼓励土地流转的探索过程中，租赁土地企业的经营失败导致了其欲退回农民的几千亩土地但农民不愿收回被退土地的矛盾困境；“政府推动”指当地政府为解决困境而继续进行新型的农业经营方式探索，发现依托村级土地股份合作社进行土地集中管理的模式切实可行，并开始长期扶持和推广；“顺其自然”指农民在土地综合整理项目的推动下，搬进统一修建的现代化小区从而置换出大量的耕地，为土地集中规模经营的开展奠定了基础。三者的有机结合催生了西南模式农业共营制的产生和发展。

二是东北模式。该模式起源于辽宁省大连市，产生于2017年，前期探索成本较低，发展时间相对较短，都是在一个村落内开展，合作社的资金压力较大，没有和金融机构开展合作。没有完善的农业职业经理人选拔和培训体系，主要由村支书担任农业职业经理人，没有完全与当地农民的思想观念相结合。东北模式的产生原因主要是“经验借鉴＋政府推动”的两核驱动。大连市政府正是在了解和学习成都发展农业共营制的经验之上，由当地农委牵头，在瓦房店、庄河和金普新区等区（县）推动大连农业共营制的试点和推广工作，可以说是西南模式的“东北化”应用。目前大连市政府给每个试点合作社20万元启动资金和10万元的抗旱资金，试图解决合作社成立初期的资金困境。

（二）功能作用

农业共营制的三大基本主体包括土地股份合作社、农业职业经理人和农业社会化服务组织，追求从三者“共营”走向多方“共赢”，实现利益的共享。

（1）土地股份合作社解决“谁来经营”“规模经营”和“两头兼业难”的难题。农民以土地承包经营权折资入股，建立土地股份合作社来统一经营农业生产，经营所得按照不同的分红形式对合作社、职业经理人和农民进行利益保障。同时，土地股份合作社还可以将土地集中起来，形成规模经营的规模效益；农民也更加省心，可以完全放手不管，进城打工创收。

（2）农业职业经理人解决“谁来种地”的难题。一方面“让专业人干专业事”，深化劳动分工，公开竞聘农业职业经理人（职业农民）进行农业生产的具体操作和管理。另一方面，搭建职业经理人的培育平台、服务团队和保障扶持平台，确保农业职业经理人无后顾之忧。

（3）农业社会化服务解决“谁来服务”的难题，提供了农资超市、农机租赁服务、农作物播种收割服务、专业技术指导和公司收购销售一体化等多种形式的农业社会化服务，进一步深化了农业生产的分工程度，为土地股份合作社和农业职业经理人开展农业生产活动“保驾护航”。

（三）缺陷与不足

不管是西南模式还是东北模式的农业共营制，都存在初期资金短缺、造血能力不足和政府强势主导等问题，如何真正将“共营”发展成“共赢”，还需要各方主体共同努力。

（1）资金短缺是最大难点，尤其是在发展初期。多家合作社在成立初期都面临资金短缺问题，解决方式不是由理事长或者职业经理人垫资，就是通过集体担保向银行贷款，从几万元到几十万元不等，首年经营不利而赔钱的合作社也不在少数。另外还存在“拆东墙来补西墙”的情况，拿着国家补贴农业烘干中心的资金投入到亏空的合作社运营投资中去，虽然中后期政府财政支持的增多逐步缓解了初期压力，但巨大的资金投入压力仍然是制约土地股份合作社发展的主要因素，特别是如果遭遇自然灾害，抵御风险能力较低的农民能否“保底”仍是个问题。

（2）自身造血能力不足，可持续发展前景堪忧。目前“农业共营制”模式下土地股份合作社存续的关键在于政府是否有补贴支持。四川省从2015年起在全省范围内开展农业补贴制度改革，将农业“三项补贴”合并为“农业支持保护补贴”，政策目标调整为支持耕地地力保护和粮食适度规模经营。其中，将原农资综合补贴的20%用于粮食适度规模经营补贴，补贴对象为主要粮食作物的适度规模生产经营者，重点向新型经营主体倾斜。土地股份合作社通过集中农户的耕地，每亩能获得300～400元不等的规模经营补贴，这一部分收入基本占合作社净利润的绝大部分。如果没有国家的规模经营补贴，土地股份合作社是不可能继续运营下去的。可见，现有模式下可持续发展能力较弱，一旦国家的农业补贴方向发生政策性变动，“共营制”不仅无法“共赢”，甚至还可能“全盘皆输”。

（3）政府的主导性强、灵活性不足。西南模式和东北模式都在当地政府的主导下产生。其中，大连市农业委员会为“农业共营制”的推广制定了专门的文件模版，各村通过学习相关文件，结合自己村的现状即可建立村级土地股份合作社，期望将西南模式在大连进行广泛的推广。但是实际情况是大连农业农村发展现状和成都市有较大差异，农业共营制在成都的成功不一定就适合大连的农业发展。目前看来，大连的几个试点村基本都存在盲目扩大土地股份合作社规模而负债累累的情况。

（四）农业共营制和村落营农的异同

中国农业共营制和日本村落营农经营存在相同点和差异性，厘清他们之间的内在联系可以为中国今后农业经营体系的发展提供指导经验。

农业共营制和村落营农的产生背景和目标基本相似，即两者都是在各自国家的农业农村发展空间受到工业化、城镇化发展的挤压且农业接班人危机刻不容缓的背景下产生的，目的都是服务于国家农业农村发展，寻找农业的“继承人”。

但二者差异也很大。一是发展历程和基本特征不同。中国农业共营制发展时间较短，成都从 2010 年开始发展，而大连是从 2017 年才开始，地缘范围主要集中在 1 个村落，在成都少有 2～3 个村落结合的情况，且都是合作社法人型。相比之下，日本村落营农经营发展时间久，1989 年就已经提出村落营农概念，地缘范围也较广，两个或两个村落数的组织占到了近 1/3，公司法人型和非公司法人型都占了很大的比重。二是发展模式和功能作用不同。从组织模式上看，农业共营制的模式比较单一，不管是西南模式还是东北模式，基本遵循“村级土地股份合作社＋农业职业经理人＋农业社会化服务”的基本构架，而村落营农经营由于经历了较长的发展时间，拥有共同利用型、农作业托管型和村落农场型这 3 种循序渐进的模式。从利益分配模式来看，农业共营制主要采取保底加二次分红的方式，分红主要按照出资额、入股额或者同合作社的交易额，而村落营农经营主要按组员的土地持有份额和劳动参与时间等协议分配收益。另外，农业共营制的功能较为单一，通过三大主体的联合，以营收为主要目标，而村落营农组织的功能多样，兼具经济营收、环保、教育、养老、文化传承等多功能性于一身。三是法律保障和政策补贴支持不同。农业共营制在法律层面没有明确的定义，而日本则以法律形式明确提出将村落营农定位为日本农业生产和经营的基本主体。同时，中国对农业共营制的补贴政策不够完备，合作社主要获得的是间接补贴，即通过集中土地规模化经营争取农业支持保护补贴中的粮食适度规模经营补贴；日本对村落营农的补贴政策则比较完备，主要依靠直接补贴，其中的《非特定产品经营所得安定政策》《农业经营者户别所得补偿制度》都具体规定村落营农组织可享受多项直接补贴。

三、启示

农业经营主体的培育和发展是中国实施乡村振兴战略、实现农业农村现代化的重要抓手，农业共营制是近年来新型经营主体的代表之一。实地调研及与日本村落营农发展对比发现，中国的农业共营制有很多优点，但也有众多“短板”。以下是几点启示。

一要从内向型走向外向型，推动农业共营制等多样化新型农业经营主体或模式向公司法人化发展。根据日本经验，由于公司法人化的组织模式能够实现分工的专业化，提高生产效率，降低生产成本，开放程度高，更容易与外部社会资本相结合从而提高农业产业链的附加值，近年来政策重点支持村落营农等组织型经营体向公司法人化转型。从村落营农的组织形态发展演变来看，也是从组织化程度低的形态逐渐向组织化程度更高的公司方向发展。中国农业共营制都是合作社法人的封闭模式，长期来看是内向型发展态势。如果想要实现该模式的成功突破，唯有变“内向”为“外向”，向公司组织形式发展。

二要稳步推动农业共营制等新型农业经营主体或模式的发展，不能盲目求快。从日本经验看，未来很长一段时间内农业经营依然是以小农户家庭经营为主。因此在制定培育新型农业经营主体政策时，要坚持小农户经营主体地位不可动摇。同时，在发展农业共营制的过程中要避免因急于求成、急于“摊大饼”获得补贴而负债较多的问题，否则有可能因发不了保底分红导致农户退股发生或合作社债务累累等问题，造成村民负债和资产流失。

三要为农业共营制等新型农业经营主体提供更强的制度保障。根据日本经验，建立农业基本法律、农业经营体发展专业法等政策保障体系是发展新型农业经营体系的前提。中国应该自上而下进行顶层设计，形成适合中国国情的农业经营培育体系。另外，从规章制度层面进一步规范农业共营制等主体的内部管理，把规章制度落到实处，如增加考核制度等。

四要破解农业共营制等新型农业经营主体或模式发展的资金困境。根据日本经验，村落营农经营中有很大比重是多个村落联合开展农业经营。中国如果要突破单个村子发展的局限性，提升土地股份合作社的级别，可以考虑由“村级”提升到“镇级”，或者像西南模式中联合多个村落的方式。同时，可以考虑推广范围的优先级，经济发展水平较好的村由于资金相对充足，更加适合推行农业共营制等新型农业经营主体。还可以借鉴日本对村落营农直接补贴和金融扶持的经验，加大政府对新型农业经营主体的支持力度。

五要加大力度培育农业职业经理人和引进营农人才。根据日本经验，发展新型农业经营主体过程中需要发挥人才特别是农业技术型人才的作用。考虑到共营制中合作社的技术水平低，要大力提高专业人才的待遇，创造能够留住人才的环境。同时，加大对农业职业经理人的培育力度，形成更加系统、合理的职业经理人培训体系和奖励体系，使农业职业经理人更加“职业”。

最后，要提升农业共营制等新型农业经营主体或模式的可持续性、多功能性和自发形成性。可持续性要求农业共营制等新型农业经营主体或模式提高自身造血能力，鼓励发展多种经营，在保障粮食有效供给的前提下，从粮食单一种植向设施农业与粮经种植兼营方向发展；多功能性要求在农业共营制等新型农业经营主体或模式营收功能外开发环保、教育、养老、文化传承等附加功能；自发形成性要求减少政府对农业共营制等新型农业经营主体或模式的干预，尤其是全国大范围推广要慎重，要因地制宜。

中国从澳新两国主要进口农产品的替代性分析

澳大利亚和新西兰是农产品出口大国，农业资源较为丰富，谷物、畜产品、乳制品等产品出口潜力巨大，竞争优势明显。《中华人民共和国政府和新西兰政府自由贸易协定》（以下简称《中新自贸协定》）和《中华人民共和国政府和澳大利亚政府自由贸易协定》分别于2008年10月和2015年12月正式生效实施，双边农产品贸易得到迅速发展。目前澳大利亚是中国除巴西、美国外的第三大农产品进口来源国，新西兰是中国第五大进口来源国，2017年中国从澳大利亚进口农产品共计87.11亿美元，从新西兰进口农产品59.81亿美元，分别占到中国农产品进口总额（1 245亿美元）的7.0%和4.8%[①]。

中国从澳新两国进口的农产品比较集中，主要是畜产品和谷物。随着中国市场开放程度不断提高，主要农产品的进口规模迅速扩大，进口来源不断丰富，澳新两国农产品在中国市场上面临着多个国家的竞争。为此，本项目拟对主要农产品的进口市场结构进行分析，分析中国农产品进口市场的需求特征，以探明中国市场上其他进口产品、其他进口来源与澳新农产品之间的竞争性与替代关系，进而判断中国对澳新农产品的依赖程度。

一、从澳新进口的主要农产品及其市场地位

中国从澳新两国进口的畜产品主要是牛羊肉、羊毛和乳品，谷物主要来自澳大利亚，包括大麦和高粱等。本文重点对这些产品的进口市场结构进行分析，以把握澳新两国在中国农产品进口市场上的贸易地位。

1. 牛肉

澳大利亚和新西兰都是牛肉生产和出口大国，2017年澳大利亚出口牛肉105.1万吨，新西兰出口牛肉40.92万吨，出口规模分别居世界第三位和第六位。2012年以前，中国从澳新两国进口牛肉的规模不足万吨；近年来由于国内需求不断增长，加之养殖成本提高、物价上涨，从澳新两国进口牛肉的规模迅速扩大，2017年中

① 数据来源：根据联合国商品贸易统计数据库（comtrade. un. org）整理。

国从澳大利亚进口牛肉11.58万吨，从新西兰进口牛肉达到7.95万吨。

随着中国牛肉进口市场的多元化发展，澳新牛肉在中国市场上面临的竞争愈发激烈，市场份额有所下降。2014年中国解禁巴西牛肉以后，巴西迅速成长为中国最大的牛肉进口来源地；2017年，中国从巴西进口牛肉19.76万吨，占进口总量的28.4%。乌拉圭一直是中国进口牛肉的第二大来源地，2017年从乌拉圭进口牛肉19.59万吨，占进口总量的28.2%。澳大利亚和新西兰牛肉的市场份额下降至16.7%和12.4%，分别居第三位和第四位。

2. 羊肉

中国羊肉进口规模相对较小，从2010年开始，中国从澳新两国进口羊肉的规模出现快速增长，2014年的进口规模达到最大，分别为11.44万吨和15.90万吨。2017年中国从澳大利亚进口羊肉10.23万吨，从新西兰进口14.22万吨。

羊肉的进口来源非常集中，澳大利亚和新西兰是中国羊肉进口的两大主要来源，两国在中国羊肉市场的份额合计占到96%以上。这意味着，澳新两国的羊肉在中国市场上具有较强的竞争力，面对的国际市场竞争较少。

3. 奶粉

2008年以前，中国乳制品行业高速发展，奶粉自给量不断提升。在2008年婴幼儿奶粉事件冲击下，中国奶粉进口量出现快速增长。2008年10月1日正式生效的《中新自贸协定》极大地促进了新西兰奶粉对中国的出口。协定中规定，中国自2008年起从新西兰进口奶粉的关税逐年递减1%（特殊保障额度内），即协定生效时10%的关税到2019年降为零。关税税率的降低，使得新西兰奶粉价格与其他国家奶粉价格相比更具竞争优势。2014年中国从新西兰进口奶粉达到73.90万吨，是2008年进口规模的12倍；2017年进口规模为52.76万吨。从澳大利亚进口奶粉的规模较小，2017年进口量为6.61万吨。

中国奶粉进口来源比较集中，新西兰一直占据主导地位。《中新自贸协定》实施以来，进口来源集中的趋势更加明显。新西兰在中国奶粉进口市场中占的份额达到70%以上，近年来市场份额有所下降，2017年从新西兰进口奶粉占中国奶粉进口总量的57.1%。中国从其他国家进口奶粉相对较少，荷兰是中国第二大奶粉进口来源，澳大利亚在中国奶粉进口市场上居第三位，2017年这两个国家的市场份额分别为10.4%和6.3%。

4. 鲜奶

2010年以来，中国从澳新两国进口鲜奶均出现不同程度的快速增长。2010—2017年，中国从新西兰进口鲜奶从0.74万吨增长到21.0万吨，年均增长61.3%；进口澳大利亚鲜奶的规模从2010年的0.14万吨增加至7.62万吨，年均增长77.0%。

中国鲜奶的进口来源主要集中于新西兰、德国、法国和澳大利亚，进口市场格局相对稳定。德国和新西兰在中国鲜奶进口市场中居前两位，从两国进口的鲜奶占到中国鲜奶进口总量的60%左右；近年来德国鲜奶的市场份额有所下降，新西兰超过德国成为中国第一大鲜奶进口国，2017年新西兰和德国鲜奶的市场份额分别为31.5%和29.3%。澳大利亚是中国第四大鲜奶进口市场，2017年中国从澳大利亚进口鲜奶占中国鲜奶进口总量的11.4%。

5. 大麦

大麦是中国从澳大利亚进口的主要谷物产品之一，主要用作酿酒及饲料加工的原料。近年来，中国大麦进口出现迅速增长，原因主要有3点：一是作为主要饲料原料的玉米受到进口配额和转基因的限制，进口玉米无法满足国内市场需求，使得部分饲料生产企业转向进口饲用大麦；二是国内玉米价格高，进口大麦在价格上具有优势；三是进口大麦没有配额限制，并且进口关税水平很低，只有3%，当国内外价差扩大到一定程度时，关税保护政策无法阻挡国外大麦的进入。

澳大利亚是中国大麦进口的第一大来源国。由于澳大利亚大麦价格低廉，中国从2014年开始大量进口澳大利亚大麦用于饲料加工，到2017年，从澳大利亚进口大麦的规模增长到648.04万吨，是2013年进口量的2.7倍。

中国大麦进口来源非常集中，除澳大利亚以外，还从法国、加拿大、乌克兰等国家进口大麦，但进口量较少。澳大利亚在中国大麦进口市场上占有绝对优势，面临的竞争较少。

6. 高粱

高粱的用途与大麦相似，都用于酿酒和饲料加工。中国高粱进口从2013年开始逐渐形成规模，主要用于饲料加工，替代国内高价玉米。中国高粱进口来源非常集中，主要来自美国和澳大利亚。2013年以前主要进口澳大利亚高粱，2013年7月开始进口美国高粱，当年进口美国高粱31.7万吨，占总进口量的29.4%，进口澳大利亚高粱76.0万吨，占总进口量的70.6%。2014年开始，美国高粱进口大幅度增加，澳大利亚高粱进口在2015年以后出现减少，在中国高粱进口市场的份额不断下降，主要原因是美国高粱对中国出口存在倾销，其价格远低于澳大利亚高粱价格。

7. 羊毛

中国羊毛进口规模相对稳定，历年的进口量均保持在30多万吨的水平。澳大利亚和新西兰是中国羊毛进口的两大主要来源地。2017年，中国从澳大利亚进口羊毛18.28万吨，从新西兰进口羊毛3.79万吨。

澳大利亚在中国羊毛进口市场上占有绝对优势，历年的市场份额都在50%左右。2017年，中国从澳大利亚和新西兰进口羊毛占羊毛进口总量的53.2%和11%，从其他来源进口的羊毛非常少，进口量均不足2万吨。

二、重点进口产品的替代性分析

本研究基于消费者效应最大化或支出最小化的消费理论，利用区分来源的近似理想需求系统（SDAIDS）对中国从澳新两国进口的重点产品的替代性进行分析[①]。选取2010年1月至2018年8月的月度进口数据对模型进行估计，样本量共103个；利用得到的估计参数计算得到进口需求弹性。

本文采用SDAIDS模型对主要农产品的进口需求弹性进行估算是基于两个假设：第一，假设进口产品之间不具有加总性，即中国消费者对不同来源国的同一种产品表现出不同的偏好，不同来源的同种产品之间不可完全替代；第二，假设不同品种的产品的进口市场是不可分的，即中国消费者对某种产品（例如牛肉）的需求会受到其他同类产品（例如羊肉）价格的影响，因而需要将不同品种产品的进口需求纳入一个需求系统中进行分析。本文参照Hayes等（1990）的做法对上述假设进行检验[②]。各部分的局部可分性检验结果均显示在1%水平上拒绝原假设，因此，应将对同一类别的产品（例如牛羊、羊肉、猪肉和禽肉）纳入同一个需求系统进行分析，而不可单独分析。各部分的产品加总性结果显示，在1%水平上拒绝不同来源的各种产品之间可加总的原假设，即不同来源国的产品之间均存在不完全替代关系，适合进行区分来源的需求研究。

1. 进口肉类的替代性分析

本研究重点关注澳大利亚和新西兰牛羊肉的产品竞争性和替代性。考虑到消费中猪肉和禽肉对牛羊肉存在替代关系，本文将牛肉、羊肉和猪肉、禽肉纳入同一需求系统中进行研究。在进口来源的划分上，根据样本时期的选择，牛肉的主要进口来源为澳大利亚、新西兰、乌拉圭和巴西，将以上各国之外的其他进口来源视为同一市场；羊肉的进口来源包括澳大利亚、新西兰和其他国家；猪肉的进口来源包括美国、德国、加拿大、西班牙、丹麦和其他国家；禽肉的进口来源为美国、巴西、阿根廷和其他国家。

---

① Yang S R，Koo W W. Japanese Meat Import Demand Estimation with the Source Differentiated AIDS Model [J]. Journal of Agricultural & Resource Economics，1994，19（2）：396-408.

② Hayes D，Wahl T，Williams G. Testing Restrictions on a Model of Japanese Meat Demand [J]. American Journal of Agricultural Resource Economics，1990，72（1）：556-556.

表1是根据估计结果计算得到的中国对不同来源进口肉类的支出弹性和马歇尔自价格弹性。从支出弹性的估计值来看，可以得到3个主要结论：①未来随着中国肉类进口的增加，牛肉进口需求的总体增长速度要高于其他肉类品种，对猪肉和禽肉的进口需求亦将保持较快增长，而羊肉相对较慢。②从肉类各品种内部来看，支出弹性最大的分别为巴西牛肉、新西兰羊肉、其他进口来源的猪肉和美国禽肉，表明当中国肉类进口需求增加时，这些国家将是各品种的最主要的受益者。③多数产品的支出弹性显著大于1，表现出富有弹性的特点；美国猪肉是一个明显的例外，其支出弹性显著为负，表现为劣等品属性，原因可能在于美国是世界上为数不多的允许合法使用盐酸克伦特罗（瘦肉精）作为猪饲料添加剂的国家，这与中国的食品安全标准不符，使得美国猪肉在中国进口市场的份额出现大幅下滑的同时也降低了中国消费者对美国猪肉的认可度。

表1　肉类进口的支出弹性和马歇尔自价格弹性

产品	进口来源国	支出弹性	马歇尔自价格弹性
牛肉	澳大利亚	2.931*** (0.208)	−0.334 (0.405)
	新西兰	2.727*** (0.237)	−0.900*** (0.252)
	乌拉圭	2.550** (0.179)	−1.155*** (0.255)
	巴西	3.207*** (0.551)	−0.585* (0.358)
	其他国家	2.650*** (0.322)	−0.637*** (0.086)
羊肉	澳大利亚	0.958*** (0.114)	−0.269 (0.230)
	新西兰	1.211*** (0.171)	−1.258*** (0.686)
	其他国家	0.956*** (0.345)	−0.563 (0.461)
猪肉	美国	−0.828*** (0.321)	−1.571*** (0.399)
	德国	1.557*** (0.179)	−0.178 (0.293)
	加拿大	0.738*** (0.154)	−0.365 (0.267)
	西班牙	1.372*** (0.131)	−1.542*** (0.275)
	丹麦	0.749*** (0.187)	−1.140*** (0.245)
	其他国家	1.962*** (0.159)	−0.868** (0.418)
禽肉	美国	2.098*** (0.577)	−0.134 (0.542)
	巴西	−0.269 (0.267)	−0.635 (0.808)
	阿根廷	0.099 (0.518)	−2.183** (0.907)
	其他国家	−1.626*** (0.690)	−3.873* (2.231)

说明：***、**、* 分别表示1%、5%、10%的显著性水平，括号里的数字是标准误差。

从马歇尔自价格弹性来看，所有肉类产品的自价格弹性均为负，说明各种肉类产品均为正常商品，价格上涨会使其在中国肉类进口市场的份额下降，反之上升。从各品种内部来看，牛肉产品中，除乌拉圭牛肉以外，不同来源国牛肉对自身价格均显著缺乏弹性，牛肉进口需求受自身价格波动的影响较小。羊肉产品中，作为中国最大的羊肉进口来源国，新西兰羊肉显著富有弹性，说明中国对新西兰羊肉的进口需求受价格变动影响较大。猪肉产品中，美国、西班牙、丹麦猪肉表现出对自身价格显著富有弹性，说明整体来看，进口猪肉产品对自身价格变化较为敏感。禽肉产品中，美国、巴西禽肉对自身价格缺乏弹性，而阿根廷禽肉对自身价格显著富有弹性。

产品之间的替代或互补关系用交叉价格弹性来考量。希克斯价格弹性剔除了价格变化中的收入效应，能够更准确地揭示产品之间的关系，因此本文利用希克斯交叉价格弹性分析产品之间的替代性或互补性。表 2、表 3 是中国进口肉类之间的希克斯交叉价格弹性的估计结果。

表 2　肉类进口来源希克斯交叉价格弹性

产品	进口来源国	替代国家					
		澳大利亚	新西兰	乌拉圭	巴西	其他国家	
牛肉	澳大利亚		−0.051	−0.233	1.405**	−0.514*	
	新西兰	−0.365***		0.025	1.011*	0.271	
	乌拉圭	−0.505**	0.579		−0.879	−0.731*	
	巴西	0.027	−0.191	−0.210		0.240	
	其他国家	−0.232***	−0.076	−0.047	0.710***		
		澳大利亚	新西兰	其他国家			
羊肉	澳大利亚		−0.122	−2.622			
	新西兰	0.149		2.035			
	其他国家	0.087	0.067				
		美国	德国	加拿大	西班牙	丹麦	其他国家
猪肉	美国		−0.094	−0.240	0.410**	0.624**	0.576**
	德国	−1.217***		0.141	0.424**	−0.135	0.479*
	加拿大	−0.488	0.153		−0.215	0.302	−0.139
	西班牙	1.120**	0.211	−0.454		−1.125***	−0.113
	丹麦	0.661**	−0.153	−0.394*	−0.589***		0.001
	其他国家	0.401	−0.198	−0.425	−0.210	−0.387	

（续）

产品	进口来源国	替代国家			
		美国	巴西	阿根廷	其他
禽肉	美国		−1.003***	1.981***	−7.087***
	巴西	−5.986***		2.542**	9.608*
	阿根廷	1.656*	0.288		−8.609***
	其他	−0.028	0.104	1.031*	

说明：***、**、* 分别表示1%、5%、10%的显著性水平，限于篇幅未报告系数的标准误差。

表3　各肉类品种间的交叉价格弹性

产品	进口来源国	替代产品		
		羊肉	猪肉	禽肉
牛肉	澳大利亚	0.407	0.557**	0.316
	新西兰	−2.019***	−0.611	3.233***
	乌拉圭	−0.355	−0.359	2.403***
	巴西	−4.335***	2.458***	2.952***
	其他国家	−1.872***	0.322	2.815***
		牛肉	猪肉	禽肉
羊肉	澳大利亚	−0.156	0.727***	0.591**
	新西兰	1.363***	0.273	−0.455
	其他国家	1.612	0.614	−3.142
		牛肉	羊肉	禽肉
猪肉	美国	1.709**	0.477	−0.974*
	德国	0.280	1.211***	0.568*
	加拿大	1.774***	−0.107	−0.507*
	西班牙	1.757***	−0.627**	0.372
	丹麦	1.182**	0.152	0.224
	其他国家	0.315	−0.909***	0.179
		牛肉	羊肉	猪肉
禽肉	美国	1.280	−1.614	2.058**
	巴西	0.313	0.015	−1.927***
	阿根廷	−1.315	2.308**	−3.560***
	其他	4.377***	7.067***	5.23***

说明：***、**、* 分别表示1%、5%、10%的显著性水平，限于篇幅未报告系数的标准误差。

从主要进口来源国间的交叉价格弹性来看，牛肉市场中，澳大利亚与新西兰之间表现为互补关系；巴西牛肉对其他来源牛肉表现出较强的替代关系。这与中国牛肉进口市场的现状是相符的，相比于澳大利亚，新西兰的牛肉产量低，出口潜力小，且出口到中国的牛肉价格低廉，与澳大利亚牛肉的市场定位不同，因此与澳大利亚牛肉之间表现为互补关系；而巴西作为全球主要的牛肉产销国，出口潜力巨大，尤其自 2015 年中方解除对其的牛肉进口禁令以来，大举进军中国市场，已有逐步取代澳大利亚成为中国牛肉第一大进口来源国的趋势。羊肉进口市场中，各主要进口来源国之间的交叉价格弹性均不显著，说明不同来源地羊肉间不存在显著的可替代性。

从各肉类品种间的交叉价格弹性来看，各肉类品种间均以替代关系为主。其中牛肉与猪肉、禽肉间的替代关系最为明显。预期之外的是，个别国家的牛羊肉之间及猪禽肉之间为互补关系。以往的需求研究中也曾发现消费品间不符合预期的互补关系，一种解释是固定支出假说①，根据该假说，如果一段时间内对两种消费品的支出相对固定或者变化很小，且其中一种商品的自价格弹性绝对值小于 1，即缺乏弹性，那么这种商品价格的上涨会致使对另一种商品的消费也减少，从而使得交叉价格弹性为负，表现出“伪互补”的现象。

2. 进口乳品的替代性分析

从澳大利亚和新西兰两国进口的奶粉、鲜奶是本研究重点关注的对象。在研究进口需求时，考虑到乳清与奶粉、鲜奶之间可能存在替代关系，本文将其同时纳入需求系统中进行研究。在进口来源的划分上，奶粉的主要进口来源为澳大利亚、新西兰、法国、荷兰、美国和其他国家；鲜奶的进口来源包括澳大利亚、新西兰、德国、法国和其他国家；乳清的进口来源为法国、美国和其他国家。

表 4 是中国对各来源国的进口乳品的支出弹性和马歇尔自价格弹性。从支出弹性来看：①各来源国乳品的支出弹性值均大于 0，属于正常品；澳大利亚和新西兰的奶粉、液态奶的支出弹性大于 1，表现为富有弹性。②随着中国对乳品需求的增长，鲜奶的进口需求增长要快于奶粉，乳清的进口增长最慢。③从各类乳品内部来看，支出弹性最大的分别是新西兰奶粉、澳大利亚鲜奶和法国的乳清，这意味着当中国乳品进口需求增加时，新西兰奶粉、澳大利亚鲜奶和法国乳清将受益很大。

---

① Pitts E，Herlihy P. Perverse Substitution Relationships in Demand Studies：The Example of Butter and Margarine [J]. Journal of Agricultural Economics，1982，33 (1)：37-46.

表 4　乳品进口的支出弹性和马歇尔自价格弹性

产品	进口来源国	支出弹性	马歇尔自价格弹性
奶粉	澳大利亚	1.056*** (0.207)	0.482 (0.396)
	新西兰	1.423*** (0.080)	−0.932*** (0.072)
	法国	1.269*** (0.201)	0.031 (0.383)
	荷兰	0.530*** (0.126)	−0.691*** (0.081)
	美国	0.969** (0.385)	−1.065*** (0.370)
	其他	0.641*** (0.101)	−0.538*** (0.110)
鲜奶	澳大利亚	1.641*** (0.263)	−0.365 (0.268)
	新西兰	1.308*** (0.192)	−0.949*** (0.217)
	德国	1.291*** (0.225)	−1.756*** (0.315)
	法国	1.709*** (0.249)	−1.515*** (0.200)
	其他	1.604*** (0.212)	−1.168*** (0.115)
乳清	法国	0.626*** (0.105)	−1.211 6*** (0.192)
	美国	0.511*** (0.070)	−0.527 5*** (0.095)
	其他	−0.333* (0.190)	−0.904 9*** (0.120)

说明：***、**、*分别表示1%、5%、10%的显著性水平，括号里的数字是标准误差。

从马歇尔自价格弹性来看，大部分乳品的自价格弹性均为负，说明自身价格上涨会使其在中国乳品进口市场的份额下降，反之上升。具体来看，澳大利亚奶粉和鲜奶都缺乏弹性，中国对其具有较强的依赖性，需求对价格的变化不敏感；新西兰奶粉和鲜奶的价格弹性显著小于1，价格变化会影响中国对其的需求，但影响不大。德国、法国和其他国家的鲜奶以及美国奶粉的需求受价格影响较为明显，价格的降低会显著增加中国的进口。

从进口乳品之间的希克斯交叉价格弹性（表5、表6）来看：①在奶粉进口市场上，美国和新西兰之间具有显著的替代关系，并且新西兰对美国的替代作用强于美国对新西兰的替代作用，新西兰奶粉表现出更强的竞争性。这一方面是由于新西兰天然牧场放牧的养殖方式使得奶粉的生产成本更有优势，另一方面也得益于中新自贸区建立带来的关税优惠政策。②澳大利亚奶粉和其他来源的奶粉之间的替代性不强，竞争关系不明显。③在鲜奶进口市场上，新西兰鲜奶与德国、法国鲜奶之间的交叉价格弹性显著为正，表现出较强的产品替代性和市场竞争关系；澳大利亚鲜奶与其他来源鲜奶之间的替代性不强。④从不同品种之间的交叉价格弹性来看，奶粉、鲜奶和乳清之间互相具有较强的产品替代性。

表 5　乳品进口来源的希克斯价格弹性

产品	进口来源国	替代国家					
		澳大利亚	新西兰	法国	荷兰	美国	其他
奶粉	澳大利亚		-0.275 2	-0.091 6	0.183 1	0.183 1	-0.607 0*
	新西兰	-0.023 6		0.016 2	-0.089 3***	0.124 8***	0.034 8
	法国	-0.131 6	0.271 3		0.644 2***	-0.890 6***	-0.186 8
	荷兰	0.084 0	-0.477 4***	0.205 5***		-0.038 3***	0.643 9
	美国	0.059 1	2.209 6***	-0.941 2***	-0.127 0		-0.388 6
	其他	-0.160 3**	0.107 2	-0.034 3	0.370 9***	-0.067 6	
		澳大利亚	新西兰	德国	法国	其他	
鲜奶	澳大利亚		-1.570 2***	0.454 6*	0.276 2	0.261 9*	
	新西兰	-0.500 9***		0.241 5**	0.347 4***	-0.100 0	
	德国	0.198 0*	0.329 6**		-0.376 0**	-0.042 9	
	法国	0.162 7	0.641 3***	-0.508 5**		0.268 1***	
	其他	0.190 0*	-0.227 3	-0.071 5	0.330 3***		
		法国	美国	其他			
乳清	法国		-0.278 7*	0.632 0***			
	美国	-0.142 0*		-0.199 5*			
	其他	0.235 2***	-0.145 8*				

说明：***、**、* 分别表示 1%、5%、10%的显著性水平，限于篇幅未报告系数的标准误差。

表 6　乳品进口品种的希克斯价格弹性

产品	进口来源国	替代产品	
		鲜奶	乳清
奶粉	澳大利亚	0.159 0	0.069 7
	新西兰	-0.137 9***	0.366 6***
	法国	-0.169 6	0.398 3***
	荷兰	0.611 6***	-0.382 9***
	美国	0.455 6*	-0.226 9
	其他	0.369 4***	-0.140 8**

（续）

产品	进口来源国	替代产品	
		鲜奶	乳清
鲜奶	澳大利亚	0.659 8***	0.270 9***
	新西兰	0.843 3***	0.087 3*
	德国	1.168 3***	0.457 4***
	法国	0.811 9***	0.118 8*
	其他	0.829 0***	0.101 6**
		奶粉	鲜奶
乳清	法国	0.310 1***	0.530 6***
	美国	0.313 1***	0.527 6***
	其他	1.164 9***	−0.477 9***

说明：***、**、*分别表示1%、5%、10%的显著性水平，限于篇幅未报告系数的标准误差。

3. 进口饲料粮的替代性分析

澳大利亚是中国大麦、高粱等饲料粮进口的主要来源之一。在研究对澳大利亚饲料粮进口需求时，考虑到玉米和玉米酒糟（DDGS）等主要饲料粮品种对高粱、大麦的替代关系，在进口来源的划分上，大麦的主要进口来源为澳大利亚、法国、加拿大和其他国家；高粱的进口来源包括澳大利亚和其他国家；玉米的进口来源为美国、老挝和其他国家；DDGS进口98%以上来自美国，在研究时不再区分来源。

从饲料粮进口的支出弹性可以看出，除老挝玉米以外，大部分来源的饲料粮的支出弹性均大于1或接近于1，这表明，饲料粮进口会随着消费支出增长而不断增加。随着中国饲料进口需求增长，澳大利亚的大麦和高粱的进口增长将快于其他来源的产品进口增长，澳大利亚将成为中国饲料进口需求增长过程中的最大受益者（表7）。

表7　饲料粮进口的支出弹性和马歇尔自价格弹性

产品	进口来源国	支出弹性	马歇尔自价格弹性
大麦	澳大利亚	1.027 3***　(0.025 0)	−2.555 1***　(0.255 3)
	法国	0.908 5***　(0.064 9)	−7.263 0***　(0.905 2)
	加拿大	1.010 6***　(0.059 7)	−0.064 5 (0.814 7)
	其他	0.692 5***　(0.136 8)	−5.581 0**　(1.828 7)

（续）

产品	进口来源国	支出弹性	马歇尔自价格弹性
高粱	澳大利亚	1.105 8*** (0.093 2)	−3.065 1*** (0.903 5)
	其他国家	1.051 2*** (0.043 5)	−1.381 5*** (0.163 5)
玉米	美国	0.945 5*** (0.053 1)	−1.465 0*** (0.111 1)
	老挝	0.792 4*** (0.111 3)	0.058 6 (0.580 8)
	其他国家	1.047 3*** (0.188 3)	−2.228 8*** (0.285 3)
DDGS	合计	0.994 2*** (0.015 0)	−1.937 4*** (0.164 2)

说明：***、**、* 分别表示 1%、5%、10%的显著性水平，括号里的数字是标准误差。

从表 7 中各来源饲料粮的自价格弹性可以看出，除老挝玉米以外，其他来源的各类饲料粮的弹性值均显著为负，并且绝对值大于 1，说明饲料粮进口对价格变动敏感，价格降低将引起饲料粮进口的迅速增长。该结果也反映出近年来中国饲料粮进口增长主要是因为国际市场饲料粮价格低廉。

从各来源的饲料粮之间的希克斯交叉价格弹性（表 8、表 9）来看，澳大

表 8　主要饲料粮进口来源的希克斯价格弹性

产品	进口来源国	替代国家			
		澳大利亚	法国	加拿大	其他国家
大麦	澳大利亚		1.301 1*** (0.149 4)	−0.153 8(0.166 5)	0.518 2*** (0.140 7)
	法国	7.084 5*** (0.813 7)		0.033 3(0.736 6)	−0.547 5(0.642 5)
	加拿大	−0.633 1(0.685 3)	0.025 1(0.556 8)		−0.038 4(0.516 5)
	其他国家	6.235 2*** (1.693 3)	−1.209 8(1.419 8)	−0.112 3(1.510 0)	
		澳大利亚	其他国家		
高粱	澳大利亚		2.219 4** (0.903 3)		
	其他国家	0.402 0** (0.163 6)			
		美国	老挝	其他国家	
玉米	美国		−0.032 0(0.022 4)	0.572 0*** (0.112 1)	
	老挝	−0.630 6(0.440 2)		−0.220 3(0.415 7)	
	其他国家	1.407 6*** (0.275 9)	−0.027 5(0.052 0)		

说明：***、**、* 分别表示 1%、5%、10%的显著性水平，括号里的数字是标准误差。

表 9　主要饲料粮进口品种的希克斯价格弹性

产品	进口来源国	替代产品		
		高粱	玉米	DDGS
大麦	澳大利亚	−0.256 6* (0.144 1)	0.286 2** (0.135 4)	0.625 1*** (0.158 0)
	法国	0.819 8** (−1.775 0)	0.385 0*** (0.310 2)	1.609 8*** (0.379 4)
	加拿大	0.773 1** (0.365 3)	−1.523 3*** (0.292 2)	1.404 8*** (0.362 0)
	其他国家	1.648 2** (0.819 5)	−5.797 9*** (0.652 1)	4.804 3*** (0.797 5)
		大麦	玉米	DDGS
高粱	澳大利亚	2.445 3*** (0.533 9)	−2.366 5*** (0.477 2)	0.735 3 (0.589 0)
	其他国家	−0.587 2** (0.257 4)	−0.429 9* (0.230 7)	1.831 2*** (0.286 8)
		大麦	高粱	DDGS
玉米	美国	0.387 2 (0.331 1)	0.910 6*** (0.323 3)	−0.511 4* (0.298 2)
	老挝	−0.673 6 (0.792 7)	0.301 6 (0.807 1)	1.158 4* (0.674 8)
	其他国家	−9.065 0*** (1.067 2)	−11.150 6*** (1.137 2)	−7.262 9*** (1.005 8)
		大麦	高粱	玉米
DDGS	合计	2.889 5*** (0.175 7)	2.468 9*** (0.149 0)	1.987 7*** (0.117 6)

说明：***、**、* 分别表示 1%、5%、10%的显著性水平，括号里的数字是标准误差。

利亚在大麦进口市场上主要面对法国的竞争，加拿大大麦对澳大利亚大麦的替代性不显著，其他国家的大麦也对澳大利亚产生一定的替代，但替代程度不强。澳大利亚高粱面对来自其他国家高粱的较强的替代性，这里的“其他国家”主要是美国，近年来美国以极低的价格对中国实行高粱倾销，使得美国高粱对中国出口迅速增长，超过澳大利亚成为中国高粱进口第一大来源国。

从饲料粮各品种之间的交叉价格弹性来看，玉米、DDGS、高粱、大麦之间存在明显的替代关系。近年来，大麦和高粱对 DDGS 的交叉价格弹性显著大于 1，意味着大麦、高粱对 DDGS 产生的替代作用很大。高粱对澳大利亚大麦的交叉价格弹性不显著，玉米和 DDGS 对大麦的交叉价格弹性小于 1，说明这些产品对澳大利亚大麦的替代作用有限，澳大利亚大麦在中国饲料粮进口市场上具有一定的市场地位和竞争力。

4. 进口羊毛的替代性分析

本研究对中国进口市场上的澳大利亚和新西兰羊毛与其他来源羊毛之间的产品替代性进行分析。由于羊毛与其他类型的纺织原料在性质上具有显著差异，在细分市场上可替代的产品非常少，对羊毛的进口需求研究不再考虑其他产品。本文将羊毛的进口来源分为澳大利亚、新西兰、南非、乌拉圭和其他国家，重点关注南非和乌拉圭羊毛与澳大利亚、新西兰羊毛之间的竞争关系。

表 10 是中国从各来源国进口羊毛的支出弹性和马歇尔自价格弹性。各来源国羊毛的支出弹性都大于 0，说明消费支出增长会使中国从各国进口的羊毛出现不同程度的增长。随着羊毛进口需求的增长，南非羊毛将是最大的受益者，其次是澳大利亚，新西兰增长的速度较慢。从自价格弹性来看，中国从澳大利亚进口羊毛的弹性显著为负，绝对值小于 1，说明中国进口澳大利亚羊毛受到其自身价格的影响，但影响程度较小；进口新西兰、南非和乌拉圭羊毛的自价格弹性不显著，意味着中国对这些国家羊毛的价格变化不敏感。这一结果表明，中国对羊毛的进口需求具有一定的刚性，受价格影响不明显。

表 10 羊毛进口的支出弹性和马歇尔自价格弹性

进口来源国	支出弹性	自价格弹性
澳大利亚	1.093*** （−0.030）	−0.725*** （−0.103）
新西兰	0.708*** （−0.129）	−0.228（−0.153）
南非	1.686*** （−0.171）	−0.158（−0.561）
乌拉圭	0.538** （−0.196）	0.000（−0.359）
其他国家	0.309* （−0.146）	−1.014*** （−0.199）

说明：***、**、* 分别表示 1%、5%、10%的显著性水平，括号里的数字是标准误差。

表 11 是中国从各国进口羊毛的希克斯交叉价格弹性。整体来看，除南非对乌拉圭羊毛具有显著且较强的替代性以外，其他进口来源之间的替代关系不明显。这表明中国羊毛进口市场上的竞争关系不强，原因可能是羊毛进口市场的规模较小，进口来源也较少，进口市场格局趋于稳定，尚未形成竞争性市场。

表 11 羊毛进口的希克斯价格弹性

进口来源国	价格弹性				
	澳大利亚	新西兰	南非	乌拉圭	其他国家
澳大利亚		−0.027(−0.036)	−0.048(−0.093)	−0.082(−0.057)	0.117**(−0.046)
新西兰	−0.186(−0.439)		0.184(−0.386)	−0.042(−0.237)	0.200(−0.182)
南非	−0.492(−0.634)	0.271(−0.214)		0.589*(−0.342)	−0.326(−0.263)
乌拉圭	−2.100***(−0.683)	−0.155(−0.224)	1.487**(−0.586)		0.754***(−0.28)
其他国家	0.803*(−0.445)	0.199(−0.153)	−0.221(−0.396)	0.202(−0.244)	

说明：***、**、*分别表示1%、5%、10%的显著性水平，括号里的数字是标准误差。

三、主要结论及政策启示

本文选取中国从澳新两国进口的主要农产品，包括牛肉、羊肉、奶粉、液态奶、大麦、高粱和羊毛等7种产品，对中国进口的市场结构进行分析，识别出澳新两国在中国农产品进口市场上面对的主要竞争者；进一步利用SDAIDS模型测算了不同来源进口产品之间的替代关系。主要得到以下5点结论。

第一，中国从澳新两国进口的主要产品中，除澳大利亚羊肉和新西兰羊毛以外，其他产品的支出弹性均大于1，表现为富有弹性，意味着如果未来中国主要产品进口支出保持增长的趋势，从澳新两国进口将保持大幅增长。其他主要来源的进口额也会出现不同程度的大幅增长，这是中国农产品市场开放过程中必须要面对的现实。

第二，随着中国对各类农产品进口需求的不断增长，在肉类市场上，牛肉进口增长要明显高于其他品种，其中巴西牛肉将成为最大的受益者，其次才是澳大利亚和新西兰牛肉，羊肉进口增长相对缓慢；在乳品市场上，最大的受益者将是法国鲜奶，其次是澳大利亚鲜奶、新西兰奶粉和法国奶粉；在饲料粮进口市场上，澳大利亚将成为最大受益者，从澳大利亚进口的高粱和大麦都将实现快速增长；羊毛进口市场上的最大受益者将是南非，其次是澳大利亚。

第三，从自价格弹性来看，中国从新西兰进口羊肉以及从澳大利亚进口大麦、高粱表现为富有弹性，说明中国进口这些产品受到价格的影响较大，价格下降会引起中国进口新西兰羊肉和澳大利亚饲料粮的规模迅速扩大；从澳新两国进口的奶粉、液态奶、牛肉、羊毛等产品表现为缺乏弹性，进口受价格影响不大，表明中国在进口这些产品时，对澳新市场的依赖性较强。

第四，从各类农产品进口来源国之间的交叉价格弹性来看，牛肉市场中巴西牛肉对其他来源牛肉具有较强的替代性，表现出较强的市场竞争力，澳大利亚牛肉和新西兰牛肉之间表现为互补关系，主要是因为二者的市场定位不同，新西兰牛肉产量低，价格低廉；澳大利亚牛肉品质更好，价格较高。羊肉市场中不同来源国产品间可替代性不强。乳品进口市场上，新西兰奶粉对美国奶粉具有很强的替代性，新西兰奶粉表现出较强的竞争优势；新西兰鲜奶则面临来自德国、法国鲜奶的竞争；澳大利亚奶粉和鲜奶与其他来源的乳品之间的替代性不强，竞争关系不明显。在饲料粮进口市场上，澳大利亚的大麦主要面对法国的竞争，高粱主要面对来自美国的竞争。羊毛进口市场规模小，市场格局稳定，澳新两国面临的市场竞争不强。可以看出，肉类、乳品、饲料粮进口市场没有被单一国家所垄断，这是进口来源多元化和产品多样化发展的结果。

第五，从每一类产品不同品种之间的交叉价格弹性来看，肉类、乳品、饲料粮中均存在不同品种之间显著的替代性，这是进口产品多样化的结果，能够为国内需求方提供更多的产品选择，增加消费者福利。

主要政策启示：第一，要正确看待肉类、乳品、饲料粮等农产品的进口增长，充分利用国际市场，满足国内多样化消费需求，促进国内外资源的有效配置和合理利用。第二，市场多元化有利于形成良性竞争，强化进口产品的可替代性，各国间的竞争关系能够为中国进口企业提供可操作的空间，应利用各国间的竞争关系调整进口策略，提升整体买方势力。第三，随着国内市场开放度不断提升，竞争性的农产品市场格局逐渐形成，国内产品同样面临着来自主要进口来源国的产品替代，因此，国内相关行业应学习主要进口国在提高产品品质、降低生产成本、增强市场竞争力等方面的先进经验，推进国内的供给侧改革，为消费者提供更具竞争力的产品。

印度农业政策发展趋势研究

一、研究背景

印度是全球成长最快的新兴经济体之一，2014—2015 财政年度的 GDP 增长超越中国达 7.3%，并于 2016 年 GDP 首次超过英国，成为全球第六大经济体。印度农业产值约占国内生产总值的 15%，直接或间接以农业为生的劳动力人口约占总劳动力的 60%。近年来，虽然印度其他行业的发展迅速，农业所占经济比重逐渐下降，但农业仍然是最大的经济支柱，对稳定印度的社会经济扮演着重要角色。

印度自独立以来始终坚持发展农业，制定了一系列农业政策，并在发展中不断完善。印度的农业政策架构包括价格政策、农业投入品补贴政策、公共服务支持政策和农业金融政策，其中公共服务支持政策包括农业科研的开发与推广、农业基础设施建设与维护等，农业金融政策包括农业信贷与农业保险等。

二、印度农业发展概况

（一）农业生产自然条件

印度国土面积达 328.7 万千米^2，位居南亚第一，世界第七。与中国 960 万千米^2 的陆地国土面积相比，印度的陆地国土面积则要小了许多，仅有 297.3 万千米^2；但地形和气候条件较好，耕地面积大于中国。印度纬度低，大部分属热带季风气候，农作物一年可以两熟，南部地区可以一年三熟。受季风气候影响，印度大部分地区降水充足，西高止山脉和东北部山地西坡常形成地形雨，年降水量可超过 3 000 毫米，雨季为每年的 6—10 月，降水量占年降水量的 80%以上，旱季降水稀少，因此干旱和洪涝也成为制约印度农业发展的最大自然灾害。

20 世纪 60 年代以来，印度耕地面积总体呈先上升后下降的趋势。特别是 1990 年以来，印度耕地面积出现明显下降趋势，截至 2015 年，印度耕地面积为 1.56 亿公顷。同时，自 20 世纪 60 年代以来，印度人民生存条件逐渐改善，人口迅速增长，截至 2015 年，人口已经超过 13 亿；但由于耕地面积的减少和人口的快速增加，印度人均耕地面积逐年减少，2015 年仅为每人 0.12 公顷。

（二）农业生产发展现状

1. 农业经济概况

印度农业在国民经济中占有非常重要的地位，但重要程度有所降低。农业增加值在国民生产总值中的比重总体呈现下降趋势，从 1960 年的 42.56%下降到 2014 年的 17.39%，从近 10 年的变化情况来看，农业增加值在 GDP 中的比重基本保持稳定，但从农业增加值增长率来看，则呈现剧烈波动态势，且近几年不断走低，2014 年农业产值的增长率为 1.77%，农业增加值增长形势较不乐观。

2. 农产品产量

（1）印度种植业整体发展态势良好。就谷物生产情况来看，2010 年和 2011 年印度谷物产量增速高达 11.6%和 7.48%，此后增速逐年下滑，2014 年增速仅为 0.02%；除玉米外，小麦和稻谷的产量个别年份为负增长，但总体为增长趋势；粗粮的产量变化呈波浪式，其产量由 2001 年的 3 338.29 万吨增加至 2011 年的 4 308.6 万吨最高值，2012 年下滑至 4 061 万吨，随后 3 年产量回升至 4 231 万吨；油料作物和纤维作物快速发展，产量分别由 2001 年的 747.27 万吨和 382 万吨增加至 2013 年的 1 273.84 万吨和 810.4 万吨；蔬菜、瓜类和水果产量大幅增长，2013 年较 2001 年分别增长 53.38%和 86.32%；甘蔗产量增长相对较慢，2001 年产量为 29 595.6 万吨，2014 年产量为 35 214.2万吨，增长 18.98%；茶叶和坚果的产量相对较低，2001—2012 年两类产品的增长率分别为 6.49%和 3.14%，增速明显高于同期小麦、稻谷、粗粮、烟叶等；薯类 2014 年产量维持在 5 562.23 万吨。

（2）牲畜存栏量下降趋势明显。2001—2010 年，印度马、山羊和绵羊的存栏量呈上升趋势，但 2011 年以后呈逐年下滑趋势，牛存栏量年均下滑幅度为 0.40%，山羊存栏量年均下滑 0.80%，绵羊的下滑速度最大，年均下滑 1.79%；2001 年猪的存栏量为 1 344 万头，2010 年和 2014 年存栏量分别下滑至 1 064 万头和 1 000 万头，年均存栏量减少 0.36%。

（3）畜禽产品产量稳定增长。2001—2013 年，除羊毛和猪肉外，其他畜禽产品均有所增长，其中，禽肉的增长最为明显，以 7.75%的年均增速由 2001 年的 96.29 万吨增长至 2013 年的 235.79 万吨，禽蛋和奶类以 4.94%和 4.13%的年均增速位居第二和第三位，2013 年两者产量分别为 383.52 万吨和 13 560.00 万吨；肉类中占比最大的依旧是牛肉（占比 50%左右），其年均增速为 1.16%，远低于肉类产量 2.70%的平均增速水平；羊肉的产量相对较为稳定，2013 年产量为 74.66 万吨，较 2001 年仅增长 5.34 万吨；2001 年以来猪肉产量一直呈下降趋势，年均下降 2.30 个百分点，产量由 2001 年的 46.72 万吨减少至 2013 年的 35.35 万吨。

（三）农业结构调整

20 世纪 90 年代以来，印度农业结构向园艺业、畜牧业和渔业的多样化方向发展。以 2004—2005 年价格计算，畜牧业 1990 年产值 2 177.28 亿美元，占农业总产值比重 20.5%，到 2016 年畜牧业年产值 6 139.4 亿美元，占农业总产值比重上升至 27.4%；谷物 1990 年产值 3 841.31 亿美元，占农业总产值比重 36.1%，截至 2016 年，谷物年产值 5 826.6 亿美元，占农业总产值比重下降至 26%；园艺业 1990 年产值共计 4 619.23 亿美元，占农业总产值比重 43.4%；到 2016 年，园艺业产值共计 10 410.3 亿美元，占农业总产值比重 46.5%。

（四）农业推广体系发展

印度农业推广体系始于第一次绿色革命期间，主要作用在于推广优质品种、促进农药和化肥的使用等。20 世纪 60—70 年代，印度实行了部分农业生产资料价格优惠政策和收购价格支持政策以推广高产良种，取得了不错的效果，高产品种的种植面积大幅度增加。20 世纪 70 年代末，印度农业推广体系的主要任务是分配国家在农业上投入的资金及其在各种大类别上的使用比例，针对具体发展项目实施补贴。但是，这些行为实际上并不能有效促进农业生产的发展，维持成本又很高，有必要实施改革。20 世纪 70 年代中期至 20 世纪 90 年代初期，世界银行向印度的农业推广体系提供了资金支持，开展了培训和访问体系的试点工作，到 1997 年试点已扩展至几十个邦，效果十分显著。世界银行项目结束后，印度自 1998 年开始开展了农业技术管理机构的试点工作，2005 年试点工作扩展至 250 多个村，2007 年项目在全国展开。2010 年 6 月，印度在总结了长期的项目实施经验之后颁布了最新的指导方针，具体方法有以下几点。

1. 发挥群体优势的作用

通过对农民群体或农民小组集体生产或购买生产资料的行为进行贷款等，提高推广效率。其他未加入群体的农户看到群体农业活动的优势后，也倾向于组成农业小组或者农业群体，加速项目的展开。该方法首先是用于水稻种植技术的推广，随后扩展到其他作物的种植和其他的一些重大项目。印度政府也有意强化这种模式，投入补贴、农业服务很多都是通过这种群体方法进行的。

2. 建立基层农户联络中心

印度的行政划分较为特殊，其乡镇一级下辖的村庄数量、人口规模、辖区面积比中国大多数的乡都更多更大，乡村基础设施建设又相对落后，无法让农户获得方便快捷的信息。印度采取了建立基层办公室的方式，即农户联络中心，印度的第一个农户联络中心于2000年在卡纳塔克邦建立，至今该邦共建立了745个农户联络中心，只是这种联络中心的功能目前十分有限，仅仅是用于物资或补贴的发放，在农业生产的其他方面并不能有效提供帮助。

3. 强化培训，发挥非政府部门的作用

印度农村地区农民教育水平普遍不高，缺乏农业专业技术，因此印度将其他事业部门、民间科学团体、企业等在实际工作中纳入推广体系。为促进农民培训工作的顺利开展，印度在政府农业部门工作之外还采取了很多措施，例如，建立农业大学区域农业研究站向农民提供培训和咨询服务，开展农民与科学家的交流会议等。

4. 雇用辅助推广人员

为了开展偏远地区的技术推广，印度选择了雇用辅助推广人员。这种辅助推广人员一般来自当地农村社区，由政府部门向辅助推广人员提供培训，再由辅助推广人员向其所在的社区提供培训服务。这种做法虽然不如直接培训的效果好，但是至少弥补了一些地区的空白。

5. 帮扶农村女性提高农技水平

印度一些邦政府以及中央政府推出了一些项目和计划，通过培训帮助妇女获取先进的技术和最新的信息。从实际效果看，这些项目和计划取得了良好的效果，有效提高了农村女性的农业技术知识水平和农业技术应用水平。专门为农村女性提供服务的系统已成为农技推广体系内的重要组成部分。

6. 充分利用农业大学的作用

印度的农业技术推广体系中十分重视农业类大学的作用，从中央到地方都采取了各种措施来发挥农业类大学的作用。印度中央政府投入资金建立了“农业技术中心”，该技术中心由25个农业大学组成，为农民提供培训和咨询服务等。部分地方政府则通过设立农业技术推广小组，使农业专家深入民间推广相关技术。

7. 语言和媒体

印度国土面积广大，也是一个多民族国家，存在不少地方性语言和民族性语言，语言的不通为农业技术推广工作的展开带来了困难。为解决这一问题，在农业技术推广体系发展过程中注重使用当地的语言，并积极促进当地人参与到推广工作当中，以促进沟通交流，印度的部分电视台在播放农业类节目时也注重使用不同的语言进行播放。除了语言问题之外，印度农村地区教育的落后导致了大量文盲的存在，这使得文字性的宣传材料的作用大打折扣，为此，印度在推广体系的工作当中注重多媒体的使用，如音频和视频材料，特别是视频材料。另外，针对网络尚不发达的现状，部分地区建立了村网络亭，用于农业信息的提供，同时注重应用电视台提供信息并与农民连线互动等。

三、印度国内支持政策

（一）发展背景

印度曾是英国的殖民地，在英国殖民主义者的统治下，农业长期得不到发展，从 1907 年到 1947 年，印度农业的粮食只增长 12%，而同期人口增速为 40%。1947 年印度独立的同时也经历了印巴分治，印度失去了主要的粮食和工业原料产区。英国的殖民统治也给印度的农业发展造成了很大的困难，约有一半的农户几乎没有或者只有很少的土地，40%以上的土地集中在 5%的农户手中。

面对以上情况，尼赫鲁政府采取了一系列改革措施。行政上，由政府进行宏观调控，开垦荒地，向无地农民提供土地，通过扩大种植面积的方式来促进粮食产量的增长；经济上，实施最低粮食保护价，保护农民的利益，增加农民的种粮积极性；制度上，废除柴明达尔土地所有制；法律上，颁布了土地持有最高限额法。通过这一系列的措施，印度的农业经济有了一定改善，为接下来的农业改革和发展奠定了一定基础，但并没有从根本上改变小农经济占绝对优势，封建的、个体的和资本主义经济成分并存的现状。

（二）第一次绿色革命

“第一次绿色革命”使得印度的农业生产有了一定改善，先进的农业生产技术有了一定程度的推广，农业政策和农业设施有了发展，为后续的改革发展奠定了基础。但是这次绿色革命存在相当大的不足，一是对旱地农业没有好处，二是只对大农户和大农庄有利，进一步拉大了贫富差距，也加大了地区间的不平衡。

（三）加入世界贸易组织阶段

为促进本国经济的发展，印度在 1995 年加入了世界贸易组织。在这之前，农业方面便已经开始朝着对外开放进行调整，逐步向自由化、市场化、全球化方向发展，加入世贸组织之后更是进行了一系列农业政策调整。

1. 调整粮食安全政策

在加入世贸组织之前，印度实行了一系列促进粮食生产、保证粮价稳定的措施。为加入世贸组织，印度自 1991 年开始调整农业经济政策，一是削减了对农业基础设施的投资，包括灌溉设施、电力设施等方面的投资；二是改革不符合市场经济规律的粮食价格政策；三是调整进出口政策，通过高价出口优质粮食换取外汇，用以购进更多的廉价粮食来保证粮食供给。

2. 限制性进出口贸易政策

印度取消了大部分农产品进口限制，但在水稻、小麦等重要农产品上仍进行进口限制，以保证国内粮食价格不会过低，维护农民的生产积极性，致力于在主要农产品上实现自给自足。

3. 充分应用价格机制

加入世界贸易组织即意味着实行市场经济，所谓市场经济就是应用价格机制调节经济的发展。印度在加入世界贸易组织之后，在一些方面逐步减少对农业方面的干预措施或者干预力度，如减少对农业生产资料的补贴，减少优惠贷款等。

4. 形成新的农业支持体系

印度加入了世界贸易组织，在农业发展政策的制定上不得不考虑世贸组织规则的约束。印度在某些方面削减了对农业的干预，同时在遵守世贸组织农业协议的原则下，形成了新的农业支持体系。新的支持体系更加符合本国国情，能够更加有效地促进本国农业的发展和农民收入的提高。

5. 加强农村的基础设施建设

印度农村面积广、人口多，农村的基础设施十分落后，这在很大程度上限制了印度农业的发展，比较直观的就是限制了农业政策的宣传和效力的发挥。为此，印度着力改善农村的基础设施，加强公路建设，改善电力网络，发展互联网等。

（四）第二次绿色革命

任何产业的发展都有其内在的惯性，想要改善其中存在的问题需要强有力的措施才有可能实现。印度为解决农业发展过程中长期以来存在的一些问题实施了“第二次绿色革命”，革命往往是剧烈的变化。为了这次革命得以实现，印度制定了两个大型计划，一个是“国家农业发展计划”，另一个是“国家粮食安全计划”，使印度的农业发展重新回归政府的指导之下。

印度为实现“第二次绿色革命”的发展目标主要在以下几个方面采取了措施：第一，重视科学技术的作用，主要体现在两个方面：一方面是注重引进和发展新技术，开展新课题、新项目，促进农业技术向更深更广发展；另一方面是注重培养和使用农业专业技术人才，以促进农业技术的发展和应用。第二，改善农业相关的硬件条件，如加强农村基础设施建设，促进机械化，在农村设立农业院校等。第三，促进商业化，鼓励资本进入，完善农村市场体制，为农产品的销售清除障碍。鼓励企业向农村地区投资，拉动农村经济的发展，在合作过程中注重保护农民的利益。第四，保护农民的利益，特别是小农的利益。实施粮价保护政策，特别是在面临国际粮价的冲击时。促进信贷和保险事业的发展，对小农实施贷款和保险政策的优惠。颁布法律，设立最低工资限制，保护农民的合法权益。此外，还通过设立基金提供直接的资金支持。第五，实施计划生育政策，促进人口增长与农业增长和谐发展。

“第二次绿色革命”在印度产生了广泛而深远的影响。当然，任何经济发展计划的制定与实施都不会是十全十美的，其产生的影响自然也存在积极方面和消极方面。

1.“第二次绿色革命”的积极影响

（1）产生了联动效应。农业不是独立存在的，农业发展计划的开展往往带动多个方面共同发展。印度为促进农业发展而加强农业和农村的基础设施建设，由此便拉动了对建筑行业等的需求，甚至还带动产生了新的行业。绿色革命中促进使用良种、化肥和农业机械化的措施，带动了农业生产资料相关产业的发展。在此次绿色革命当中，农业技术和农业技术人员受到了相当程度的重视，不仅促进了农业技术的发展，还普及了农业科学知识，推动了教育的发展，带动了农业投资以及农业的商业化运作。更为重要的是，“第二次绿色革命”促进了农村生产关系、特别是土地关系的转变，使土地所有关系和经营制度朝着更加科学的方向发展。

（2）改善了部分农村和农民的现状。在“第二次绿色革命”中，印度政府加强了农村地区的基础设施建设，一定程度上改善了农村地区的生活环境。随着良种的广泛推广，农药、化肥的广泛使用以及农业科学技术的广泛支持，粮食产量不断提高，农民的粮食需求得到更好的满足，收入也有了一定程度的提高。此外，商业化程度的提升以及投资的增多，使农民的贸易收入和工资性收入都有了提高。

（3）为其他行业发展奠定基础。农业是其他行业发展的基础，体现在几个方面：一是农业为其他行业的发展提供原材料，工业、特别是轻工业的原材料主要是来自于农业，农产品充足和全面就可以为工业的发展提供充足而且廉价的原材料，第三产业的发展同样离不开农业的支持；二是农业为其他行业的发展提供充足的劳动力，随着农业的不断发展，生产效率逐步提高，大量的劳动力从农业中解放出来，为其他行业的发展提供了充足的劳动力；三是农村地区是广阔的消费市场，作为发展中国家来说，农村人口占大多数，农民的消费能力在一定程度上直接决定了这个国家的消费需求的大小。“第二次绿色革命”的开展促进了农业和农村地区的发展，促进了农村地区消费能力和消费需求的增加，为其他行业的发展提供了动力。

此外，在此次绿色革命开展过程中所建立的基础设施，如公路建设、互联网建设等都为其他行业的发展提供了很大的助益。

（4）为国家的发展提供了保障。“第二次绿色革命”产生的影响广泛而深远，在国家层面上主要体现在两个方面：一方面，随着绿色革命的开展，粮食产量不断提高，农民的收入水平相应提高，为农村地区消除贫困做出了不可磨灭的贡献，进而为印度经济的发展提供了持久保障。另一方面，粮食产量的提高使印度大部分粮食都能实现自给自足，在粮食安全上不会受制于人，使印度在外交政策与国内决策上都有了很大的回旋余地，增强了底气，有利于维护国家主权。

2.“第二次绿色革命”的消极影响

（1）加剧地区发展不平衡。印度在此次绿色革命中推行良种计划，主要包括良种小麦和良种水稻。在购买成本上，无论是良种水稻还是良种小麦都比传统农作物要高。就小麦而言，种植良种小麦的种子成本会比种植传统小麦的种子成本高出155%，但是种植良种小麦的产量会比种植传统小麦产量高出190%，如此高的产出增加足以弥补种植良种小麦带来的成本上涨。高成本的投入使得贫穷地区一方面无力实施种植，另一方面，贫穷地区的主要粮食消费为高粱、御谷和玉米，限制了良种的使用，而有能力进行良种种植的地区因为良种的高产出与贫穷地区进一步拉大了差距。

除了经济实力之外，限制良种小麦和良种水稻在全国推广的原因还有地理因素和饮食习惯因素以及市场因素等。良种水稻和良种小麦虽然高产，但受降水、地形等条件的影响，并不是所有地区都适合小麦或者水稻的种植。在饮食习惯上，地区之间也存在较大差异，如印度西北部地区就更爱食用小麦，这就造成了良种水稻难以广泛推广。还有就是良种水稻虽然高产，但口感往往不如传统水稻，价格也低于传统水稻，因此农民对于良种水稻的种植持观望态度。由于以上原因，良种水稻和良种小麦的种植呈现出区域发展的态势，良种的优势，特别是良种小麦的优势加剧了地区间的不平衡。

（2）贫富差距拉大。印度经过长期的改革，通过开垦荒地、限制土地最高持有量等方式大体上实现了耕者有其田，但是这种状态仍是十分不均衡的，体现在以下几个方面：一是土地的拥有数量和质量，虽然通过改革大部分人手中有了土地，但是贫民拥有的土地数量远低于富有的农民拥有的土地，土地质量也更加低下，即使在其他条件完全一致的情况下，农作物产量的普遍增加也会导致收入的绝对值进一步拉大。二是经济实力的差距导致了耕种条件的差距，进而影响产出，进一步拉大了贫富差距。经济实力雄厚的人有条件去改善灌溉条件，种植良种作物，也有实力投入农药和化肥，应用农用机械，而贫穷的农民往往不具备这些关键条件，只能是靠天吃饭。这些关键条件上的巨大差距导致了农作产出的差距进一步加大，特别是在种植良种农作物的情况下。三是知识水平与获取知识能力的差距，早已存在的贫富差距使得人们的受教育水平存在巨大差距，这种差距导致了人们在科学种植水平上的差距。此外，在"第二次绿色革命"期间，先进的农业科学技术被广泛推广，富有的农民往往拥有更好的条件去获取这些技术，良好的教育水平也更容易学习和接受先进的科学技术。四是融资能力的差距，富有的农民在获取贷款等方面具备更大的优势，因而有条件参与大型项目的实施，更容易改善种植条件。以上的种种差距，随着"第二次绿色革命"的开展被进一步拉大，富有的农民更加富有，贫穷的农民相对来讲则更加贫穷。

（3）危害环境和人们健康。随着"第二次绿色革命"的开展，化肥和农药被大量使用。化肥的过量使用严重破坏了土壤结构，造成土壤板结，使土壤沙化和盐碱化。化肥中养分的流失还会污染河流，造成水体的富营养化。农药的使用在杀死害虫的同时，也减少了鸟类的食物来源，甚至对鸟类造成了直接的毒害，严重威胁了生物多样性。农药和化肥残留物质还对农作物、水体造成污染，最终会危害人类的身体健康。

由此可见，印度"第二次绿色革命"的确取得了很大的成就，但仍要注意采取措施去弥补在此过程中产生的负面影响，促进印度农业全面健康可持续的发展。

与"第一次绿色革命"相比，小农户在"第二次绿色革命"中能够受益，其原因有以下几个方面：第一，"第一次绿色革命"主要在降水丰沛和土地肥沃的地区展开，而由于历史原因，这些土地往往集中在大户手中，只此一条小农户便很难在"第一次绿色革命"中受益；第二，无论是良种还是化肥，都需要有一定经济实力才能使用，小农户无力改进；第三，"第二次绿色革命"实施的范围更加广泛，且实施了粮价保护、农业信贷与保险以及补贴政策，尽管这些政策仍然是大农户受益更多，但在一定程度上确实保证了小农户能够得到好处。因此，尽管"第二次绿色革命"以技术为代表，但与"第一次绿色革命"相比反而是考虑到了小农户的利益。

（五）白色革命与蓝色革命

所谓"白色革命"，通俗来讲就是发展牛奶产业。在这一领域上，印度有着巨大的发展优势，因为印度牛的数量足够多。在印度，印度教是第一大宗教，拥有众多的信徒，印度教众反对杀牛，甚至还买牛来放生，致使很多“神牛”到处流浪。此外，由于印度机械化水平低下，耕牛是非常重要的生产资料，轻易不会杀掉，因此，印度牛的数量非常庞大，早已超过 2 亿头。然而，如此庞大数量的牛除了耕地之外却不能带来经济效益，甚至会毁坏农田。为了充分利用牛的经济价值，印度自 1977 年起开展“白色革命”，改良牛的品种，发展牛奶产业，实施奶制品进口限制以保护本国牛奶产业的发展。经过“白色革命”的发展，印度牛奶产业有了长足的发展，牛奶产量大幅度提高，在 20 世纪 80 年代后期便已成为世界第三大产奶国。

印度除了牛的资源十分丰富外，水产资源也十分丰富。印度内陆河流系统发达，河流长度长、支流多，且有很多池塘和水库，无论是淡水捕捞还是水产养殖都具有非常良好的条件。在海洋资源上，印度三面环海，海岸线漫长曲折，为印度的海洋捕捞和水产养殖提供了充足的资源（曲折的海岸线创造出了众多的海湾、海角、海峡，非常便于修建码头）。为了充分利用水产资源，发展水产养殖和捕捞业，带动经济发展，赚取外汇，印度开展了“蓝色革命”。在此过程中，印度采取设立专属部门，修建码头、冷库等措施支持水产养殖和水产捕捞业的发展，极大地促进了印度在该方面的发展水平，也为印度赚取了大量的外汇。

（六）农业信贷和农业保险政策

在印度农业政策长期的发展变革当中，有两项农业政策需要特别拿出来说一说，分别是农业信贷政策和农业保险政策，这两项政策虽然在不同的时期存在一定的差异，但始终对印度农业发展起着一定程度的促进作用，并且一直在发展完善，力求符合当前农业发展的需求。

1. 农业信贷政策

农业信贷政策是为农业生产提供资金支持的重要组成部分，对农业的发展起着至关重要的作用。随着市场化的发展，农业相关产品商品率的提高，农业发展的资金缺口呈现出扩大的趋势，资金不足对农业发展的限制性影响愈加明显。为促进农业生产发展，保证粮食生产持续增长，印度实施了农业信贷政策。

为了保证信贷政策可以尽可能全面地为农业的发展提供资金支持，印度的农业信贷政策采取了多种形式和措施。针对不同的农业活动，印度农业信贷政策采取了短期信贷、中期信贷、长期信贷 3 种形式，分别用于购买生产资料、改善生产条件和大型项目建设，皆有贷款利率优惠，并注重向支持小额贷款倾斜。针对不同的贷款人群，印度推出了农民信用卡计划，分别出台了针对小农、佃农和口头承租人的信贷政策，用于支持这些人群可以顺利得到贷款，并给予贷款利率优惠或贷款补贴，同时降低对贷款抵押的限制，甚至很多情况下不需要抵押，注重简化贷款手续，使获得贷款更为简易。

这些农业信贷政策的实施可以很大程度上缓解资金不足给农业发展带来的制约作用，有利于缓解因为资金实力的差距而进一步扩大的贫富差距。虽然农业信贷政策的实施可以有效促进农业生产的发展，促进农民收入水平的提高，但其作用终究有限，包括资金短缺问题在内的许多问题不能从根本上得到解决，还需要印度在其他层面出台政策予以进一步解决。

2. 农业保险政策

印度为热带季风气候，干湿两季明显，因此印度干旱和洪涝灾害频发，成为威胁印度农业发展的主要自然灾害，此外还有病虫害、热带风暴等因素威胁着印度农业的发展。为减少各种灾害给农业发展带来的经济损失，维护农民的利益，促进社会安定和谐，印度实施了一系列农业保险政策。这些农业保险政策整体特征明显：一是地区覆盖面越来越广。有些农业保险政策起初只在某个邦实行，随后逐步推广到全国，有些则是政策出台之初就是面对全国各地的。二是覆盖人群越来越广，限制降低。印度最初的一些保险政策是只针对贷款农户开放的，其他人则无法购买，后来的农业贷款政策逐步取消了这一限制，可以自由购买，且政府还会提供一定的财政补贴。三是覆盖农产品品种越来越丰富。最初的农业保险政策是只针对棉花实施的，后来纳入到保险政策当中的品种越来越多，逐步扩大到小麦、玉米、水稻、花生等大多数农产品。四是保险种类越来越丰富。其中有一部分是随着纳入到农业保险当中的农产品种类的增加而增加的，另一部分是纳入保险的灾害种类更加丰富，如新增了针对温度、湿度等的保险种类。

农业保险政策的实施增强了农民对自然灾害的抵御能力，尤其在面临灾害时对贫农的基本生活起到了一定的保护作用，对社会的和谐安定起到了一定的促进作用，但是由于赔付比例并不高，农业保险实际上对减少农民在灾害中的损失所起到的效果十分有限。

四、印度农业政策实施效果

印度经过长时间的农业发展，特别是绿色革命以来，已经实现了粮食的自给自足，有效维护了国家粮食安全，为二、三产业的发展提供了可靠保障。只是印度之所以能够取得如此重大的成就，很大程度上靠的是庞大的耕地数量，耕地质量并没有提高，生产效率的增加也十分有限。随着经济的发展，印度农业在国家生产总值中占比逐渐下降，而从事农业工作的人口大约有50%，农民从中能够获得的利益可想而知。

2018 年 11 月 29 日，印度再次爆发大规模抗议活动，据英国广播公司称，这已是印度年内发生的第 4 次大规模农民抗议示威活动，主要诉求为提高农作物价格、缓解旱情以及减免农业贷款。与此同时，甚至发生了农民因为生计问题而自杀的状况，据报道，过去 20 年有约 30 万印度农民自杀，2019 年 1—3 月，印度西部地区曾发生 600 多起农民自杀事件。造成这种状况的原因有很多，如农业的脆弱性、自然灾害等，但归根结底是政策的制定和实施的问题。尽管在上文提到了印度在农业各个方面的扶持政策，但就其实际效果看来仍有待改善。据英国《每日邮报》统计，印度每年都有数百万小农因为灌溉设施不足而遭受损失。印度大部分地区是季风性气候，降水极不稳定，没有强大的灌溉基础设施，便只能听天由命，无法保证农业生产的稳定，这对于小农户来说是灾难性的。从如此高的自杀人数来看，印度的农业保险体系并不能很好地弥补农民的损失。尽管印度在降低农业贷款的门槛，但贷款终究是要还的，一旦农业歉收，农民便无力偿还贷款，生存也就成了问题。

自莫迪政府上台以来实行食品低价、出口限制与抗通货膨胀等政策，再加上印度政府从补助农村的政策，转为大规模投资支出，严重影响了农民的收入，使得农民极为不满，大量农民与农村杂工走上街头抗议。而随着 2020 年全国大选日期的临近，印度总理莫迪日前公布了选举年度预算方案，主要内容有援助贫困农民和农村地区，促进增长、就业和私人投资，承诺将提高农作物的最低价格，同时对印度各地的农业市场进行大量投资。方案还为农村地区提供了更多的资金，包括灌溉项目和水产养殖项目，并指示州政府购买农民使用太阳能水泵收集到的太阳能。

上述印度的各项农业政策，如发展良种、发展种植技术、发展农业保险和信贷等，从理论上讲是没有问题的，也符合国际上发达国家农业发展的大致思路，从实际上讲也取得了一定的成果，但是，距离解决印度农民的迫切需要还有一定距离。印度政府公布了新的预算，看起来对于农业有一定的侧重。的确，农业的发展需要切实的资金投入，而不是画饼充饥，毕竟莫迪政府上台前也曾承诺到 2022 年让农民的收入翻一番，而今却是这般局面。不过，资金投入也应该有重点，基础设施和相关服务业便是重中之重。

五、印度农业政策发展趋势

（一）农产品价格支持政策发展趋势

农业的发展有其自身的脆弱性，随着经济发展水平的不断提高，农产品商品化程度的不断发展，农业生产的成本在不断上升，从事农业活动的利润下降。资本追逐利益的流动性使得资本从农业中出逃的趋势加大。为保证农民的收入水平提高，维护农民的生产积极性，促进农业的发展，农产品价格支持政策是十分必要的。在未来，农产品价格支持的水平会越来越高，主要体现在两个方面：一方面是农产品价格支持政策的覆盖地区会更加广泛，另一方面是农产品价格支持政策所覆盖的农产品种类会更加全面。

（二）农业补贴政策发展趋势

如前所述，农业生产成本上升已成为必然趋势，而要解决这个问题不能完全依赖提高农产品价格。过高的农产品价格会增加人民群众的生活成本，使国内产品在国际上失去竞争优势，甚至使国内农产品市场面临国际廉价农产品的冲击。因此，这就需要农业补贴政策的支持，使农产品在生产过程中降低成本，这样既有利于保护农民的收益，又不会造成农产品的价格大幅度上涨，是维护农业市场稳定、保障农民利益的重要措施。

随着农业补贴政策的逐渐演变，其发展呈现出了以下趋势：一是农业补贴将更加全面。随着经济的不断发展，越来越多的农产品加入了商品化进程，这些农产品同样面临着成本上涨的压力，因此政府的农产品补贴政策将覆盖更多的农产品，同时这些政策也将覆盖更加广泛的地区。二是补贴的总体规模会继续加大。随着农业补贴政策覆盖面的扩大，其投入将继续增加。此外，随着国家经济的不断发展，在农业方面的投入比例不变的情况下，农业补贴的规模随之增加是自然而然的。三是粮食补贴仍作为基本福利保障工具。印度经济发展相对落后，到目前为止依然存在大量贫困人口，同时印度政府的管理水平一样不高，不具备向贫困人口提供转移支付等方式的收入管理体制。目前，印度向贫困人口提供社会福利的方式仍旧是通过粮食分配系统来向贫困人口提供合理价位的粮食。由于目前印度粮食补贴政策承担着向贫困人口提供福利、保障贫困人口生活以及维护社会稳定的重任，因而这一性质在短时间内不会有什么实质性的改变。四是农业补贴政策将更加科学。随着农业补贴政策轰轰烈烈地展开，其在促进农业发展的同时，也产生了过度投入、过度开发的现象。农药和化肥的过度使用不仅给土壤造成了损坏，还形成了环境污染。水井的大量修建，使得灌溉用水大量增加造成了地下水位的下降。面对上述问题，农业补贴政策进行科学调整势在必行，当然，其削减补贴金额总量的可能性不大，重点应该是在补贴结构方面进行调整。

（三）公共服务支持政策发展趋势

（1）持续增加农业科研费用。在之前的发展过程中，由于良种和更加先进的种植技术的应用，使得印度的粮食产量有了大幅增长，科学技术所带来的巨大成果是显而易见的。因此，印度政府接下来将会继续加大对农业科研方面的投资。

（2）增加对普及农业科学知识以及培养专业人才的支出。先进的科学技术分为两方面，一方面在实验室发挥作用，用于培养高产品种、研发高效农药等，另一方面在田间发挥作用，需要农民拥有科学的种植方法，能够熟练使用相关机械设备等。无论是哪个方面，都离不开对农业科学知识的普及以及专业人才的培养。因此，印度将在这个方面持续增加投入。

（3）增加对农业和农村基础设施建设的投入。尽管之前提到印度的农业补贴政策造成了过度投入、过度开发的现象，但这种现象并不是普遍存在的，仍有很多地区没有得到应有的开发。此外，增加投入用于交通建设、农业市场建设等方面都是十分必要的，提高运输效率和交易效率有利于农业的进一步发展。为此，印度开始吸引民间投资、甚至海外投资用于农业基础设施的建设。

（4）促进市场化发展。印度农村地区的商品化程度仍然比较低，特别是小生产者与市场对接的程度更低。封闭的发展模式不利于小生产者接触先进的技术和经验，改善自身经济水平的机会也大大降低。为促进小生产者向市场化方向发展，印度通过建立营销合作社和生产联盟的方式改善小生产者在市场中的不利地位，并提供资金和信贷支持。

（四）农业信贷政策发展趋势

农业信贷政策是为农业生产提供资金支持的重要组成部分，对农业的发展起着至关重要的作用。随着市场化的发展，农业相关产品商品率的提高，农业发展的资金缺口也会越来越大。因此，完善金融机构，特别是农村地区的金融机构，完善信贷流程，利用商业化运作方式降低运作成本，为农业发展提供尽可能多的资金支持就成了必然的方向。另外，农业信贷政策还将覆盖更多地区和更多人群，避免地区发展不平衡，降低信贷门槛，使更多小额借款人也能得到实惠。

（五）农业保险政策发展趋势

农业保险具有保护农业生产、保障农民收入和促进农村社会稳定的重要作用，对保护、促进农业农村发展具有重要意义，不断完善农业保险政策是发展的必然趋势。随着经济的发展，政府可提供的保险补贴资金越来越多，多年来保险业的发展使得保险运作更加成熟，成本降低，保险的赔付率可能会有所提高。从前面的农业保险发展历程也可以看到，农业保险的种类将会越来越多，覆盖的农产品品种也会越来越多。农业保险政策将会向全国更多的地区推广，农民购买保险的限制条件会更少，具体条件的要求会降低。

六、启示及建设

印度农业政策经过长期的实践，成功之处与失败之处如今已经可以分析出一些，尽管中国的国情与印度存在很大差异，但经济发展的规律是相通的，我们可以从印度农业政策的发展经验当中得到一些启示：

1. 重视科研投入，培养专业人才

在印度农业政策发展的整个过程中始终都非常重视科学技术的作用，在这一指导思想的作用下，良种作物被广泛种植，种植耕作技术有了很大提高，农业研究体系逐步建立，粮食产量大幅度增长，不仅实现了自给自足，还有余粮用于出口创汇，极大地促进了农业的发展，提高了农民的收入水平，保障了国家的粮食安全。除粮食生产之外，“白色革命”与“蓝色革命”的开展很大程度上得益于相关科学技术的发展。

中国无论是耕地面积总量还是人均耕地面积都要低于印度，而且中国的经济更为发达，对于农产品的需求量远高于印度，保障粮食安全的压力更甚于印度，因此，加强对农业科学技术的投入是十分必要的。一方面，要加强对科学技术研发的投入，研发更加高产的农作物品种、更加高效无毒的农药等；另一方面要注意培养农业方面的专业人才，这不仅可以为农业科学研发提供人才支持，还可以促进科学耕作技术的广泛应用。

2. 坚持各种农业补贴政策的合理应用

在印度农业政策当中，农业补贴政策一直发挥着十分重要的作用。尽管某些地方因为补贴政策造成了过度开发利用的问题，但其促进印度农业发展的功绩不可磨灭。因此，中国要在坚持应用农业补贴政策的同时，注重农业补贴政策的科学性、合理性。要注意直接补贴、间接补贴与专项补贴的合理搭配，充分认识各种补贴政策的作用效果，使各种补贴政策的效果实现社会福利最大化，有效促进农业发展水平，提高农民的实际收益，保障国家的粮食安全。注意专项补贴的应用，可以有效创造先进农业产业或者弥补某种农业上的短板。

3. 注意农产品价格支持政策的适度应用

印度农业在改革之初为应对农业生产成本的上涨，采取了提高粮食支持价格的政策，结果导致公共系统粮价高于市场上粮食的价格，产生了一系列不利影响。但是，农产品价格支持政策，特别是粮食价格支持政策仍是保证农民收益增长、保护农产品市场稳定的重要措施。中国目前由于家庭小规模经营的形式广泛存在，农业生产成本比国际上先进粮食生产国的生产成本要高，因而价格就必须要高于国际粮价才能保证农民的收益。尽管这种状态不健康，也不得不利用粮食价格支持政策加以维持。目前，中国粮食保护价格有下降趋势，这是为促进国内粮食生产健康发展的必然措施，但粮食价格支持政策仍不可废除，只能力求进一步科学应用。

4. 建立和完善农村金融支持体系

印度农业在发展过程中得到了印度农业信贷政策的极大支持。以中国目前的发展状况来说，购买最基本的农业生产资料不是大问题，但是要想从事扩大耕种规模、购买农业机械以改善生产条件等活动，大部分农民还没有这个资金实力，因此，需要完善农村金融体系予以支持。国家需要在法律上和政策上支持农村金融体系的发展，为农民的贷款需求在政策上打开方便之门，减少农民贷款的阻碍。银行系统应注意科学发展，降低自身在农村地区的运营成本，以便为农民贷款提供更加优惠的利率。

5. 完善农业保险政策

农业保险具有保护农业生产、保障农民收入和促进农村社会稳定的重要作用，对保护、促进农业农村发展具有重要意义。印度农业在发展过程中，农业保险种类不断丰富、覆盖地区与农产品种类不断增加，其自身的运营也更加科学合理，为印度的农业发展提供了一定程度的支持。

中国目前农业保险也有了一定程度的发展，但是农业保险的种类比较少，特别是赔付的比例过低，一旦真的遭遇自然灾害，能够得到赔付金额相对于损失来说简直是杯水车薪。因此，需要国家在政策上和财政上予以更加有力度的支持，加大对农业保险的补贴力度，使农业保险真正发挥其作用，还要丰富保险的种类，建立更加成熟、科学的农业保险运行机制。

总的来说，中国农业发展的状况要比印度好上许多，也对农业进行了更加强大的资金投入，但是上述农业科技、农业保险、农业信贷等方面的政策支持仍不可少。印度目前出现的农民问题一方面是因为资金投入仍然不够，另一方面则是扶持的重点出现了偏差。尽管印度对农业投入了大量补贴，但其落后的农业基础设施严重限制了农业的发展，没能从根本上解决农民的收入问题。中国应顺应国际农业发展的历史规律，规避印度在发展中的错误，同时坚持针对中国农业中的切实问题，完善农业政策，加大对农业的投入，争取早日解决“三农”问题。

中俄农业合作模式及存在的问题

——以华信中俄现代农业产业合作区为例

随着“一带一路”倡议的推进，在充分利用国际和国内两个市场、两种资源，深入推进农业“走出去”的战略指导下，中俄农业合作取得了显著成绩。本报告以一家与俄罗斯有着密切合作关系的中国涉农企业为研究对象，通过分析总结该企业在对俄农业合作中取得的成功经验，了解近年来中俄农业合作模式的新趋势，并分析这些新趋势会如何影响未来中俄农产品贸易格局，并对中俄两国农业合作前景进行展望。

一、合作区的基本情况

华信中俄（滨海边疆区）现代农业产业合作区由东宁华信工贸集团下属全资子公司——东宁华信经济贸易有限责任公司于2004年创立，在俄罗斯滨海边疆区设立有乌苏里斯克阿尔玛达公司，经过多年开发，现已发展成为集种植、养殖、加工为一体的大型农业产业合作区。2010年阿尔玛达公司被黑龙江省农业委员会评为优秀境外农业合作区。合作区种植的大豆、玉米、小麦单产连续6年位列俄罗斯滨海边疆区第一名，连续5年被评为俄罗斯滨海边疆区最佳农业企业。2010年3月，合作区被纳入时任中国国家副主席习近平访问俄罗斯期间签订的10个重点合作项目之一。2012年4月，合作区被列为时任中国国务院副总理李克强出访俄罗斯期间见证签约的中俄经贸合作28个重点项目之一。2013年俄罗斯联邦评级分析组授予阿尔玛达公司区域发展贡献奖，在93 452家同行业企业中排名第二，同年阿尔玛达公司的大豆顺利通过了韩国国际食品安全标准检测。2015年，合作区被列为《推动共建丝绸之路经济带和21世纪海上丝绸之路的愿景与行动》的优先推进项目。2015年4月，中华人民共和国商务部、中华人民共和国财政部联合签发《境外经济贸易合作区确认函》，确认合作区符合国家农业产业型境外经济贸易合作区确认条件。目前，该合作区正打造成中俄农业合作的最大平台。合作区历经10多年开发建设，已初步形成了以种养殖业、加工贸易业、仓储物流业为主的中俄现代农业综合示范项目。目前，合作区拥有耕地6.8万公顷，设有14个种植区，农业机械化率达 100%；建有 7 个粮食处理、仓储、加工园区，有万头生猪养殖区、千头肉牛养殖区、380 头奶牛养殖区、年加工 10 万吨的大豆油脂加工厂等与之相配套。

二、合作区的成功经验

在“一带一路”倡议实施和农业“走出去”呼声越来越高的背景下，探讨中国涉农企业达成更好效果的双边农业合作、实现互利共赢、共同发展的战略预期是值得关注和研究的。华信中俄（滨海边疆区）现代农业产业合作区保持了良好的与俄罗斯农业合作的历史和传统，其经验对其他企业开展中俄农产品贸易与农业合作有很大参考价值和借鉴意义。

（一）优良的自然资源禀赋与合理的区位选择

滨海边疆区位于俄罗斯最东南，面积 16.5 万千米^2，人口 190 多万，首府符拉迪沃斯托克。滨海边疆区地理位置突出，东面接临日本海，西南与中国黑龙江省相邻，南面与朝鲜接壤，与中国有 5 个公路口岸、1 个铁路口岸连接，交通运输便利，铁路运输网络发达、港口优良。农产品经由海运可出口至韩国、日本和中国。此外，该地区土壤肥沃，主要为褐土和黑土，土层深厚，耕性良好，适合种植多种大田作物，土壤不仅肥沃而且未受污染，有机质含量近 10%。该地区位于北纬 43°至北纬 45°之间，属于世界“黄金玉米带”和“黄金奶牛带”，光照充足、水资源充沛，年日照 2 630 小时，年有效积温 2 800 ℃，无霜期 140 天左右，年平均气温 6 ℃以上，年降水量 500～600 毫米，其中夏季降水量为全年降水总量的 70%，适合小麦、大麦、玉米、水稻、大豆及果菜类等农作物的大面积种植。

（二）以当地利益为立足点开展农业合作

合作区一直秉承谨慎合理原则开发俄罗斯资源，在农业合作中一直优先考虑当地利益，尽力消除俄对中国可能掠夺式开发的戒备。坚持绿色、可持续的方式利用农业资源，尽管俄罗斯已于 2013 年 9 月 23 日颁布法令允许向自然界排放转基因物质及在生产生活中使用转基因技术产品，但是合作区始终坚持种植非转基因大豆。另外，合作区也高度重视带动当地农业发展，其种植的小麦、玉米单产连续多年名列滨海边疆区第一名，并为当地带去了先进的农业技术以及农业综合开发模式，提升了滨海边疆区种植业、养殖业、加工业的发展速度。

（三）助力当地经济社会发展，发展成果惠及当地居民

在进行农业合作开发的过程中，合作区还积极参与社会慈善和公益事业，提供就业岗位，履行社会责任，使中俄睦邻友好的合作关系更加密切。农业产业合作园区的建设极大地解决了俄罗斯农村居民的就业问题。合作区已安排当地400多人就业，提供的岗位包括管理、司机、种植养殖工人、翻译等，2018年又提供就业岗位2 000个。2015年，合作区所属的阿尔玛达公司出资将滨海边疆区的反法西斯纪念碑修缮一新，并在每年的俄罗斯反法西斯胜利纪念日期间，前去看望二战老兵，送去慰问品。合作区还积极参与教育及社会慈善事业，改造修建了当地多所幼儿园、学校；并对接俄罗斯滨海边疆区农业科学院，组织学生到合作区进行生产实践，目前合作区已成为该科学院的生产实践基地。这种“融入当地社会，造福当地人民”的做法，赢得了民心，收获了友谊，提升了中国企业形象，顺应了“一带一路”倡议要求。

（四）企业抱团开发，形成产业集聚效应

企业抱团开发，降低了单个企业对俄农业合作的交易成本，并形成产业集聚效应，提高中国企业在对俄农业合作领域的竞争力。截至2016年，已有黑龙江农垦新友谊农业经济开发有限公司、哈尔滨福信投资有限公司、哈尔滨英瑞斯饲料有限公司等6家企业落户合作园区，并带动了农垦北大荒牡丹江管理局、宝泉岭管理局的9家国有农场进入俄罗斯从事农业种植。

三、综合体（合作区）对中俄农产品贸易和合作的影响

（一）有利于促进贸易方式多元化

传统上开展与俄农产品贸易一般有两种方式：一是中国涉农企业到俄罗斯当地自行收购所需农产品，然后通过贸易方式进入中国；二是与俄罗斯当地有实力的涉农企业和农场合作，由于这类企业和农场有自己的储存和加工设备，中国可采取让其帮助收购的方式合作。但是通过中俄合建农业综合体，又增加了两种新的贸易方式：一是在俄罗斯租地种植粮食，待收获后采用回运的方式进入中国，即一个“头在境外、尾在境内”的跨境产业链，这个产业链的形成始于一个被称为“俄粮返乡”的经济现象。二是综合体本身就有很强大的农产品加工能力，直接从产业链源头做起，经过种植与采购、贸易及物流、食品原料和饲料原料的加工、养殖屠宰、食品加工、分销及物流、品牌推广、食品销售等各环节，形成最终产品出口国内，虽然这些产品是从俄罗斯进口的，但却

都是中国企业生产的。

（二）有利于促进农业生产要素跨境流动，稳定双方农业合作

“一带一路”倡议提出后，中俄双方在农业领域的合作也有了新扩展，尤其是俄在境外农业种植、农产品销售、大型农机具通关、粮食返销、农产品贸易合作、农业技术交流等方面放宽了政策限制，为中国企业创造了更加宽松的经营环境。农业综合体显然在这些方面有更强优势。如合同年限方面，通过与俄罗斯政府直接签订50年甚至更久的合同，企业可以放心改良土地，大胆投资设备，未来收益指日可待。劳动人员方面，农业综合体本身具有庞大的人力储备，还雇用了大量当地人员，不用担心人手不够的问题。农业综合体还具有全产业链的优势，可大幅提高农业合作效率。

四、中俄农业合作存在的问题

（一）人才与科技支持不够

俄罗斯农业劳动力稀缺，且高素质人才较为匮乏。调研中发现，很多中俄农业合作开发区中高级技术性工种的劳动力都来自中国。但中国农业劳动力进入俄罗斯国内的苛刻条件限制了人才流动。同时，俄科技支持能力不足，农业新技术、新品种等研发能力不足，很多技术、品种都还是20世纪60—70年代的产物，农业基层技术推广体系趋于瓦解，难以满足现代化的农业技术要求。

（二）农业设备资料使用限制多

为保护本国农机工业，俄罗斯政府出台多项政策限制国外农机具进口，包括向进口农机具征收27.5%的临时关税且无法享受政府15%的购置补贴，提高了使用进口农机具的成本。另外，农机具跨境作业比较困难，俄罗斯政府对农机具跨境作业设置了许多障碍，如对农机具跨境作业进行配额管理，限制进入俄罗斯跨境作业农机具的数量；农机具跨境作业需缴纳数额较大的保证金和监管费等。

（三）生产资料成本高

尽管中国种质资源高于俄罗斯，但由于俄罗斯要求只能使用自己的种子，导致在俄企业不得不使用质次价高的俄种。另外，化肥价格高，进口化肥需要交纳高额关税。农药价格高，俄罗斯边区农业所使用的农药药效较差，进口农药不仅需要申请许可证，而且还需缴纳高昂的税费。

（四）原粮返运限制多

理论上俄罗斯农产品相对于国内具有明显的价格优势，但由于将俄罗斯农产品回运至中国需要缴纳俄罗斯和中国的关税、增值税、运费、检验检疫费等各项费用，加之俄罗斯经济政策多变，回运渠道前景存在变数。另外，运输条件也是制约中俄两国农产品贸易进一步发展的重要因素。

（五）国际国内竞争激烈

俄罗斯优越的农业自然资源条件，吸引了国外大量投资，在俄罗斯欧洲地区有来自德国的大批农业企业投资开发，在远东地区除了中国以外，日本、韩国、新西兰企业也有参与，各国投资者在土地、产品市场方面的竞争日益激烈。来自中国国内的竞争同样激烈，受政策鼓励和经营效益吸引，投资俄罗斯农业的中国企业和个体日益增多，但是缺乏日韩投资者那样的组织管理，往往急功近利、哄抬地价，更有灰色经营、偷税漏税等违法行为，在俄当地造成很不好的影响，不仅增加了中国企业的经营成本，也造成了俄罗斯对中国企业的监管力度加大。

（六）中国对“走出去”企业支持力度不够

中国对“走出去”企业的服务支持或者配合设施支持力度不够。比如针对在俄投资涉农企业劳务派遣难办的问题，政府应当更加重视并积极与俄政府洽谈，及时解决困扰企业发展的这一问题。再比如，长期以来一直困扰“走出去”企业的问题，即粮食回运是否还需按照关税配额制度管理也值得研究。如何充分利用关税配额，提高中国在全球配置农业资源的能力方面还需要进一步的配套措施。

（七）贸易方式的改变让中国企业面临更大市场竞争压力

贸易方式改变有两点：一是过去俄罗斯经济发展势头好的时候，中国农产品大量出口至俄罗斯；但随着俄经济下行、卢布贬值，中国涉农企业转出口为进口，大量进口俄罗斯农产品（95％以上为大豆），俄罗斯大豆的大量进口势必挤占中国大豆市场。二是农产品回运取代了进口，这种贸易方式的改变让企业无论在国内还是国外都面临较大压力和风险。在国外，有政治及制度不稳定的风险，企业也遇到过农场主违约、临时改变租赁土地合同的事件，也遇到过俄政府针对劳务派遣提出的种种刁难。在国内，俄罗斯大豆的回运以及大量俄罗斯大豆进口无形中压缩了企业的利润空间，面临激烈的市场竞争。

五、总结

通过案例分析不难发现，随着中国经济实力的增强和俄罗斯经济低迷，特别是卢布贬值产生的影响，中俄两国农产品贸易方式不断发生变化。过去两国农产品贸易仅限于中国向俄罗斯出口冷鲜蔬菜等园艺产品，如今贸易范围扩大到进口俄罗斯大豆及小麦等粮食作物。农产品贸易领域的扩大及贸易方式的转变说明，在两国农产品贸易往来日趋密切的同时，两国正在朝着贸易互补、互利共赢的方向发展。另外一个需要说明的是，随着“一带一路”倡议的提出和实施，中国涉农企业加快了“走出去”的步伐。俄罗斯有着肥沃的土地，人少地多的特殊国情使得中国企业纷纷赴俄投资，共建农业合作经济体的合作模式应运而生，对全产业链的控制使得企业获利能力增加，在取得丰厚收益的同时也还是存在一些现实问题。总体来看，新的贸易形式是两国经济实力发展的必然显现，幸运的是两国高层营造的政治互信、互利友好的合作氛围，让两国农产品贸易走上了正确的道路，尽管还有很多问题需要解决，很多潜力值得挖掘，但随着时间推移，相信中俄两国农产品贸易必将成为中国和“一带一路”沿线国家农业合作的典范，也会为“一带一路”倡议的实施增添浓墨重彩的一笔。

专题篇

ZHUANTI PIAN

中美经贸摩擦对双方农业贸易的影响及政策启示

一、美国重拾贸易保护主义，中美发生大规模经贸摩擦

自2017年1月入主白宫以来，为挽救在贸易竞争中处于劣势的本土产业，特朗普政府实施了一系列保护性贸易政策，致使美国与其主要贸易伙伴国之间贸易争端频出。其中，以美国政府指控中国强迫在华企业转让知识产权为由启动的美国政府调查对中美贸易影响最大，并直接导致了中美贸易争端的发生。作为中国的主要反制武器，农业贸易在此次中美经贸摩擦中发挥了巨大作用。具体来说，在美国50个州中，有14个州对华出口最多的产品是农产品；26个州对华出口农产品排名占所有对华出口产品前五位。本文将从中美农业贸易现状、中美经贸摩擦对两国农业的影响以及美国政府应对措施等方面，分析总结此次中美经贸摩擦带给中国今后应对国际贸易争端的经验和启示。

2017年8月14日，特朗普签署行政备忘录，要求美国贸易代表按照美国《1974年贸易法》相关法规，判断中国有关技术转让、知识产权和创新的法律或政策是否对美国企业造成歧视；重点针对中国涉嫌违反美国知识产权和强制美国企业进行技术转让等指控，并授权美国贸易代表莱特西泽为确保“公平和对等的贸易规则”，可以动用所有可用的政策选项。2017年8月18日，莱特西泽宣布启动针对中国的“301调查”[①]。2018年3月22日，特朗普政府公布了调查报告并认为中国在技术转移、知识产权和创新方面存在不当行为，至此中美经贸摩擦序幕被正式拉开。次月，特朗普政府公布针对总价值为500亿美元的1 300种商品加征25%的关税清单，并称此举旨在弥补美国在科技领域所遭受的损失。被波及商品涵盖了《中国制造2025计划》中中国政府重点支持发展的高科技产业，涉及信息和通信技术、航天航空、机器人、医药、机械等

① “301调查”源自美国《1974年贸易法》第301条，该条款授权美国贸易代表可对他国的“不合理或不公正贸易做法”发起调查，可在调查结束后建议美国总统实施单边制裁，包括撤销贸易优惠、征收报复性关税等。

行业。在中国给予同等规模、同样力度的反击后，中美贸易摩擦再度升级。2018 年 9 月 18 日，美国政府宣布将于 9 月 24 日起，继续对原产于中国的 2 000亿美元商品加征 10%的进口关税，并将于 2019 年 1 月 1 日将加征关税税率上调至 25%。

针对美国在关税方面的不断加码，中国采取了两次强有力的回应措施：①2018年 6 月 16 日，中国宣布对原产于美国的 500 亿美元商品加征 25%的关税。其中包括农产品、汽车、水产品等 545 项约 340 亿美元商品自 2018 年 7 月 6 日起实施征税，其余 160 亿美元商品自 2018 年 8 月 23 日起实施加征 25%关税。此次征税共涉及 517 项农产品，主要包括大豆、谷物、棉花、肉类、水产品、乳制品、水果、坚果、威士忌酒和烟草等。②2018 年 8 月 3 日中国宣布将对原产于美国的 5 207 个税目约 600 亿美元商品加征 25%、20%、10%、5%不等的关税。9 月 18 日，商务部发文称自 2018 年 9 月 24 日起对已公布的 600 亿美元商品分别实施加征 10%和 5%的关税。此次征税清单商品涉及 387 项农产品，主要包括生皮、植物油、蔬菜、咖啡、可可制品等，涵盖了大多数第一次未征税的农产品。目前为止，中国已对从美进口的近 90%的农产品加征了相应关税。

为缓和不断升级的中美经贸摩擦，2018 年 12 月 1 日中美两国元首在阿根廷布宜诺斯艾利斯举行的 G20 峰会期间达成共识，同意暂停新一轮关税的加征并在 90 天内（自 2018 年 12 月 1 日中美两国元首举行会晤起始，到 2019 年 2 月 28 日截止）尽快展开全面的贸易谈判。新一轮的贸易谈判既对当前焦灼的贸易摩擦起到较好的缓冲作用，又给双方贸易磋商提供了时间和空间。在距离 90 天谈判期仅剩最后一周时，新华社发表声明称目前两国的经贸团队最新一轮的贸易谈判富有成效，在贸易平衡、农业、技术转让、知识产权保护及金融服务等方面取得了积极进展。

二、农产品贸易在中美经贸摩擦中扮演重要角色

受高速增长的农产品进口推动，自加入世界贸易组织以来，中美农产品贸易额从 2002 年的 30.8 亿美元增长至 2017 年的 240.1 亿美元，年均增速 14.7%。2017 年中国进口占中美农业贸易总额的 81.3%，美国对中国农产品出口占美国农产品出口总额的 14%，仅次于加拿大（17%），同时占中国农产品进口总额的 19.3%。中美两国之间的农业贸易对双方农业产业均有巨大的影响力。从进口角度来看，中国大量进口美国的大豆、棉花、肉类、乳制品、蔬菜、水产品与果类产品。其中，大豆是中美农产品贸易规模最大的产品，中国是美国大豆第一大进口国。自 2009 年以来，中国年均进口大豆占美国大豆

出口总额的 50%以上，累计进口额达 1 101.6 亿美元。以 2017 年为例，中国从美国进口大豆 3 286 万吨（122.5 亿美元），为美国大豆总出口量的 57.5%，占美国向中国农产品总出口额的 62.8%。此外，2017 年中国进口美国棉花近 10 亿美元，占美国棉花出口总额的 17%，仅次于越南（18%）；同年，中国进口美国高粱和猪肉的金额分别达到 8.4 亿美元和 2.4 亿美元，占美国对应产品出口总额的 81.7%和 5.3%。

从出口角度来看，美国是中国水产品、蔬菜、水产品制品和果蔬制品重要的出口目的地。水产品是中国对美国出口最主要的农产品，对美出口依存度也较高。2017 年，美国是中国第二大水产品出口市场，对美国出口水产品分别占我国水产品出口总量的 12.8%和农产品出口总额的 15.2%。以罗非鱼为例，中国出口的罗非鱼中有 1/3 运往美国，2017 年对美罗非鱼出口额达 4.43 亿美元。此外，中国对美国水产制品和蔬菜出口额分别达 8.2 亿美元和 4.8 亿美元，占水产制品和蔬菜出口总额的 8.4%和 4.3%。

三、中美经贸摩擦对美国农业贸易的影响

2018 年中美农产品贸易额为 245.8 亿美元，较 2017 年同比下降 22.8%，其中，美国对中国的农产品出口额下降 32.7%，进口额上升 8%。中美贸易摩擦对美国农产品出口的影响显而易见。大豆作为美国农业传统优势作物以及最主要的输华农产品，首当其冲受到影响。自 2018 年 5 月末中国关税措施生效以来，美国大豆期货价格下跌 18%，触及近 10 年来新低。据美国农业部贸易统计数据显示，2018—2019 年度美国对中国农产品出口同比下降超过九成。作为主要输华农产品，2018 年 7—10 月中国累计进口美国大豆仅 64 万吨（总计 2.3 亿美元），同比减少 95%。中国已从 2017 年美国大豆最大进口国降至第五名。另据中国国家统计局数据显示，2018 年中国全年大豆进口量为 8 803 万吨，同比减少 7.9%，其中，中国从美国进口大豆 1 664 万吨，同比下降 49.4%。此外，受经贸摩擦影响，中国对美国棉花和玉米的进口额大幅削减，同比分别降低了 30%和 98%；对美国牛肉和猪肉的需求也有所下降，同比减少了 9%和 23%。据美国农业部（USDA）估算，美国农民在此次贸易争端中遭受的损失高达 110 亿美元。受此影响，2018 财年美国农民净收入降至为 595 亿美元，创近 12 年来最低收入水平①。

① 数据来源：美国农业部经济分析局 https：//www.ers.usda.gov/topics/farm-economy/farm-sector-income-finances/farm-sector-income-forecast/.

针对此次中美经贸摩擦对美国农业中长期的影响情况，Taheripour 和 Tyner（2018）的研究结果显示，加征 25%的关税将导致美国国内大豆价格相较于 2016 年下跌 4%～5%，大豆产量下降 11%～15%，高粱产量下降 4%左右。如果加征关税持续，未来 3～5 年美国经济福利每年可能将损失 22 亿～29 亿美元。对美国输华农产品而言，短期内加征 25%的关税将使得美国对中国的大豆、棉花、高粱和猪肉等农产品的出口分别下降 34.2%，18.8%，22.5%和 83.3%（Zheng 等，2018）。此外，美国农业部 James Hansen 博士等针对高粱的研究还指出，从 2018 年 4 月 17 日中国政府宣布对美国高粱征收 178.6%的关税以来，美国高粱价格持续下降。如果中国终止所有高粱产品的进口，2016—2025 年全球高粱价格可能会下挫 25%（Hansen 等，2018）。

四、美国针对中美经贸摩擦的应对措施

（一）农业紧急援助计划

美国农业部 2018 年 7 月 24 日宣布，将为受贸易摩擦影响的美国农场主、牧场主提供高达 120 亿美元的短期紧急援助，相关资金将通过农业部商品信贷公司（CCC）提供。具体来看，此次农业紧急援助计划分为以下三类：①直接发放补贴的市场促进计划（MFP）；②由政府购买过剩农产品的食品采购与分配计划（FPDP）；③提供出口促销援助的农产品贸易促进计划（ATP）。具体的资金支持和援助方式如表 1 所示。

表 1　美国农业紧急援助计划的具体分类及援助方式

紧急援助分类	市场促进计划（MFP）	食品采购与分配计划（FPDP）	农产品贸易促进计划（ATP）
资金支持	105 亿美元	12 亿美元	2 亿美元
援助方式	向受影响的农户提供现金援助	购买受关税影响的农产品	帮助农产品出口商巩固和开辟市场
款项拨付	首期 47 亿美金已于 2018 年 9 月 4 日开始拨付	由美国农业市场服务局（Agricultural Marketing Service，AMS）分阶段进行采购	自 2018 年 11 月 2 日起接受申请，2019 年初拨付到位
申请条件	2014—2016 年均收入少于 9 万美元的农民	无须申请，由 AMS 采购	任何符合条件的美国农业贸易组织、非营利性国家地区贸易团体、美国农业合作社

数据来源：美国农业部（USDA）。

1. 市场促进计划（Market Facilitation Program，MFP）

计划所涵盖的商品拨付率取决于受贸易影响的严重程度、每个生产商的实际生产情况以及调整新贸易模式的时间等因素。自 2018 年 9 月 4 日起，有意向的生产商可在作物收获后通过电子邮件、传真或邮件提交 MFP 申请。总共有 7 种农产品被纳入 MFP 计划，第一期拨付款为各产品预计受损规模的一半，其中，大豆种植者将获得 70%以上的首期救助款（36 亿美元）。

2. 食品采购与分配计划（Food Purchase and Distribution Program，FPDP）

采购商品的数量将根据不合理关税对农作物造成的损害而确定，最终采购的商品将由食物与营养服务局（Food and Nutrition Service，FNS）分发给参与国，用于紧急粮食援助计划（The Emergency Food Assistance Program，TEFAP）和其他 USDA 营养援助计划。考虑到产品的生长状况、产品可用性和市场条件等因素的变化，美国农业部计划在未来几个月内通过 4 个不同的阶段购买受关税影响的商品。该采购计划涵盖各种农产品，从猪肉、乳制品到新鲜水果和坚果，其中，计划采购约 5.6 亿美元猪肉制品、8 500 万美元乳制品、9 300 万美元苹果、5 560 万美元橙子以及超过 1 亿美元[①]的各种坚果等。

3. 农产品贸易促进计划（Agricultural Trade Promotion Program，ATP）

该计划是一个成本分摊援助，任何符合条件的组织均可申请，主要用以补偿在 2018—2019 年遭遇贸易损失的美国农业贸易组织、非营利性国家地区贸易团体、美国农业合作社等。美国农业海外服务局（Foreign Agricultural Service，FAS）将在 CCC 的授权下管理 ATP 计划，援助资金为 2 亿美元。通过 ATP 项目提供的赔偿援助，美国农产品出口促进组织可针对不同的出口市场进行调整以适应近期所遭受到的贸易损失，如通过开展消费者广告、公共关系、销售点演示、参加交易会和展览、市场研究和技术援助等活动来帮助农产品出口商巩固和开辟国外市场。

（二）实施《2018 年农业提升法案》

由于美国《2014 年农业法案》将于 2018 年 9 月 30 日到期以及中美经贸摩擦的不断升温，美国农产品出口在未来将会面临巨大的风险和不确定性。农业法案中关于农作物补贴以及对美国农产品出口的支持，对于受关税影响的美国生产者来说极为重要。同时，参众两院的议员也担忧农业法案若展期一年，农产品出口贸易促进项目也将会失去资金支持，这会让美国农民面临更多的不

① **数据来源**：https：//www.cnbc.com/2018/08/27/trump－farm－bailout－to－provide－6－billion－dollars－in－initial－relief.html。

确定性。因此，为稳定美国国内农业生产，特朗普政府加速了2018年农业法案立法协调进程，于2018年12月20日签署《2018年农业提升法案》。新法案有效期为2019—2023年，预计5年间支出3 870亿美元，其中贸易项目每年安排资金2.55亿美元。

五、中美经贸摩擦对中国农业贸易的影响

（一）对农业生产、农产品价格、农民收入和消费者福利的影响

相较于美国农业界的哀鸿遍野，中美经贸摩擦对中国农业影响有喜有忧。关税的加征导致中国大豆进口价格上涨5.88%，棉花进口价格上涨7.53%[①]，客观上促进了国内农民收入的增加和国内大豆产量的提升。受中美贸易摩擦影响，如何提高中国大豆产量问题得到空前重视。2018年2月颁布的中央1号文件明确提出要在结构上和政策上对中国大豆生产进行扶持。预计2019年中国国内大豆将扩产1 000万亩，于2022年实现大豆种植达1.5亿亩，并将在现有基础上进一步提升大豆种植补贴价格。

然而另一方面，受限于原材料成本的上涨，中国养殖业、粮油加工等行业，将不可避免受到冲击，并会在不同程度上把成本压力传导至广大消费者，进而影响中国整体福利水平。以大豆价格上涨为例，中国消费者价格指数（CPI）的计算中，与大豆价格相关的细项分别包括粮食、食用油、猪肉、禽肉等产品（在CPI中的累计权重约为7.5%），招商证券研究预测大豆价格在上涨5%、10%、20%、30%的情况下，将额外拉动CPI同比上升0.08、0.17、0.33、0.50个百分点，从而抬升中国通胀压力。

（二）对农产品贸易的影响

中美贸易摩擦将不可避免地对中国优势农产品出口带来影响。美方于2018年7月10日公布的第二轮加征关税产品（2 000亿美元）目录中包括了中国绝大多数出口美国的水产品和果蔬产品。中央农村工作领导小组办公室副主任、农业农村部副部长韩俊认为中国水产品对美国依存度较高，特别是罗非鱼、虾类、蟹类、贝类等产品，由于短期内难以找到其他能够替代的出口目的地，可能会受到一定的影响。在水果、蔬菜产品方面，美国加征关税将对中国相关果农和菜农的收入及就业产生一定影响。

此次中美贸易摩擦也将促进中国加快农产品进口多元化的步伐。预计

① 数据来源：中国农业科学院发布的《中国农业产业发展报告》。

2019 年中国自美国进口大豆较 2016 年会减少 48%～90%；而中国自巴西大豆进口量将会增长 18%～36%，自阿根廷等其他南美国家的进口也会增长 22%～62%[①]。据统计，2018 年，巴西向中国出口 6 608.2 万吨大豆，同比增长 29.8%，占中国大豆进口总量的 75.1%；美国向中国出口大豆为 1 664 万吨，同比下降 49.4%，仅占中国大豆进口总量的 18.9%[②]。此外，中国自 2018 年 7 月 1 日起取消对孟加拉国、印度、老挝、韩国、斯里兰卡等亚太 5 国大豆的进口关税[③]后，亚太国家大豆产品在中国市场上的竞争力将会逐渐提高，中国大豆进口来源进一步丰富。

六、对中国的启示及政策建议

美国作为中国主要农产品来源国，同时也是优势农产品输出国，此次中美贸易摩擦对中国农业贸易产生深刻的影响。受制于资源禀赋及市场机制的共同作用，中国农产品对外依存度持续上升已成为趋势。然而随着国际形势的日趋复杂，各类贸易摩擦将频繁发生，应对中美经贸摩擦的经验为中国在开放条件下保障农业贸易的稳定性和持续性提供了启示和借鉴。

第一，善于利用主要进口农产品作为贸易反制武器。中国作为美国大豆的主要进口国，对美国大豆加征关税是中国应对此次中美贸易摩擦的重要措施，并起到了有效的反击作用。中国大豆需求在 1.1 亿吨左右，大豆市场的供给以进口大豆为主的格局不会改变，因此农产品进口日后可以成为中国应对贸易纠纷和争取谈判话语权的重要手段。

第二，扩大农产品进口来源，增加国内农产品供给，降低进口风险。虽然中国对美国农产品的进口加征关税是中美贸易摩擦中反制美国的武器，但是由于中国从美国进口大量农产品，对美国农产品出口施加压力的同时也直接影响了中国农产品供给的稳定性和可靠性。在过度依赖某一出口来源地且缺乏替代

---

① Taheripour F，Tyner W E. Impacts of Possible Chinese 25% Tariff on US Soybeans and Other Agricultural Commodities. GTAP Working Paper No. 83，April 2018。

② 2018 年中国进口大豆七年来首降背后，全球大豆贸易格局待重塑：http://news.sina.com.cn/o/2019-02-15/doc-ihqfskcp5555878.shtml。

③ 2018 年 6 月 26 日，中华人民共和国海关总署发布 2018 年第 65 号《关于实施〈亚洲-太平洋贸易协定〉第二修正案协定税率的公告》，根据国务院关税税则委员会通知，自 2018 年 7 月 1 日起，对原产于孟加拉国、印度、老挝、韩国、斯里兰卡的进口货物适用《〈亚洲-太平洋贸易协定〉第二修正案》协定税率。这意味着，从 2018 年 7 月 1 日起中国将对原产于上述 5 国的大豆下调关税，税率从 3%降至 0。详见中华人民共和国海关总署网站 http://www.customs.gov.cn/customs/302249/302266/302269/1901949/index.html。

渠道的情况下，一旦发生贸易摩擦，供给缺口将严重威胁国内生产和需求。因此，从维护农产品供给安全的战略角度，中国应该积极扩大农产品进口来源地和促进贸易渠道多元化，降低对单一出口大国的农产品进口依赖，分散进口来源国过于集中的风险。同时，要提高国内农产品的供给能力，减轻贸易摩擦对农产品供给的影响。以大豆为例，应继续优化农业结构，减少玉米等过剩农产品的生产和库存，稳定和增加大豆种植面积，提高国产大豆供应量，减轻对大豆进口的依赖。

第三，提高农业对外投资水平，加强与“一带一路”沿线国家的合作。一方面加快开发和利用海外农业资源，增加世界粮食供给，稳定粮食价格，降低贸易摩擦对价格的冲击；另一方面控制粮食进口产业链，增强在全球市场中对于重点农产品关键环节的掌控能力，保证粮食进口稳定性，提高应对风险能力。

第四，开拓农产品出口市场，促进出口目的地多元化，降低农产品出口的风险。中国对美出口农产品具有较高的贸易依存度，由于出口目的地集中、短期内找不到可替代市场，导致中国部分优势农产品出口受到中美贸易摩擦的严重影响，进而影响农民收入和就业。因此，应扩大农产品出口市场，增加农产品出口渠道，以保障农产品出口的持续性和稳定性。

第五，提高农业核心竞争力和技术水平。中美贸易摩擦通过互征关税实现对对方的经济制裁，而中国农产品出口面临的主要贸易壁垒是非关税壁垒（技术性贸易壁垒和检疫检验标准），所以今后的贸易争端很可能向非关税领域蔓延。相比关税壁垒，非关税壁垒更隐蔽、更具针对性，对农业贸易的挑战更大、要求更严。因此，应该加强科技创新能力和贸易救济措施预警机制，对非关税措施进行合理反制，同时要提高中国农业的核心竞争力，建设“贸易强国”。

最后，借鉴美国相关经验，加大中国农业出口促进执行力度。在中国对美国农产品加征关税的不到 60 天内，美国便迅速启动了总值为 120 亿美元的农业紧急援助计划，此举有效降低了农民的损失、减小了农产品出口压力，并极大地安抚了美国国内受中美贸易摩擦影响的企业与相关从业人员。此外，中美经贸摩擦也加速了美国新一期农业法案的出台。美国最新颁布的农业法案将美国政府每年用于农业出口促进项目的投资由 2 亿美元增加至 2.55 亿美元，用以降低美国农产品出口的风险和减少国际市场的不确定性。相比于美国，中国在贸易促进方面的资金投入严重不足，也未建立应对贸易摩擦的应急保护机制，严重制约了中国农产品出口竞争力和应对贸易摩擦的能力。此外，中国在农业贸易促进方面也没有相应的立法支持，相关农业贸易促进的执行力度较弱。在当前复杂多变的国内外环境下，为保障中国农业贸易促进工作能够有序开展，应当在加大农产品出口促进资金投入的同时，借鉴美国贸易促进方面的先进经验，为中国农业贸易发展提供财政支持和实践指导。

中美贸易摩擦背景下中国樱桃进口潜力分析

一、引言

中美贸易争端从 2018 年 3 月开始已持续多日，来自美国的水果和坚果被征收高额关税。3 月 23 日为反击美国钢铝税，中国宣布对美国 30 亿美元商品加税，其中水果和坚果制品增加 15％的关税。7 月 6 日双方贸易摩擦继续升级，中国对美国 340 亿美元商品加税，水果和坚果制品再次被增加额外 25％的关税。至此美国对华出口的主要水果和坚果中，苹果关税从 10％涨到 50％，樱桃从 10％涨到 50％，橙子从 11％涨到 51％，布林从 10％涨到 50％，未去壳核桃税率从 25％涨到 65％，带壳开心果从 5％涨到 45％，巴旦木从 10％涨到 50％，带壳榛子从 25％涨到 65％。据美国相关行业协会统计，2018 年美国鲜食葡萄对华出口下降了 41.6％，苹果下降 33％，樱桃下降近一半，巴旦木将下降 5％。12 月 1 日中美双方就暂停贸易争端达成了一致，中国也开始重启美国大豆进口，但对水果和坚果征收的额外关税仍将持续到 2019 年。

在中美贸易摩擦背景下，樱桃作为中国进口额最多的水果以及美国对中国出口额最多的水果势必成为各方关注的焦点。该文首先介绍了加入世界贸易组织（以下简称 WTO）以来中国水果贸易概况、樱桃生产消费及贸易情况，然后在对全球樱桃主要生产国产量、贸易量归纳整理基础上，结合中国樱桃需求，对中美贸易摩擦背景下中国樱桃进口潜力进行了分析。

二、中国水果贸易概况

根据中国海关数据库统计，自加入 WTO 以来，中国水果进出口贸易发展迅速。水果出口额从 2001 年的 8 亿美元增至 2017 年的 71 亿美元，年均增长 14.6％，其中 2009 年受金融危机影响，出口额较上一年下降 9.3％，降幅显著；出口量从 2001 年的 148.5 万吨增至 2017 年的 520.1 万吨，年均增长 8.2%。水果进口额从 2001 年的 3.5 亿美元增至 2017 年的 62.6 亿美元，年均增长 19.9%；进口量从 93 万吨增至 474.7 万吨，年均增长 10.7%。总体看来，中国水果进出口自加入 WTO 以来均有大幅增长，但进口额较出口额增幅更为显著，中国水果贸易顺差经历了先上升后下降的发展趋势，尤其在 2008 年以来，中国水果贸易顺差由 30.2 亿美元下降至 2017 年的 8.2 亿美元，年均下降 13.5%。

2017 年，中国水果进口结构仍以鲜冷冻水果为主，占总进口额的 86%，处于绝对主导地位，其次是其他加工水果、水果汁和水果罐头，分别占总进口额的 8%、5%和 1%。

三、中国樱桃生产消费概况

根据美国农业部数据库统计，自加入 WTO 以来，中国鲜樱桃生产消费增长迅速，生产量从 2001 年的 6 万吨增至 2017 年的 38 万吨，年均增长 12.2%；消费量从 2001 年的 6 万吨增至 2017 年的 56 万吨，年均增长 15%。总体看，中国樱桃生产消费量自加入 WTO 以来均有大幅增长，但消费量较生产量增幅更为显著。在 2008 年之前，中国樱桃生产量和消费量几乎保持一致；2008 年以来，中国樱桃消费量与生产量的差距开始逐年扩大，差距由 0.3 万吨上升至 2017 年的 17.9 万吨，差距年均增长 54.7%。也就是说，目前中国樱桃生产远远满足不了国内消费需求。2017 年，产需缺口约有 17.9 万吨需要靠进口补足（USDA 统计，中国 2017 年樱桃实际进口 19.2 万吨）。

四、中国樱桃进口概况

（一）进口分析

鲜樱桃是中国进口的主要鲜冷冻水果之一，根据中国海关数据统计，加入 WTO 以来，中国鲜樱桃进口额从 2001 年的 28.7 万美元增长至 2017 年的 7.7 亿美元，年均增长率为 63.8%，为所有进口鲜冷冻水果之首。鲜樱桃进口额自 2016 年起成为中国进口额最多的鲜冷冻水果。2017 年，中国鲜樱桃进口份额继续扩大，达到所有进口鲜冷冻水果总额的 14.2%，随后依次是葡萄（10.9%）、香蕉（10.7%）和榴梿（10.2%）。

(二)进口来源区域分析

2017年,中国鲜樱桃总进口量达到10.2万吨[①],主要来自智利和美国。其中自智利进口6.9万吨,占总量的67.7%;自美国进口2.7万吨,占总量的26.5%;自其他国家进口共计0.6万吨,占总量的5.8%。中国樱桃进口地区高度集中,美国是中国樱桃第二大进口来源国,在当前贸易结构下,中美贸易摩擦将造成不小的樱桃进口缺口。

五、研究方法与数据来源

(一)研究方法

中国樱桃潜在进口能力的估计采用世界樱桃出口国家的净出口潜力来估计,即中国樱桃进口潜力是世界上其他樱桃出口国家出口潜力之和,各个国家出口潜力可由下式计算。

$$E_p = R_p \times (I_n + P_n) \tag{1}$$

$$R_p = ER_h - ER_n \tag{2}$$

其中,E_p为某个国家出口潜力,单位为万吨。R_p为某个国家出口率潜力,可以采用该国2001—2017年历史上最大出口率与最近时期内出口率之差表示,单位为百分比。I_n和P_n分别为某个国家当前某个年度进口量、产量,单位为万吨。ER_h和ER_n分别为某个国家2001—2017年历史上最大出口率、最近时期内的出口率,单位为百分比。

(二)数据来源

本文计算过程中使用了2001—2017年全球樱桃生产国家产量、进口量、出口量数据,数据均来自USDA历年统计数据。在17个统计年度中,该数据中共出现了35个国家(地区)。考虑到本文的目的是分析中国从世界樱桃贸易市场上的进口潜力,同时有些国家也不是樱桃主产国及贸易大国,类似的数据整理不会对研究结果产生影响。通过对上述数据的整理,全球生产或曾经生产樱桃的国家(地区)有17个,进口或者出口樱桃的国家共有21个。

① 这里需要指出,前文分析使用的USDA统计数据中,中国2017年樱桃进口量19.2万吨包含了中国香港、中国澳门两个地区的樱桃进口量,而中国海关数据库的统计仅包含中国大陆,但这并不影响后续计算。

六、数据描述与分析

（一）世界樱桃产量现状

根据美国 USDA 的 2017—2018 年统计结果，全球有 17 个国家种植了樱桃（产量数据非 0），世界樱桃产量约为 319.02 万吨，欧盟、土耳其和美国是全球樱桃产量前 3 位国家和地区，产量分别为 60.73 万吨、52 万吨和 50.81 万吨，分别占全球的 19.04%、16.30%和 15.93%，合计占全球产量的 50%以上；中国、俄罗斯和乌克兰是产量排名第 4、5、6 位的国家，产量分别为 38 万吨、27.64 万吨和 21.98 万吨，占比分别为 11.91%、8.67%和 6.89%，合计约占全球产量的 27.47%；其次是智利、乌兹别克斯坦、塞尔维亚、叙利亚、阿塞拜疆和白俄罗斯 6 国，产量分别为 20.67 万吨、15 万吨、9.8 万吨、6.92 万吨、4.47 万吨和 4.28 万吨，占比分别为 6.48%、4.70%、3.07%、2.17%、1.40% 和 1.34%，总计约占全球产量的 19.17%；另外还有加拿大、日本、澳大利亚、阿根廷和吉尔吉斯斯坦 5 国生产樱桃，产量分别为 2.04 万吨、1.91 万吨、1.6 万吨、0.71 万吨和 0.45 万吨，全球占比都在 1%以下，总计占全球产量的 2.1%。综上，排名前 6 位的国家和地区樱桃产量占世界产量的 78.73%，前 12 位的国家和地区产量占世界产量的 97.90%，世界樱桃生产分布较为均衡。

（二）世界樱桃贸易现状

根据 2017—2018 年度 USDA 樱桃贸易统计数据，全球有 20 个国家（地区）进行樱桃贸易，贸易总量为 89.66 万吨；贸易量占全球贸易总量 1%以上的国家（地区）有 14 个，总贸易量为 87.53 万吨，占全球总量的 97.62%；其他 6 个国家贸易量在全球总量中占比都在 1%以下，总贸易量为 2.13 万吨，占全球贸易总量的 2.38%。贸易量较大的 14 个国家和地区中，中国、智利和美国排名前 3 位，贸易量分别为 19.16 万吨、18.47 万吨和 12.76 万吨，分别占全球总量的 21.37%、20.60%和 14.23%，共计占比 56.19%；其次是俄罗斯、欧盟、土耳其、加拿大和乌兹别克斯坦，贸易量分别为 6.78 万吨、6.39 万吨、6.02 万吨、4.45 万吨和 2.81 万吨，分别占全球总量的 7.57%、7.13%、6.72%、4.96% 和 3.13%，共计占比 29.5%；塞尔维亚、哈萨克斯坦、韩国、中国台湾、阿塞拜疆、白俄罗斯 6 个国家和地区的全球占比也在 1%以上，贸易量分别为 2.58 万吨、2.17 万吨、1.91 万吨、1.49 万吨、1.46 万吨和 1.08 万吨，总量占全球贸易量的

11.92%；另外还有澳大利亚、日本、阿根廷、乌克兰、叙利亚和吉尔吉斯斯坦6国进行樱桃贸易，贸易量分别为0.77万吨、0.52万吨、0.4万吨、0.38万吨、0.06万吨和0.004万吨，全球占比都在1%以下，总量占全球贸易量的2.38%。

从进口数量来看，20个有樱桃贸易的国家和地区中，进口国家和地区共15个，进口数量占全球进口总量1%以上的国家和地区共11个，总进口量为43.94万吨，占全球进口总量的99.34%；另外4个国家和地区进口量占比都在1%以下，总进口量0.29万吨，占全球进口总量的0.07%。其中中国进口量最大，为19.15万吨，占全球进口总量的44.3%；其次是俄罗斯、欧盟、加拿大和哈萨克斯坦，进口量分别为6.78万吨、4.99万吨、3.31万吨和2.17万吨，分别占全球进口比例的15.69%、11.55%、7.66%和5.01%，共计占比39.91%；韩国、中国台湾、美国、白俄罗斯、日本和塞尔维亚的进口量分别为1.91万吨、1.49万吨、1.4万吨、0.78万吨、0.52万吨和0.44万吨，全球占比均在1%以上，共计占比15.13%；另外，还有澳大利亚、阿塞拜疆、乌克兰和土耳其等4国有樱桃进口贸易，全球占比都在1%以下，总量占全球贸易总量不到1%。

从出口数量来看，20个有樱桃贸易的国家（地区）中，出口国共15个，出口数量占全球出口总量1%以上的国家共有9个，总出口量为46.43万吨，占全球出口总量的97.54%；另外6个国家占比都在1%以下，总出口量1.14万吨，占全球出口总量的2.46%。智利和美国两个最大的出口国，出口量分别为18.47万吨和11.36万吨，占全球出口总量的39.78%和24.46%，共计占比64.24%；其次是土耳其、乌兹别克斯坦、塞尔维亚、阿塞拜疆、欧盟、加拿大和澳大利亚，出口量分别为6.02万吨、2.81万吨、2.14万吨、1.46万吨、1.4万吨、1.14万吨和0.5万吨，分别占全球出口比例的12.97%、6.04%、4.62%、3.14%、3.02%、2.45%和1.08%，共计占比33.31%；另外，还有阿根廷、乌克兰、白俄罗斯、叙利亚、中国和吉尔吉斯斯坦等6国有樱桃出口贸易，全球占比都在1%以下，总量占全球贸易量的2.46%。

（三）中国樱桃进口潜力分析

根据研究方法所提出的计算公式，本文计算了中国从全球其他国家进口樱桃的数量。其中，各国最大出口率为2001—2017年的最大值，最近的出口率、进口率和产量采用2017年数据计算。表1列出了2017年全球主要樱桃生产、贸易国的出口潜力和对中国的出口潜力。

表1　2017年全球樱桃出口潜力

序号	国家	最近出口率（%）	最大出口率（%）	出口率潜力（%）	出口潜力（万吨）	向中国出口率（%）	向中国出口潜力（万吨）
1	阿根廷	56.34	56.34	0.00	0.00	0.00	0.00
2	澳大利亚	26.74	30.77	4.03	0.08	10.70	0.01
3	阿塞拜疆	32.53	33.01	0.48	0.02	0.00	0.00
4	白俄罗斯	5.93	45.78	39.85	2.02	0.00	0.00
5	加拿大	21.26	29.05	7.79	0.42	15.80	0.07
6	智利	89.34	89.34	0.00	0.00	77.96	0.00
7	中国	0.01	0.10	0.09	0.05	0.00	0.00
8	欧盟	2.13	6.04	3.91	2.57	0.00	0.00
9	吉尔吉斯斯坦	0.87	91.64	90.77	0.41	38.22	0.16
10	俄罗斯	0.00	0.01	0.01	0.00	0.00	0.00
11	塞尔维亚	20.94	39.51	18.56	1.90	0.00	0.00
12	叙利亚	0.82	10.77	9.95	0.69	0.00	0.00
13	土耳其	11.58	15.25	3.68	1.91	0.00	0.00
14	乌克兰	1.70	1.70	0.00	0.00	0.00	0.00
15	美国	21.75	23.63	1.88	0.98	21.28	0.21
16	乌兹别克斯坦	18.70	25.44	6.74	1.01	0.00	0.00
17	其他				0.00		0.00
18	合计				12.06		0.44
19	除去美国						0.23

在现有出口量的基础上，全球樱桃的出口潜力为12.06万吨。如果不包括中国和美国的出口潜力，其他国家的出口潜力为11.03万吨，这是在不进口美国樱桃情况下，其他国家能够向国际樱桃市场提供的最大贸易潜力。进一步考虑这些国家出口到中国的比率，据中国海关数据库最新统计数据显示，2017年有8个国家与中国有樱桃贸易往来，分别是智利、美国、加拿大、新西兰、澳大利亚、塔吉克斯坦、吉尔吉斯斯坦和土耳其，以2017年这些国家向中国出口率（澳大利亚10.7%、加拿大15.8%、智利77.96%、吉尔吉斯斯坦38.22%、土耳其0%，美国除外，新西兰、塔吉克斯坦数据缺失）计算，中国从这些国家进口值为0.23万吨，这也是中美贸易摩擦背景下中国能从世界上其他国家进口樱桃的理论潜力。

七、结果讨论与建议

据中国海关数据库显示，中国近3年平均自美国进口樱桃1.8万吨，即是完全不进口美国樱桃情况下中国樱桃可能产生的产需缺口。实际上，完全不进口美国樱桃不符合实际情况，据美国相关行业协会的统计，2018年美国实际出口中国樱桃量同比下降一半，考虑以上情况，可能产生的樱桃进口缺口为0.9万吨。根据上文分析，从2017年各国对中国的樱桃出口比例来看，中国自除美国外其他各国进口潜力为0.23万吨，这个量不足以弥补中美贸易争端导致的0.67万吨的进口缺口。进一步考虑到国际樱桃生产与贸易的发展，据美国农业部近期发布的报告显示：随着欧盟以及土耳其樱桃产量的回升，全球樱桃产量极可能将在2018—2019季（2018—2019北半球樱桃季为2018年4月—2019年3月，南半球樱桃季为2018年11月—2019年10月）迎来第五年的连续增长，总产量有望达330万吨，同比增长15.6万吨；再看中国樱桃主要进口国智利，2018—2019季樱桃产量将依旧强势，预计达21万吨，相比上季轻微上浮。稳中有升的产量加之中国市场不断看涨的产品需求，2018—2019季智利樱桃的出口量将极可能刷新上季取得的历史记录，预计可突破19万吨。长远来看，随着智利近年来不断扩张樱桃种植面积，其樱桃产量也将在未来一段时间内继续保持上升趋势，继而加强对中国的出口。这都是中国进口樱桃的利好国际契机。

综上，根据计算分析，虽然在中美贸易摩擦背景下，基于当前的樱桃生产贸易结构，中国有0.67万吨的樱桃贸易缺口，但仅占全球出口总量的1.4%，随着国际樱桃生产贸易市场的利好局势发展，短期内中国完全可以通过改变自身樱桃贸易结构从国际贸易市场弥补由中美贸易摩擦导致的不足1万吨的樱桃缺口。一是增加当前樱桃贸易伙伴对华出口率。近期，中国与智利双方共同签署了一系列文件，增强了智利向中国海运新鲜水果的协议。另外，随着中国实施了对澳洲大陆樱桃有条件的准入政策，中国消费者可以提早两个月品尝到来自澳洲的高品质樱桃。这些都意味着中国通过加深与已有贸易伙伴的合作来扩大其樱桃对华出口率，以此弥补与美国贸易摩擦所产生的损失。二是增加中国樱桃国际贸易伙伴。2018年5月30日，中国海关总署公布了最新获得检验检疫准入的新鲜水果种类及输出国家地区名录，正式加入了乌兹别克斯坦樱桃一种水果品类。2019年1月16日，又正式加入了阿根廷樱桃一种水果品类。这些都意味着中国通过增加新的国际樱桃市场贸易伙伴来弥补与美国贸易摩擦所产生的损失，并满足国内日益增长的鲜食樱桃消费需求。

长期来看，改变樱桃需求过度依赖进口的现状，是解决中国樱桃危机的根本途径。2017 年，中国樱桃产量为 38 万吨，而消费量却达到了 56 万吨，约有 17.9 万吨樱桃需要从国际市场进口，鲜食樱桃国际市场依附程度很高。增加中国樱桃种植面积、提高产量、提高国产樱桃在樱桃需求中的占有率，是中国樱桃自足的主要途径。在此文章提出 5 点对国内樱桃产业发展策略的建议：

（1）在优势区域集中发展产业与都市休闲种植相结合。目前中国樱桃优势产区是环渤海湾地区，西北、西南部分冷凉高地，如山东、辽宁大连、河北山海关、北京郊区、陕西渭南、甘肃天水、四川汉源等地。樱桃是真正的时鲜水果，适宜春末夏初观光休闲采摘、城市近郊观光采摘等活动，市场好，效益高。

（2）提高樱桃产业的组织化与专业化水平。欧美国家多数实行家庭农场和公司生产经营模式，科研单位、推广部门、协会等各尽其责，种植者多数职业化，专业素质高，能够保障生产健康发展。目前中国樱桃种植多为个体生产，组织化程度低，主要产区规模偏大，采收销售压力大。需要重视发挥合作社、协会的组织协调作用，统一砧木、品种和生产技术标准，提高生产规模化和专业化水平，积极发展壮大龙头企业和专业合作社示范建设，重视市场和流通建设，稳步提高产量和增加收入，切实提高农业生产经营组织化程度，转变农业发展方式。

（3）改良樱桃种植的砧木、接穗品种。品种是基础，砧木品种是基础中的基础。目前，山岭薄地宜采用乔化砧木，肥沃土壤宜采用矮化、半矮化砧木，现代栽培趋势是矮化密植，早实丰产，砧木发展趋势是矮化砧木、接穗品种。中国与欧美发达国家的主要差距在于樱桃品种果实硬度小，多为软肉型；果实颜色浅，多为鲜红色等。新发展地区选择栽培品种要做到高起点，要求主栽品种为大果、硬肉、深红色、优质、广适型品种，以适应国际、国内市场的要求。

（4）实施樱桃现代化栽培模式。樱桃现代化栽培总的趋势是矮化、标准化、机械化，核心技术是利用矮化砧木进行矮化密植丰产栽培。选用优质大苗建园，“栽到地里就结果”。实行管道灌溉、营养诊断科学施肥、水肥一体化技术，对标准化种植果园进行机械化、自动化管理，如机械喷药、叶面补肥，站在机械平台上进行修剪、采摘等，割草机除草，开沟机械深翻改土等，省工高效。土壤管理制度由清耕制向生草制发展，肥水管理实行水肥一体化，通过控水控肥来控制树体营养生长。大力提倡设施栽培，减轻晚霜等危害。

（5）推广优良大果品种。2017 年第八届国际樱桃大会上，美国推广的砧木种类为马扎德、马哈利、考特、吉塞拉 5、吉塞拉 6、吉塞拉 12、克里木斯科 5（krymsk5）、克里木斯科 6（krymsk6），接穗品种为秦林（Chelan）、黑珍珠（Black Pearl）、布鲁克斯（Brooks）、桑提娜（Santina）、珊瑚香槟（Coralchampagne）、滨库（Bing）、本顿（Benton）、紫红珍珠（Burgundy Pearl）、乌木珍珠（EbonyPearl）、雷尼（Rainier）、柯迪亚（Kordia、Attika）、拉宾斯（Lapins）、斯基娜（Skeena）、雷洁娜（Regina）、甜心（Sweetheart）等。中国栽培地域广，不同地域应选用不同的砧木品种和接穗品种。建议甜樱桃砧木为马哈利、考特、兰丁 2 号、吉塞拉 6、吉塞拉 12、ZY－1、吉塞拉 5。推广品种以个大、优质、硬肉类型为主，主要有布鲁克斯、明珠、赛维、黑珍珠、马什哈德、艳阳、鲁玉、雷尼、红南阳、吉美、柯迪亚、甜心等。休闲栽培增加一些特早熟或极晚熟品种。酸樱桃砧木如马哈利、考特、ZY－1，品种为红玉、秀玉等。小樱桃品种如玛瑙红、重庆乌皮、诸暨短柄等。

中美贸易摩擦对中国大豆及相关产业的影响和对策分析

大豆是中国重要的粮食作物、油料作物和饲料来源之一，不仅富含植物油脂，其副产品豆粕又是畜牧业、水产业重要的蛋白原料，间接为消费者提供动物性油脂和蛋白。近些年，受收入增长、城镇化等因素的影响，中国居民对油脂类和蛋白类的食物消费显著增加，作为油脂和蛋白重要来源的豆油和豆粕的消费量也在不断攀升。据统计，2000 年以来，中国豆油和豆粕年消费量分别以 9.40%和 10.04%的速率增长，2017 年大豆消费量达到 11 400 万吨，约占世界大豆产量的 1/3。然而，大豆需求旺盛的背后是国内产业的孱弱和持续走高的对外依存度，接近 90%的份额依赖进口，进口来源国高度集中在巴西、美国和阿根廷等国，其中自美国的进口约占进口总量的 35%。高度集中的进口格局对中国保障大豆有效供给和稳定相关产品价格的能力埋下了潜在风险。

本研究首先梳理了世界及中美两国大豆贸易现状，然后重点分析和评估中美贸易摩擦对中国大豆和相关产业的影响，最后提出了相应的应对策略。研究结果表明中美贸易摩擦对中国大豆及相关产业将产生以下几个方面的影响：一是进口大豆价格上升，但是幅度较小；二是豆油、畜产品成本增加，价格上升，但对 CPI 影响有限；三是增加中国农民种豆积极性，减少对进口大豆的依赖，但是作用有限。基于以上研究成果，提出如下应对措施：①适当增加国内大豆及油菜籽种植面积；②增加从其他国家的大豆进口量，实现进口多元化；③增加大豆替代品的进口和消费，减少大豆进口；④调整饲料配方，采用低蛋白饲料配方降低豆粕需求；⑤引导居民调整消费结构，减少大豆需求；⑥深化贸易布局，布局全球产业链。

一、中美贸易摩擦背景

中美贸易关系自两国建交以来就在摩擦与曲折中发展。加入世界贸易组织（以下简称 WTO）以来，美国对华的贸易赤字持续增加，这一阶段的贸易失衡是两国经济发展水平差异导致的劳动力成本差距、贸易统计方式不同以及美国限制对华高科技出口等诸多因素的结果，是美国金融逻辑和经济结构变化的结果，是结构性、长期性的，短期内难以根本解决[①]。具体到加入 WTO 后的中美关系，可以归纳为 3 个方面：一是基于传统贸易统计来评判两国间的贸易状况非常困难，往往高估或低估双边贸易差额；二是导致外资企业在中国出口当中的比重非常高，它们贡献了中国货物贸易顺差的近 60%，其中美国企业是最主要的受益者，出现了“出口在中国，附加价值在美国”或者“顺差在中国，利益在美国”的状况；三是中国作为“世界工厂”改变了原有由日韩等经济体直接面向美国出口的东亚“三角贸易”格局，构建了一种中国从日韩等亚洲经济体进口中间产品、零部件加工组装后出口到美国的“新三角贸易”格局，并在贸易收支结构上形成了用对美贸易顺差弥补对日韩等经济体贸易逆差的状况，因而中国对美国贸易顺差本质上包含了亚洲主要经济体对美国的贸易顺差。

2001 年，美国对华贸易逆差为 830 亿美元，2002 年迅速增加至 1 030 亿美元，而 2003 年攀升至近 1 240 亿美元。自 2005 年开始，中国已经为消除中美贸易失衡进行了各种尝试，但效果并不明显。2008 年以来，美国经济经历了近 10 年的缓慢复苏，从美国实际商业周期来看，虽然其宏观指标各个方面都很好，但仍存在着较大的经济波动风险。近年来，美国对华贸易赤字持续增加。迅速增加的贸易逆差使得中美贸易摩擦也越来越多：一方面，美国指责中国利用不合理的汇率政策向美国低价倾销，增加了美国的失业人数，损害了美国经济的良性发展，进而向中国政府施加强大的压力，促使人民币升值。另一方面，美国政府开始采取一些保护主义的政策，比如对中国的彩电、家具以及纺织品提高关税或者实行进口配额。2018 年 3 月 23 日，特朗普签署了对华贸易备忘录。2018 年 7 月 6 日，美国政府宣布对中国 340 亿美元的商品加征 25%的关税。同日，中国国务院关税税则委员会决定对美国包括大豆产品在内的 340 亿美元商品加征 25%的关税作为反制。中美贸易摩擦本质上是一种贸易保护行为，即通过加征关税设置贸易壁垒以达到保护本国产业的目的。所不同的是，此次贸易摩擦，中国政府是被迫裹挟进来，加征关税是反制美国霸凌行为的手段，本质上中国拥护贸易自由化，反对贸易保护。在此情景下，学者们重点从影响评估和策略应对两方面

① 美国为摆脱布雷顿森林体系的“双挂钩制度”所带来的对货币扩张的束缚，选择由“资产货币”转变为“债务货币”，改变了人类社会长久以来的金融逻辑，形成了“自增强机制”的“美元体系”。自 20 世纪 80 年代以来，美国经济结构发生了重大变化，即金融业及其相关服务业在国民经济中的比重超过制造业，成为美国经济的核心部门；与此同时，伴随着制造业的大规模海外转移，美国企业以全球资源配置为核心，形成了世界范围内的价值链分工体系。

对大豆及相关产业展开研究。影响评估的研究聚焦在能否补齐供给缺口、是否对 CPI 指数造成严重冲击；策略应对的研究则主要从短期和长期、正面和负面展开。加征关税已经有一段时间了，中国大豆及其相关产业并未按照一些声音预测的那样受到大幅度波及。有鉴于此，本研究将从世界及中美两国大豆贸易现状出发，分析中美贸易摩擦对中国大豆和相关产业的影响，并提出相应的应对措施。

二、世界及中美大豆生产贸易现状

（一）世界大豆生产贸易情况

全球大豆产量处于持续增长当中，大豆产量预计将从 2009 年度的 2.61 亿吨增加到 2018 年度的 3.69 亿吨。全球大豆生产的集中度非常高，种植主要集中在美洲，亚洲次之，非洲和欧洲非常少。美洲地区大豆种植面积约占全球种植面积的 70%，其中巴西、美国、阿根廷和加拿大等国大豆种植面积相对较多。亚洲地区大豆种植主要集中在中国和印度等 20 多个国家，占全球种植面积的 24%。非洲地区和欧洲地区大豆种植面积相对较少，分别占全球的 1.3% 和 1.0%。就国别而言，巴西、美国、阿根廷、中国是世界上最主要的大豆生产国，近几年 4 国大豆产量占全球总产量的 86%以上。

在贸易方面，世界大豆出口总量不断增加，出口量从 2009 年度的 9 206 万吨增长到 2018 年度的 1.56 亿吨。分阶段看，2009 年以前，美国大豆出口数量增长速度快于巴西等其他国家；2010—2011 年，世界大豆出口总量基本保持稳定，但美国大豆出口量呈现减少趋势，巴西大豆出口数量呈增加趋势，其他国家大豆出口总量变化程度较小；2012—2016 年，巴西大豆出口增长速度快于美国，成为世界第一大豆出口国，美国成为第二大豆出口国，其他国家大豆出口保持平稳。与出口国相比，世界大豆进口国比较广泛。从进口状况看，中国、荷兰、墨西哥、德国是世界主要的大豆进口国。中国从 1996 年开始由大豆净出口国转变为净进口国，此后进口量快速上升，2017 年大豆进口量达到了 9 556 万吨，占世界大豆进口总量的 62.2%。由于受中美贸易摩擦和猪瘟等事件的影响，2018 年中国大豆进口量出现了自 2001 年以来首次下降，为 8 806 万吨，同比减少 750 万吨，减幅为 7.85%。但是进口总量仍然稳居世界大豆进口第一的位置，占世界大豆进口总量的 57.8%。由此可见，中国在世界大豆贸易中具有举足轻重的地位，中国大豆贸易政策的改变将在很大程度上影响世界大豆进出口贸易格局。具体情况见表 1。

表 1　2009—2018 年度世界大豆生产、消费、贸易、库存情况

单位：百万吨

时间	期初库存	产量	进口	出口	消费	期末库存
2009	43.20	260.73	87.51	92.06	239.31	60.06
2010	60.06	264.68	89.79	91.58	252.91	70.05
2011	70.05	240.96	94.55	91.77	259.58	54.21
2012	54.21	269.08	97.20	100.38	263.70	56.40
2013	56.40	283.34	113.07	112.74	276.92	63.15
2014	63.15	320.69	124.36	126.23	303.26	78.72
2015	78.72	316.55	133.34	132.57	314.99	81.05
2016	81.05	349.30	144.37	147.50	329.68	97.53
2017	97.53	339.47	153.54	153.16	336.08	101.30
2018	101.30	369.20	152.46	156.09	351.53	115.33

数据来源：美国农业部数据库（USDA）。

美国农业部年度统计数据与中国的自然年度有所区别，一般从当年 10 月到第二年 9 月为一个年度。

（二）中国大豆生产贸易情况

近 10 年来，中国大豆产量先减后增，从 2008 年的 1 554 万吨减少到 2013 年的 1 195 万吨，这主要是因为中国种植大豆的比较收益较低，农民放弃大豆而转向种植其他作物。随后逐年递增，2017 年大豆产量回升到 1 420 万吨，相较于上年增加了 130 万吨，增长率为 10.08%，但仍低于 2008 年的产量。然而，中国大豆消费量稳定快速增长，从 2008 年的 5 144 万吨增加至 2017 年的 11 059 万吨，增加了 5 915 万吨，累计增长 458.53%。大豆消费的增长主要是因为中国居民对蛋白和油脂类的食物消费需求增加，大豆作为油脂和蛋白来源的功能日益凸显，从而促进了大豆消费的快速增加。为了满足国内大豆的消费需求，中国大豆进口量快速增加，从 2008 年的 3 744 万吨持续增加至 2017 年的 9 556 万吨，增加 5 812 万吨，增长了 154.40%。从进口来源国看，近年来由于巴西大豆具有生产比较优势，已取代美国成为中国最大的大豆进口国。具体情况见表 2。

表 2　2008—2017 年中国大豆生产、消费、贸易、库存和自给率情况

单位：万吨

年份	期初库存	产量	进口	消费	期末库存
2008	425	1 554	3 744	5 144	901
2009	425	1 498	4 255	5 144	905
2010	756	1 508	5 480	5 943	1 326
2011	1 326	1 448	5 264	6 595	1 456
2012	1 456	1 301	5 838	7 207	1 592
2013	1 591	1 195	6 338	7 618	1 238
2014	1 238	1 215	7 140	8 060	1 413
2015	1 385	1 235	8 196	8 720	1 701
2016	1 701	1 290	8 391	9 500	1 691
2017	1 691	1 420	9 556	11 059	2 039
2018				8806	

数据来源：产量数据来自国家统计局，进口数据来自中国海关，其他数据均来自 USDA。

（三）中美大豆贸易情况

大豆是中国从美国进口的最主要农产品。2008 年中国进口美国大豆数量为 1 453 万吨，随后几年数量不断攀升，2016 年达到历史最高的 3 417 万吨。2017 年来自美国的进口量有所下降，为 3 286 万吨，较 2016 年减少了 131 万吨，减幅为 3.8%。

长期以来，中国大豆进口主要集中在美国、巴西和阿根廷，从这 3 个国家进口的总量占全部进口量的 90%以上。美国在中国大豆进口中一直占据重要地位，但比重整体上呈现下降趋势。2009 年中国进口美国大豆占中国进口总量的 51%，此后不断下降，2017 年这一比例为 34%。巴西在中国大豆市场中所占份额越来越大，一方面是因为巴西政府实施了最低保护价政策，有效地提高了农民种植积极性，扩大了种植面积和产量；另一方面是转基因大豆的大面积推广，提升了巴西大豆的单产，并提高了国际竞争力。2017 年中国大豆进口量为 9 556 万吨，其中进口巴西大豆 5 093 万吨，占总进口量的 53%；进口美国大豆 3 286 万吨，占总量的 34%；进口阿根廷大豆 658 万吨，占总量的 7%。美国大豆数量已退居第二。从美国看，美国大豆高度依赖中国市场。美国大豆出口依存度较高，生产量的 40%以上必须通过出口来消化，而美国大豆出口的 60%以上是中国市场，中国是美国大豆的最大买家。如 2017 年，美国大豆产量 11 952 万吨，出口量达 5 313 万吨（占产量的 44%），其中，对中国出口 3 286 万吨，占其大豆出口总量的 62%。美国大豆生产的 95%以上集中布局在伊利诺伊、艾奥瓦、明尼苏达等 10 个中西部农业产区，若限制美国大豆进口，将直接影响这些大豆主产州的经济和农场主的收入。

三、主要影响

（一）进口大豆价格上升，但是幅度较小

贸易摩擦必然导致进口大豆价格上升。对美国大豆加征 25%的关税后，中国大豆进口商有两种选择，一是继续从美国进口大豆，大豆价格将上升；二是放弃从美国进口大豆，转而从其他国家增加大豆进口，由于中国大豆进口量庞大，而其他国家大豆供给有限，除美国外的国际大豆市场会供不应求，价格上升。

第一，从理论看，贸易摩擦对中国进口大豆价格影响幅度较小。最坏的情景是保持对美国和其他国家大豆的进口量不变，那么中国大豆的整体价格将大约上升 8.3%。因为美国大豆约占中国进口大豆的 1/3，对其征收 25%的关税后，假定其他条件不变，那么中国进口大豆的平均价格增加幅度为：

（美国进口大豆）1/3 * 25%+（其他国家进口大豆）2/3 * 0%=8.33%

2018 年 6 月 26 日中国农业科学院发布的《中国农业产业发展报告》给出的定量评估模拟数据显示，中国进口大豆价格将上涨 5.88%，也比较小。

第二，从现实看，贸易摩擦对中国进口大豆价格的影响更小。主要原因有以下几个：①供需是影响价格的最主要因素，而从全球看，大豆及油料供应充足。预计 2018 年度巴西、阿根廷大豆产量增加，全球大豆产量将达 3.69 亿吨、油籽产量 5.99 亿吨，均创历史新高。而作为全球油料的最大需求方，受 2018 年上半年生猪价格大幅下跌及全年猪瘟的影响，豆粕需求不旺，中国的大豆需求放缓。2018 年中国大豆进口同比下降，实际进口只有 8 806 万吨。因此，从全球看，大豆价格不存在上升的基础。②25%的关税将由中美双方共同承担。由于中国减少从美国进口大豆，美国大豆出口价格大幅下降，7 月下降了 14%左右，加税后美国大豆只比南美大豆贵 10%左右，美国农民承担的税负大于中国进口商。而同期南美大豆价格只有小幅上升。③中国大豆进口价格的上升将刺激其他国家增加对中国的出口，美国大豆出口价格的下跌将吸引除中国外的其他买家，甚至不排除巴西、阿根廷等大豆主要生产国将本国大豆出口到中国，然后从美国进口廉价大豆满足国内需求，从中获利，从而使全球大豆供需格局达到新的平衡。也就是说中国目前采购了全球最贵的大豆，而美国

销售了全球最便宜的大豆，双方受损。④中国已经出台相应措施，多渠道增加大豆、豆粕进口，降低相关产品关税。早在 2018 年之前，国内企业就高度重视进口集中度过高导致的风险问题，积极开辟大豆进口多元化渠道，主动调整进口来源地。从长期趋势看，南美、黑海等地区耕地资源还有较大潜力，可以在全球大豆供应体系中发挥更大作用。以中粮集团为例。为了顺应国内农产品供需格局变化，中粮集团立足全球视野满足市场需求，将企业发展与世界粮食、食品的供应和需求形势连在一起。2014 年，中粮集团联合国内外投资者，分别并购了来宝农业、尼德拉两个国际性粮食企业，尼德拉和来宝农业的主要资产分布在巴西、阿根廷、黑海地区、印度尼西亚等粮油核心产区。2018 年 7 月起，中国对原产印度等地的大豆、豆粕进口执行零关税（原关税 3%），增加从"一带一路"沿线国家和俄罗斯与中亚地区的大豆进口，弥补部分大豆缺口。⑤中国将进一步扩大大豆种植面积，增加大豆产量，减少对进口大豆的依赖。为实施好新形势下国家粮食安全战略，积极应对中美经贸摩擦，促进中国大豆生产恢复发展，提升国产大豆自给水平，农业农村部决定从 2019 年起实施大豆振兴计划。一是扩大面积。其中 2019 年计划新增大豆种植面积 1 000 万亩。到 2020 年，全国大豆种植面积达到 1.4 亿亩；到 2022 年，全国大豆种植面积达到 1.5 亿亩，达到 21 世纪以来最高水平。二是提高单产。到 2020 年，全国大豆平均亩产达到 135 千克；到 2022 年，全国大豆平均亩产达到 140 千克，逐步缩小与世界大豆主产国的单产差距。三是提升品质，到 2020 年，国产食用大豆蛋白质含量、榨油大豆脂肪含量分别提高 1 个百分点；到 2022 年，再分别提高 1 个百分点；达到或超过世界大豆主产国平均水平。四是绿色发展。全国大豆化肥、农药使用量保持负增长，到 2020 年化肥、农药利用率均达到 40%，耕种收综合机械化率达到 78%；到 2022 年化肥、农药利用率稳定在 40%以上，耕种收综合机械化率达到 80%。

（二）豆油、畜产品成本增加，但对 CPI 的影响有限

从豆油看，其生产成本将增加，但价格上升压力较小。中国进口大豆的主要目的之一是生产豆粕，满足养殖业对高蛋白饲料的需求。随着豆粕需求的增加，豆油的供给也在增加，近几年中国植物油市场供应充足，价格低迷，因此贸易摩擦不会对豆油价格产生太大的影响。此外，植物油的替代品较多，也会抑制豆油价格的上升。

从豆粕看，畜产品生产成本将增加，但幅度可控。大豆进口价格上升会直接抬高豆粕成本，但 2018 年由于加工企业提前应对，库存充足，豆粕价格比较平稳，以养猪业为代表的畜牧业几乎没有受到冲击。此外，饲料成本在整个

生猪养殖成本中约占60%，豆粕在国内生猪养殖成本中的占比为8%～12%，因此即使豆粕价格大幅上升，对养猪业成本的影响也是可控的。以110千克的标准商品猪计算，假设生产成本为12元/千克，整猪成本约1 320元，其中豆粕成本106～158元。豆粕进厂成本每吨增加20%，生猪养殖成本增加1.6%～2.4%，合0.19～0.29元/千克，影响较小。

由于豆油、畜产品的价格上升幅度有限，对消费者支出和CPI的影响不会太大。而且近几年豆油、畜产品的价格总体处于低位运行，适当提高价格，对消费者的支出影响也很有限，不会造成CPI的大幅上升。

（三）增加中国农民种豆积极性，减少对进口大豆的依赖，但是作用有限

第一，中美贸易摩擦将为推进中国农业供给侧结构性改革、促进中国大豆产业变革提供新的机遇。大豆进口价格的上升将增加中国农民种豆积极性。但是国产大豆主要是以食用大豆为主的非转基因大豆，与进口转基因大豆不构成直接竞争关系；而国产非转基因油用大豆生产成本高，加上关税后与进口转基因大豆相比仍没有竞争力，农民种豆积极性主要靠国内补贴。第二，受制于国内耕地面积，大幅增加大豆种植面积会增加国内用地紧张，威胁粮食安全。2017年中国从美国进口大豆3 286万吨。经测算，这些进口大豆共需要2 011万公顷的耕地，占中国总耕地面积的14.9%。因此，大幅提高大豆种植面积，用国产大豆替代进口大豆将会使中国本就不宽松的耕地更加紧张，不利于中国“谷物基本自给，口粮绝对安全”的粮食安全底线。

四、对策分析

虽然从当前看，中美贸易摩擦对中国大豆和相关产业的影响非常小，但是，中美贸易摩擦很难在短期内得到根本性解决，也可能不断反复，因此有必要提前采取应对措施，将贸易摩擦对大豆和相关产业的影响降到最低。

（一）适当增加中国大豆及油菜籽种植面积

中国是传统的大豆生产大国，大豆生产尚有潜力可挖。早在2016年4月《农业部关于促进大豆生产发展的指导意见》（农农发〔2016〕2号）就提出力争到2020年大豆种植面积达到1.4亿亩，比2015年增加4 000万亩。2018年黑龙江、吉林两省均下发了扩大大豆种植面积的通知。黑龙江农委发布了《关于扩大全省大豆种植面积的紧急通知》，黑龙江省2018年新增500万亩大豆种

植面积，并在已安排 1 150 万亩轮作试点基础上，再新增 200 万亩耕地轮作试点扩种大豆，每亩补贴 150 元；吉林省长春市农委也发布了《关于迅速落实 2018 年大豆种植面积任务的紧急通知》，以扩大大豆种植面积。2018 年大豆播种面积预计达到 1.26 亿亩，大豆播种面积有望实现三连增。2009 年 1 月，为实施好新形势下国家粮食安全战略，积极应对中美经贸摩擦，促进中国大豆生产恢复发展，提升国产大豆自给水平，农业农村部决定从 2019 年起实施大豆振兴计划。计划到 2020 年，全国大豆种植面积达到 1.4 亿亩；到 2022 年，全国大豆种植面积达到 1.5 亿亩，达到 21 世纪以来最高水平。此外，利用长江沿线地区大量冬闲地种植油菜籽，也能在一定程度上提高国产油料作物供给。

虽然从理论上看国产大豆的增加可以减少对进口大豆的依赖，但是仍然面临 3 个问题：一是国产大豆是非转基因大豆，单产和出油率低，与进口转基因大豆相比没有竞争优势，增加国产大豆的生产必然增加政府的财政补贴负担；二是国产大豆以食用为主，而国内食用大豆市场容量有限，如果国产大豆供应大量增加，势必会供过于求，价格下跌，造成“增产不增收”“豆贱伤农”的局面。2017 年、2018 年国产大豆增产、价格下跌的事实也证明了这一点；三是中国耕地有限，国产替代的潜力有限，不能大幅提高中国大豆自给水平。

（二）增加从其他国家的大豆进口量，实现进口多元化

第一，可以进一步增加从巴西、阿根廷等南美国家大豆进口数量。2017 年巴西、美国、阿根廷的大豆产量分别为：10 700 万吨、11 952 万吨、5 700 万吨。出口量分别为：6 350 万吨、5 313 万吨、850 万吨。出口至中国分别为：5 093 万吨、3 286 万吨、658 万吨。中国进口美国大豆仅占巴西和阿根廷产量总和的 20%，因此可以进一步增加从巴西、阿根廷等南美国家大豆进口数量，弥补从美国减少的大豆进口数量。第二，战略性培育新的大豆进口来源国。一是可以充分利用“一带一路”相关国家的农业资源禀赋优势，继续加大在相关国家的农业投资。一方面通过现有供应商增加大豆采购规模；另一方面积极加强与当地有实力、有影响力的企业的合作。二是近年来加拿大、乌克兰、俄罗斯等国家的大豆等油料的产量和出口量增长较快，未来这些国家也可能成为中国新兴的大豆供应国。第三，对美国大豆征收关税并不等于不从美国进口大豆，在国内供应紧张，美国大豆价格大幅下降的时候，还可以从美国适量进口一些大豆来满足国内需求。而且适当进口美国大豆，可以避免南美大豆一家独大的局面，防止其对中国大豆供给的垄断。

（三）增加大豆替代品的进口和消费，减少大豆进口

减少美国大豆进口后，可以通过增加大豆替代品的进口来弥补大豆供应缺口。从豆油来看，全球植物油总体供给充足，贸易量超过 8 000 万吨，国内豆油的供应缺口完全可以通过进口豆油、菜籽油、葵花籽油等植物油品种来满足。从豆粕看，全球油料和粕类贸易品种丰富，规模较大，可以通过增加对应的替代品来满足国内大豆供应缺口：一是增加豆粕、菜粕、葵粕和鱼粉进口；二是增加菜籽、葵籽等油料进口；三是可以直接增加畜产品的进口。因此，在积极拓展大豆供给的同时，也要尽快做好大豆替代产品的供给工作。

（四）调整饲料配方，采用低蛋白饲料粮配方降低豆粕需求

除采用其他蛋白饲料替代品外，畜牧产业可以研发新的饲料配方，采用低蛋白饲料粮配方降低豆粕需求。过去国内蛋白的添加比例有下限没有上限，但是现在改成有上限没有下限，因此可以采用玉米加氨基酸等一些方式，降低蛋白的添加比例，提高养殖业蛋白原料的利用效率。据测算，猪配合饲料平均蛋白水平下调 1.5 个百分点，有望将生产 1 千克猪肉的蛋白质消耗从 0.45 千克降至 0.39 千克，降幅达 13%；蛋鸡、肉鸡配合饲料蛋白水平也将降低约 1 个百分点。新标准在全行业全面推行后，养殖业豆粕年消耗量有望降低 1 100 万吨左右，相应减少大豆需求 1 400 万吨左右。

当然饲料配方的调整需要价格引导。规模养殖业对饲料价格非常敏感，当豆粕价格上升到一定程度后，这些养殖业会主动调整配方，减少豆粕需求。因此，大豆价格的适当上涨也会优化饲料需求结构，减少大豆需求，价格的适当上升不需要过度解读。

（五）引导居民调整消费结构，减少大豆需求

贸易摩擦会增加大豆及相关产品价格上涨的风险，但是也会引导居民调整消费结构，减少大豆需求。如果豆油价格上升，居民会转向菜籽油、花生油、玉米油等的消费。如果猪肉价格上升，居民可以增加料肉比低的鸡鸭等禽肉的消费。而且猪肉的脂肪含量高，不利居民身体健康，因此，政府也可以加大宣传，鼓励居民增加高蛋白、低脂肪的鸡肉、鱼肉等的消费。

（六）深化贸易布局，布局全球产业链

从长远看，要在全球化浪潮中保证中国大豆和相关产业安全，重点需要打造一批具有国际竞争力的跨国农业企业。通过中国农业企业“走出去”，拓展

中国农业发展空间，提升中国农业的全球竞争力、资源配置力、市场控制力和国际影响力，保障中国油料植物油产业。首先，要统筹考虑和综合利用国际国内两个市场、两种资源、两类规则，积极落实“一带一路”倡议，加快实施农业“走出去”战略，加大境外农业投资和国际农业合作。然后，通过大型跨国农业企业布局全球农业产业链，促进中国和东道国农业的合作共赢，保障国家大豆和相关产业持续、稳定、安全、有效供给，构建高效、持续的全球油料植物油供需统筹网络和农业科技与资源的全球配置网络。

中美贸易摩擦对“一带一路”沿线国家农产品贸易的影响

一、中美贸易摩擦发展历程

谈到中美之间的贸易摩擦，可以追溯到20世纪90年代。美国曾分别在1991年、1994年和1996年就对中国进行了“特别301调查”。2010年10月，应美国钢铁工人联合会的申请，美国对中国政府制定的一系列新能源政策和措施展开了调查。2011年10月3日，美国参议院完全无视中方的反对意见，以所谓“货币失衡”，与世界贸易组织规则背道而驰为借口，固执地程序性通过了“2011年货币汇率监督改革法案”立项预案。美国总统特朗普自上任以来，大打贸易保护牌，实际上则是为了加强对中国的限制。2018年1月，对从中国进口大型洗衣机和光伏产品分别征收最高税率达30%和50%的关税。2018年2月，对中国铝箔产品厂商征收高额的反倾销税、反补贴税。2018年3月，对从中国进口的钢铁征收25%的关税，对进口的铝征收10%的关税。

一直到2018年3月23日这一天，美国总统特朗普在白宫正式签署对华贸易备忘录，当场宣布将对从中国进口的600亿美元商品加征关税，并限制中国企业对美投资并购，标志着新一轮中美贸易摩擦的开启。为此，在同一日中国商务部就发布了针对美国进口钢铁和铝产品232措施的终止减让产品清单并征求公众意见，拟对自美进口部分产品加征关税。之后中国也制定了一系列关税反制措施。2018年4月4日，国务院关税税则委员会决定将对大豆、玉米、高粱等农产品、汽车、化工品、飞机等原产于美国的106项商品加征关税。2018年7月6日，美国开始对第一批加征关税商品清单上818个类别、价值340亿美元的中国商品加征25%的进口关税，中国也于同日对同等规模的美国产品加征25%的进口关税。2018年8月8日美国政府宣布将从8月23日开始对额外160亿美元的中国进口商品加征25%的关税，新的关税清单包括摩托车、蒸汽轮机和轨道机车等279个关税细目，令中美贸易摩擦进一步升级。随后中国政府宣布为了维护自身正当权益和多边贸易体制，不得不做出必要反制，决定对 160 亿美元自美进口产品加征 25%的关税，并与美方同步实施，具体涵盖油品、钢铁产品、汽车和医疗设备等 333 个关税细目。至此，中美贸易摩擦呈现出愈演愈烈的恶化趋势。2018 年 9 月 17 日，特朗普政府发表声明宣布将于 9 月 24 日起对约 2 000 亿美元的中国产品加征 10%进口关税，并将于 2019 年 1 月 1 日起将税率提升至 25%。价值 2 000 亿美元的商品清单涉及 6 031 项产品，占据了中国 2017 年向美国出口总额的 38%～46%。特朗普还称，如果中国伤害“美国农民和其他产业”，美国将对中国产 2 670 亿美元商品加征关税。而征税原因则仍直指中国“不公平贸易行为”，比如知识产权和技术转让。2018 年 12 月 1 日，中美元首在布宜诺斯艾利斯会晤，国务委员兼外交部部长王毅更是明确表示这次会晤达成了重要共识，为今后一个时期的中美关系指明了方向。最大成果是双方同意暂停加征新的关税，防止两国间贸易摩擦进一步升级，并在未来 3 个月就相关问题进行谈判；双方同意“推进以协调、合作、稳定为基调”的中美关系。接下来的谈判会朝着哪个向度转变尚难以断言。不过，鉴于美国对华挑起贸易争端的目的颇为复杂，甚至不乏经贸之外的动机，仅靠一次元首会晤来取得突破性进展的可能性非常小。特朗普团队对华态度强硬，要价很高，加上特朗普秉性善变且愿意剑走偏锋，因此不能排除特朗普继续对华施加更大压力的可能性。

二、贸易摩擦对中国与“一带一路”沿线国家农产品贸易合作影响的基本判定

随着中美贸易摩擦打响并持续全面升级，必将对中美两国乃至全球经济复苏造成负面影响，在给中国的高端制造、高新技术发展及经济增长带来不利的同时，也将推高美国民众的生活成本。但对于加强中国与“一带一路”沿线国家农产品贸易合作关系而言，整体上更多地体现为一种利好消息，有利于进一步扩大与“一带一路”沿线国家的贸易份额及潜力。

从中美贸易摩擦双方开征关税的清单来看，美国政府主要将制裁目标锁定在高铁设备、生物医药等高新技术领域，中国政府则将目标主要锁定在农业领域，具体包括大豆、玉米、棉花、肉类产品、烟草等农产品，涉及 500 多个品种。其中中国对美国最切中要害的农产品当属大豆。据统计，2017 年，中国从美国进口大豆 3 286 万吨，约占美国大豆产量的 30%。中国市场对大豆的需求十分强劲，随着此番中美贸易摩擦的愈演愈烈，2018 年中国对美国的大豆进口量必将锐减，而中国粮企也必然会寻求美国之外的其他国家的豆源。“一

带一路”沿线的大豆生产国均有机会获得美国大豆留下的巨大市场份额，尤其是俄罗斯和中亚 5 国，均具有急剧扩大与中国农产品贸易合作份额的机遇。据统计，2017—2018 年度俄罗斯对中国的粮食供应量增加了 5 倍，加上地缘优势和运输安全的优势，未来俄罗斯及中亚 5 国将有可能成为中国最具潜力的大豆及其他农产品供应国。

三、贸易摩擦对中国与“一带一路”沿线国家农产品贸易的具体影响（以大豆为例）

2014—2017 年，中国进口美国大豆约占中国大豆总进口量的 1/3。2017 年，中国进口大豆总量为 9 556 万吨，其中从美国进口了 3 286 万吨。可以这样认为，大豆贸易是中美农产品贸易的一个重要支点。

（一）全球大豆的基本格局

根据 USDA 的数据，当前全球大豆年产量在 3.1 亿吨左右，全球排名前 10 位的大豆生产国依次为美国（35%）、巴西（33%）、阿根廷（17%）、中国（4%）、印度（3%）、巴拉圭（3%）、加拿大（2%）、乌克兰（1%）、乌拉圭（1%）和俄罗斯（1%）。在出口方面，巴西是最重要的出口国，其次是美国和阿根廷，3 国合计占比 89%左右。近年来，巴西和阿根廷等南美地区的大豆扩产迅速，在出口市场上越来越重要。在进口方面，中国（62.8%）、欧盟（10.4%）和墨西哥（3.0%）位列前 3 位。目前全球的大豆库存主要集中在阿根廷、巴西、中国和美国，而压榨产能也主要集中在这 4 个国家，合计约占全球 80%的产能。

中国是全球大豆消费量第一的国家，已到 1.1 亿吨以上，占全球消费量的 1/3。这是由于，一方面来自油脂类的需求，另一方面来自蛋白类的需求。近年来，中国的大豆产量一直停滞不前，而需求却持续增长，使得进口依赖度逐年攀升。2017 年，中国的大豆进口依赖度已经接近 85%，排名前 3 位的大豆进口国依次为巴西（53%）、美国（34%）和阿根廷（7%）。中国是美国大豆出口的第一大国家，2017 年占其出口总量的 58%。当前全球的大豆库存消费比（总库存/总消费）维持在 25%左右，中国的库存消费比为 18%，高于美国（10%），但是低于阿根廷（76%）和巴西（43%）。从自给率（总产量/总消费）来看，中国当前的数值为 12%，远低于美国（196%）、巴西（224%）和阿根廷（121%）。

受到南美和北美大豆种植周期不同的影响，中国大豆进口表现出明显的季节性。一般来说，每年的4—10月中国进口的大豆中来自巴西和阿根廷的占到多数，而11月至次年的3月则主要从美国进口。往前看，我们认为美豆进口下降所造成的影响将会更加凸显。由于南美刚刚完成收获季节，供应增长和种植面积的变化只能等到下一年度，所以先行出货的将是库存，南美能提供的大豆短期内已经达到极限。而未来几个月是从美国进口大豆的传统旺季，虽然国内大豆的上市会有一定的补充，但仍不足以满足供给缺口。

虽然美国对中国出口的大豆出现了明显的下降，但是当前来看，美国大豆的出口总量并未出现明显的失速。这是因为美国加大了对其他国家的大豆出口量，尤其是欧洲、墨西哥和阿根廷，2018年6—8月其出口到欧洲的大豆同比增加了141%。但是接下来几个月是美国大豆的收获季节，也是传统的出口旺季，失去了中国这一主要的大豆进口国，其压力也将逐渐显现。

在未来南美新一季大豆上市之前，也就是从11月至次年的4月，从历史数据来看，在此期间中国进口大豆平均在600万吨/月左右，而其中的70%是来自于美国。这也就意味着未来的6个月，如果我们不从美国进口大豆的话，那么在假定需求相对稳定的情况下，我们仍需要从其他国家额外进口2 500万吨大豆。从当前的全球库存来看，根据巴西植物油行业协会（ABIOVE）的数据，8月巴西大豆库存为922万吨，而今年阿根廷大豆减产严重，综合来看未来6个月南美出口至中国的大豆合计在900万吨左右，基本和往年持平。受到种植面积增加的影响，国内大豆供给有望增加130万吨，此外中国还可以从俄罗斯和加拿大等非主流国家进口大豆500万吨。

（二）全球大豆市场具体特征

2018年以来，中美贸易摩擦不断升级，国务院关税税则委员会宣布于7月6日起对美国大豆加征25%关税。受此影响，国际大豆贸易格局发生明显变化，在阿根廷和印度大幅减产，国际大豆需求不断攀升的大背景下，美国芝加哥期货交易所（CBOT）大豆期货结算价格不涨反降，7月中旬跌至834.25美分/蒲式耳，触及8年来最低点。总的来说，2017—2018年度，国际大豆市场有以下几点特征：

（1）国际大豆库存降幅明显。2017—2018年度，受极端天气影响，主产国阿根廷和印度大豆大幅减产，分别降至3 700万吨和900万吨，同比分别减少36%和18.2%。国际大豆总产量减少至33 669.9万吨，同比减少4%。同期，国际大豆压榨需求连续7年增长，达29 964.5万吨，同比增长4.3%，7年累计增幅为34.8个百分点。国际大豆产需缺口扩大，期末库存高位回落至9 248.6万吨，同比减少5%。

（2）国际大豆价格呈下行态势。2018 年第一季度，国际大豆供需偏紧，期价涨幅明显。据 Wind 资讯数据，3 月底，CBOT 大豆活跃合约结算价格为 1 044.75 美分/蒲式耳，较年初上涨 8.3%。随着中美贸易摩擦不断升级，美国大豆出口预期降低。加之美国产区播种进展顺利，库存充足，大豆出口价格持续下跌。巴西大豆价格虽有需求因素支撑，但总体涨幅有限，国际大豆期价震荡下行。截至 7 月 19 日当周，CBOT 大豆活跃合约周度结算均价为 850.9 美分/蒲式耳，同比下降 15.6%，较 3 月初价格高点回落 20.5%，7 年累计降幅为 51.5 个百分点。

（3）美国大豆出口格局趋向分散。7 月正值美国新作大豆采购旺季，但受中美贸易摩擦影响，中国贸易商对美国大豆采购意愿下降，美国大豆出口降幅明显。据 USDA 大宗商品销售数据统计，截至 7 月 12 日当周，美国大豆出口量为 86.6 万吨，同比减少 55.2%；年度出口量为 5 770.3 万吨，仅较中国反制关税实施前一周增长 0.4%，同比减少 4.4 个百分点；年度总装船量为 5 089.1 万吨，较中国反制关税实施前一周增长 1.2%，同比减少 5.1 个百分点。受巴西大豆价格高企、美国大豆价格持续走低等因素影响，欧洲、非洲和南美洲各国贸易商纷纷转向采购美国大豆。故虽然美国对中国大豆出口量降幅明显，但总体出口降幅有限，其对中国减少的大豆出口订单逐渐被荷兰、巴基斯坦、埃及和墨西哥等国消化，美国大豆出口格局逐渐由集中趋向分散。

（4）2018 年 7 月 6 日开始中国对自美国进口大豆加征了 25%关税，美国大豆的价格优势明显减弱。但是随着 CBOT 价格的下降，当前美国、巴西和阿根廷大豆的到岸完税价格几乎持平。我们认为，短期来看，中国从美国直接进口的大豆数量将会下降，转而从其他途径来补充国内的供给缺口。巴西等主流国家的出口量将会增加，一些非主流国家如加拿大、巴拉圭、乌拉圭、俄罗斯、乌克兰等区域也会加大对于中国的出口。

最近的数据表明，中国 7 月进口大豆总量受到了明显的影响，同比下降了将近 20%，但是 8 月的进口总量环比回升了 14%。中国自美国进口的大豆快速下降，而 7—9 月从巴西进口的大豆同比增长将近 40%，用于弥补自美国进口的不足。值得注意的是，巴西所出口的大豆中 91%运往了中国，而相对于 CBOT 的出口溢价也是节节攀升。中国从阿根廷进口的大豆并未增加，这是由于阿根廷大豆生长关键期主产区遭遇了严重的干旱，收获期局部产区又遭遇洪涝灾害，导致大豆大幅减产，减产幅度高达 35.7%，其大豆出口受到了明显的影响。此外，间接出口到中国的大豆以及相关产品也有望增加，贸易商或将通过豆油和豆粕的贸易来降低大豆直接进口下降所造成的影响。

（三）中美贸易摩擦对中国大豆市场的影响

（1）中国大豆进口需求仍处高位。作为中国大豆第二大进口国，美国大豆含税价格上涨使国内贸易商纷纷转向进口巴西大豆，巴西大豆价格不断攀升。据中国粮油信息网数据，截至 2018 年 6 月底，巴西大豆港口成本加运费（3 月船期）报价 431 美元/吨，较年初增长 5.3%。6 月中国大豆总体进口价格连续 4 个月增长至 447.16 美元/吨，同比增长 10.7%，累计增幅为 7.4 个百分点。

多年来，中国大豆市场供给高度依赖进口，2017—2018 年度对外依存度高达 86.8%。大豆进口成本虽有上涨，但在不断增长的消费需求带动下，大豆进口量不减反增。2018 年 6 月，中国大豆进口量结束两个月下降态势小幅回升。上半年中国共进口大豆 4 487 万吨，同比增长 0.1%。

（2）大豆进口渠道趋向多元化。中国大豆进口渠道较为集中。2017 年，自巴西、美国和阿根廷进口大豆分别占中国大豆进口总量的 49.1%、39.8% 和 11.5%，对国内进口大豆累计贡献率达 95.4%。随着中美贸易摩擦不断升级，美元指数持续走强，美国大豆竞争优势逐渐减弱。中国对美国大豆进口份额逐渐向南美洲和“一带一路”沿线国家转移。据中国海关信息网数据，2018 年第一季度，中国共进口美国大豆 1 226.1 万吨，同比减少 20.5%，占进口总量的 62.7%，占比较上年同期回落 16.4 个百分点；进口巴西大豆 615.3 万吨，同比增长 128.8%，占进口总量的 31.4%，占比较上年同期增长 17.7 个百分点；从俄罗斯、埃塞俄比亚、哈萨克斯坦和乌克兰累计进口大豆 41.3 万吨，同比增长 129.9%，占总进口量的 2.1%，占比较上年同期扩大 1.2 个百分点。

国务院关税税则委员会于 2018 年 6 月 19 日发布《〈亚洲-太平洋贸易协定〉第二修正案》，决定自 7 月 1 日起减免对原产于孟加拉国、印度、老挝、韩国和斯里兰卡大豆进口关税，中国大豆贸易渠道得到有效拓展，对美大豆订单渐少。7 月 12 日当周，中国贸易商取消 6 万吨美国大豆订单，美国对中国大豆累计装船量为 2 748.5 万吨，同比减少 20.5%；未装船订单量仅 197 万吨。

（3）下游商品供需宽松，价格持稳运行。在供给方面，据中国粮油信息网数据，2018 年 6 月中国大豆压榨量为 760 万吨，环比增长 0.6%。油粕类商品产量持续增长，豆粕供给频现胀库现象，下游商品总体供给充足。在需求方面，夏季为中国油脂消费淡季，7 月国储进口豆油拍卖成交率仅 12.5%，各地贸易商提货频率降低，油脂市场需求偏弱。此外，国内生猪养殖处于亏损周期，母猪淘汰现象严重，部分企业为降低养殖成本，通过下调饲料蛋白粕添加比例等措施以降低育肥猪体重，豆粕市场需求疲软。中美贸易摩擦以来，中国大豆下游市场库存充足，供需无明显波动，价格平稳运行。

（4）价格影响渐消，国内大豆价格运行平稳。随着中国农业供给侧结构性改革的推进，2018 年大豆补贴近年来首超玉米补贴，豆农种植积极性高涨，自产大豆比例增加。加之大豆进口渠道得到有效拓展，对美国大豆进口依存逐渐减弱，进口总量回升，市场总体供需较为宽松，中美贸易摩擦对中国大豆价格影响渐消，国内大豆价格平稳运行。

（四）中国与“一带一路”沿线国家的大豆合作

中国粮企正在积极寻求其他货源来弥补市场缺口，其中的主要国家即为俄罗斯。从最新的数据来看，2017 年俄罗斯大豆产量为 370 万吨，出口大豆约 50 万吨，主要出口到中国。但与 2017 年中美大豆贸易额 3 286 万吨的份额相比，可以说是杯水车薪。因此，在短期内，受各种条件所限，中国与“一带一路”沿线国家的农产品贸易合作份额并不能因为中美贸易摩擦的发生而急速增加。

从长期而言，中国与“一带一路”沿线国家的农产品贸易潜力十分巨大。仍以中俄大豆贸易为例，据俄罗斯大豆联合会主席萨纳金介绍，俄罗斯境内适合种植大豆区域的面积共 2.5 亿公顷，如果充分利用各种有利条件，俄大豆产量将有望超过 3 000 万吨，基本上可以弥补中美贸易摩擦所带来的大豆需求缺口。低廉的种植成本，再加上农作物的品质优势，促使许多中国农民和企业来此租地耕作。2017 年，中国的欧亚农业开发集团便在俄罗斯哈巴罗夫斯克边疆区承租 100 万亩农业用地，期限 49 年，一跃成为了俄罗斯最大境外农场主。该集团计划用大部分土地种植大豆，然后销回黑龙江。对于国人而言，来自俄罗斯的纯天然大豆无疑极具吸引力。长期来看，中国与“一带一路”沿线国家的农产品贸易合作可以在很大程度上缓解中美贸易摩擦所带来的农产品市场短缺情况。从 2018 年 7 月 1 日开始，中国根据《〈亚洲—太平洋贸易协定〉第二修正案》对孟加拉国、老挝、印度、韩国和斯里兰卡等 5 个国家的进口大豆关税由 3%下调到零，以此缓解美国大豆进口减少带来的压力。而中国大豆的采购重点也转向了巴西、阿根廷、俄罗斯等国家。随着“一带一路”的推进，中亚一些国家也可能增加大豆的种植面积。

与此同时，中国政府也需要高度警惕美国拉拢沿线国家形成联盟，对中国“一带一路”倡议的实施和推进形成障碍。

在中国提出“一带一路”倡议 5 年来，许多国家包括一些沿线国家对于中国提出的“一带一路”倡议仍然存在各种质疑，如“地缘扩张论”“规则破坏论”“经济掠夺论”“债权帝国主义论”和“环境破坏论”等。以美国为首的西方发达国家更将“一带一路”倡议的提出视为对西方发达国家的一种威胁。早在2017年11月，特朗普就宣布以美、日、印、澳为核心的“印太战略”为美国新政府的亚太战略，采取包括政治、外交、军事等综合手段，遏制中国在亚太地区的崛起，来对冲中国“一带一路”倡议所带来的影响力，以维护、确保和巩固美国在亚太的霸权地位。在中美贸易摩擦正式开启之际，2018年7月16日特朗普与俄罗斯总统普京进行了单独“闭门会谈”，试图联俄制华。7月31日，美国国务卿蓬佩奥称，美国将加强在印度-太平洋地区的投资，避免该地区的国家主动要求加入“一带一路”倡议。可以预见，未来美国还会陆续使用其他一系列手段来干预、阻止、破坏中国与沿线国家的经济贸易合作，其中就包括中国与“一带一路”沿线国家的农产品贸易合作。中国政府需要高度重视中美贸易摩擦对中国与“一带一路”沿线国家农产品贸易合作所带来的潜在风险。

四、大豆市场后期趋势预测

（1）全球大豆产量恢复性增长。USDA 7月上调全球大豆预估产量至35 949.1万吨，同比增长6.8%，较上次预估增长1.3个百分点。中国大豆主要进口国阿根廷和印度大豆产区天气状况较上年有所改善，产量预计将呈恢复性增长，预期出口量增幅明显。同期，全球大豆压榨需求小幅下调，总压榨量预计为3 093.1万吨，同比增长4.4%，较上次预估降低0.2个百分点。

进出口方面，2018—2019年度，国际大豆进出口总量均有增长，贸易格局将由供不足需向供给过剩转变。其中，全球大豆总出口量预计为15 731.9万吨，同比增长3.3%；总进口量预计为15 435.9万吨，同比增长0.1%。

国际大豆价格方面，近期美国和欧盟贸易关系缓和，美国政府增加豆农补贴力度，美国大豆价格虽有回升，但2018—2019年度国际大豆市场供需仍较宽松，价格上涨空间有限。如中美贸易关系得不到实质性改善，后期国际大豆价格预计将呈震荡偏弱运行。

（2）中国大豆消费需求基本得到满足。中国是世界大豆第一大消费国，食用消费、工业消费及压榨消费逐年增长。据中国粮油信息网数据，2018—2019年度，中国大豆总消费量预计将增至11 106万吨，同比增长1.3%，其中进口大豆压榨消费为9 380万吨，同比增长1.1%，较上年下降1.8个百分点。中国进口大豆消费需求虽处高位，但增长趋势有所放缓。

中美贸易摩擦以来，中国大豆进口渠道多元化格局基本形成。加之2018—2019年度全球大豆产量回升，各主产国预期出口量明显增长，中国大豆进口需求预计将基本得到满足。此外，在农业供给侧结构性改革推动下，中国大豆播种面积得到有效改善。据中国粮油信息网数据，2018—2019年度中国大豆播种面积预计将达84.7万公顷，同比增长8.9%，较上年扩大0.7个百分点；单产维持在1.85吨/公顷，为中国日益增长的大豆消费需求提供基础保障。截至2018年7月中旬，中国各地大豆市场未出现缺豆、短豆现象。

（3）国内大豆价格小幅波动。对美国加征25%关税后，中国大豆进口价格虽有上涨，但市场总体库存及下游商品供给充足，国内大豆价格上涨空间总体有限。此外，国内大豆贸易商正积极寻找新的贸易渠道以降低进口成本。对比近年来进口数据发现，中国从俄罗斯进口大豆价格远低于美洲大豆平均进口价格，自2015年以来最高价差达200美元/吨，平均价差达73美元/吨。中美贸易摩擦以来，俄罗斯允许中粮集团购买其南部码头用于转运粮油大豆。中国大豆贸易商同时加大对南美洲各国及“一带一路”沿线国家的大豆采购力度，短期内国内大豆价格预计将呈小幅波动走势。但据历史数据来看，往年9月至次年1月期间，中国进口美国大豆占比将呈递增趋势，市场供给预计将出现暂时性短缺，加之年末节日集中，提振下游消费，中长期大豆价格预计将有所回升。

五、研究结论与对策建议

大豆是贸易摩擦背景下中美博弈的重点产品，中国对进口大豆关税税率的调整政策已正式实施，差别关税待遇的影响将逐渐显现，必然对中国自美国的大豆进口贸易乃至世界大豆贸易格局产生深远影响。

（1）加强与“一带一路”沿线国家贸易合作，降低对单一国家进口大豆的高依存风险。目前中国大豆自给率较低，未来几年大豆进口需求仍将维持较高水平。2018年以来，包括俄罗斯、埃塞俄比亚和哈萨克斯坦在内的多个“一带一路”沿线国家对中国抛出橄榄枝，愿加强双方大豆贸易合作。“一带一路”沿线国家具有丰富的农业资源及便捷的地理位置，且其大豆出油率和蛋白含量较高，交通运输费用低廉，未来通过加强与“一带一路”国家贸易合作，可推进中国大豆贸易多元化发展，降低过度依赖单一国家进口的风险。

（2）加强大豆主产国贸易合作，保障中国大豆供给量。2018年以来，中国大豆贸易渠道虽得到有效拓展，但“一带一路”沿线国家大豆可进口总量仍不能满足中国日益增长的消费需求。为避免中美贸易摩擦期间大豆进口量大幅下滑和巴西大豆价格上涨带来的利益受损，后期应加强与大豆主产国阿根廷、印度、加拿大和乌拉圭等国的贸易合作，确保中国大豆市场价稳量足。

（3）加大油粕替代品进口力度，减轻需求负担。压榨消费占中国大豆总消费量的86%，增加豆油和豆粕市场供给可有效减轻大豆进口负担。油粕商品可替代性较强，国际市场供给充足。中国可加大对菜油、棕榈油、油菜籽、棉籽及其他油粕类替代品的进口力度，直接供应下游市场，减少大豆压榨需求。

（4）加大农业技术支持力度，提升大豆单产和品质。围绕供给侧结构性改革主线，增加农业技术投入力度，优化大豆种植流程。通过大豆品种改良、机械化生产、规模化种植，持续提高中国大豆单产及产品品质，为改善中国大豆种植提供技术保障。

（5）继续推行大豆生产者补贴，提升豆农种植积极性。近年来，中国大豆消费量逐年增长，大豆市场常年处于产不足需状态，地区种植结构问题凸显，大豆进口依赖度较高。推行大豆生产者补贴不仅可增加农户种植收入，降低种植风险，改善中国地区种植结构，同时可提升大豆自给率，减少进口负担，有效增加中美贸易摩擦期间的市场供给。

中美贸易摩擦下的美国豆农和大豆生产

2018年4月以来，随着中美贸易局势的变化，中国大豆贸易格局也在逐渐进行调整。可以预见的是，随着中美贸易摩擦的加剧，中国减少美国大豆进口已成定局。从目前情况来看，中国大豆进口存量规模较大，大豆进口增量下降所占比例并不大，短期内不会影响中国国内产业链格局。仅就大豆产业来看，中美贸易摩擦对美国豆农及大豆生产的影响更大。自2018年特朗普政府为首的美国挑起贸易争端，截至2018年12月，中国进口8 803万吨大豆，进口的美国大豆数量趋势持续走低，在2018年4月之后的10个月里，中国单月进口美国大豆数量均小于100万吨。在2018年11月，中国甚至没有进口美国大豆。其中约61.5万吨的美国大豆订单在2018年6月被中国取消；2018年7月中国再次取消了16.5万吨的美国大豆订单。

中国是美国大豆最大的出口市场，大豆是贸易摩擦中中美博弈的重点产品，中国对进口大豆关税税率的调整已正式实施，差别关税待遇的影响将逐渐显现，美国大豆产业链中的大豆生产者、大豆加工企业、大豆相关产品出口企业在短期内受到的负面影响更为直接。同时，美国大豆供给和库存直接影响全球大豆市场供需局面，进而影响中国大豆需求结构和大豆产业。因此，有必要在中美贸易摩擦的大背景下深入了解全球大豆的生产和供给情况以及美国大豆产业的现状，并对其未来的发展趋势进行判断。

一、全球大豆生产和贸易

2018年全球主要大豆生产国生产情况较为稳定，全球大豆供给继续增长，大豆进口需求略有下降，2019年初全球大豆库存处于高位。从大豆主产国巴西、阿根廷和加拿大等国的大豆播种情况来看，2019年，排除极端气候的影响，上述国家的大豆产量将稳定增长，全球大豆供给预期稳中有升。

2018年全球大豆的总供给量为11 151万吨，较2017年的11 644万吨略有减少。从一个较长的历史时期来看，2018年是全球大豆供给的拐点，2018年以后，全球大豆供求表现出以下特点：①供给规模下降，大豆供给10年来首次出现负增长；2018年以前全球大豆的供给量维持一个较高的增速，2008—2017年的年均增速达到了6.68%；2018年出现了一个较大幅度的下滑，增速为－4.23%；而总供给的减少与中美大豆贸易规模减小有直接关系。②大豆进出口流向发生明显变化，转移效应明显。2018—2019年，美国的大豆供给量减少0.28%，而中国、巴西与阿根廷的供给量则分别增长了0.61%、3.99%与1.25%。说明在中美贸易摩擦的背景之下，在全球大豆的供给规模下降的同时，供求结构也在进行调整，出现了贸易转移现象。③全球大豆供过于求的局面短期内不会改变。根据WTO预测，2019年，中国大豆种植面积为907万公顷，美国大豆种植面积为3 424万公顷，巴西种植面积为3 600万公顷，阿根廷约1 750万公顷。排除气候因素的影响，单产保持不变，预计2019年全球大豆产量将达到3.59亿吨，而全球的大豆需求量预计为3.52亿吨，全球大豆供求基本平衡，考虑2019年年初大豆库存较高，2019年全球大豆供过于求的可能性很大。

根据2019年全球大豆的年初库存和2018年的大豆生产情况，一些美国机构和学者进行了初步预测和判断：

（1）与2018年的判断不同，2019年年初美国农业部已经意识到中国大豆进口需求是富有弹性而非刚性的。对于非洲猪瘟以及中国生产饲料的配比调整对中国大豆进口需求的影响，美国农业部已经做出了预测，认为2018—2019年度全球大豆市场来自中国的进口需求将下降1 700万吨；2019—2020年度面临中国进口需求下降2 200万吨的潜在影响。基于此判断，美国政府会继续对大豆生产者进行补贴，2019—2020年度国际市场大豆价格下行的可能性较大。

（2）全球大豆贸易规模和价格的变化会对其他油料作物的供求关系产生影响。在2018年的基础上，如果2019年中国对大豆的需求规模不变或下降，全球大豆价格下降，可能导致美国、墨西哥和南亚等国家和地区对其他油料作物如油菜籽、花生等需求的下降，出口商在短期内寻找其他市场的潜力有限，其在2019年面临的挑战会更大。

（3）蛋白饲料的供给水平直接对全球肉类价格产生影响。从目前库存数据来看，包括大豆粕在内的蛋白饲料库存水平均较2018年年初有所下降。其中，非洲猪瘟防控情况是2019年下半年蛋白饲料需求变化的主要影响因素。美国农业部判断，中国对肉类进口需求的增长可能会抵消其对蛋白饲料需求的下降。

二、美国大豆生产和贸易现状

在目前中国对美国部分农产品征收25%的进口关税水平下，美国大豆、玉米、棉花等农作物生产、贸易均受冲击。尽管 2019 年美国农场主进行了农作物种植结构调整，但能够规避掉的损失仍然有限。

（一）2019 年美国主要农作物播种面积变化

2018 年，全球大豆价格波动较大，美国、阿根廷和巴西大豆出口价格都受到一定程度的影响。2019 年，美国大豆的意愿播种面积较 2018 年实际播种面积有所下降。

2019 年，美国农户对农作物种植面积进行了相应调整，减少大豆和小麦的种植面积，增加花生和玉米的种植面积。其中花生在油料作物中种植面积增长较大。据美国农业部农业统计局（NASS）估计，2019 年玉米种植面积为9 280万英亩[①]，比 2018 年增长 4%；大豆种植面积估计为 8 460 万英亩，比 2018 年减少 5%；小麦种植面积为 4 580 万英亩，比 2018 年减少 4%；棉花种植面积 1 380 万英亩，较 2018 年减少 2%。

从美国各州的农产品播种情况来看，包括伊利诺伊州、明尼苏达州等在内的美国大豆主产区的大豆播种面积均出现了不同程度的下降，改为增加玉米、棉花等作物种植面积。

（二）2019 年美国主要农产品库存

从 2019 年 3 月初的数据来看，美国大豆、高粱和小麦的库存仍处高位。大豆库存较上年同期高出 28.7%，高粱高出 37.4%，小麦高出 6.4%。在库存总量中，大豆的农户库存总量的比重最大，为 46.8%；小麦的农户库存占比为 23.1%；高粱的农户库存占比为 13%。2019 年 1—2 月，美国大豆库存下降较快，其中向阿根廷出口增幅较大。

（三）2019 年美国大豆生产和供给预估

从上面的库存和生产数据可以大致得到以下几个结论：

（1）美国大豆 2019 年产量减少已成定局，与 2018 年相比，产量预计减少约 700 万吨（减幅 5%～8%），占 2018 年中国大豆进口总量的 8%。由于 2018 年底美国大豆库存处于高位，大豆总供给量与 2019 年相比变化不大。因此，2019 年美国大豆产量减少对全球大豆供给影响不大，对全球大豆市场价格不会造成较大影响。

（2）美国大豆已经逐渐向其他市场扩大出口，主要目的地包括阿根廷等

① 英亩为非法定计量单位，1 英亩＝4046.856 米^2。

国。由于阿根廷大豆生产、库存和消费相对稳定，不排除由这些国家和地区将大豆转口至中国。在全球油价上涨、运费增加的背景下，中国从其他国家进口大豆，大豆价格上涨的可能性较大。

（3）从美国各州的生产情况来看，由于比较收益的变化与轮作、休耕的影响叠加，各州农作物种植结构调整明显，主要大豆产区的大豆种植面积减少，玉米种植面积增加，2019 年美国大豆主产区农户的收入受大豆和玉米价格的影响相对较大。从目前的生产和民意数据来看，大部分大豆产区的豆农对 2018 年政府给予的补贴较为满意，对市场前景的判断相对乐观，其中对于中国国内大豆的刚需判断也是一个主要原因。

三、中美贸易摩擦对美国豆农的影响

由于中美之间加征关税，美国企业和消费者面临更高的成本，而农民受到的损失更大、更直接。大豆、玉米和小麦等作物的农业生产者都受到了直接影响。

（一）美国豆农的直接损失和救济

2018 年贸易摩擦使得美国大豆出口价格在波动中下降，对于这部分价格损失，美国政府在 2018 年 8 月提出农业救助方案，主要包括两部分内容，一是直接向农户发放补贴，农户生产的大豆中有 50%可以拿到补贴，每吨约 30.5 美元，2019 年美国 1 号黄大豆的均价是每吨 326 美元，而 2018 年美国 1 号黄大豆的均价是每吨 346 美元，如果美国大豆生产者能够按照这一标准拿到补贴，并将大豆全部出口，大豆生产者的损失基本可以弥补。在 2019 年年初，美国政府提出继续对大豆、小麦等在内的农产品生产者给予补贴，补贴总额约 120 亿美元。

从目前的库存数据来看，美国的大豆库存分两部分，一部分是农户库存，一部分是非农户库存。从 2019 年年初数据来看，大豆生产者的大豆库存高于上年同期，这部分没有实现出口的大豆给大豆生产者带来的损失更大。2018 年 10 月初至今，美国豆农认为和短期的损失相比，失去稳定的出口市场是他们最不愿意看到的。他们更希望市场是稳定的，不用在成本不断攀升的情况下置换机械设备，这样他们的投资才能得到稳定的回报。

（二）美国豆农的间接损失

与短期的、直接损失相比，美国豆农更关心的是中国对美国大豆加征

25%的关税后，美国是否会永远失去这部分大豆市场。他们担心中美贸易摩擦结束以后，在中国对大豆的多样化采购已经达到了一定程度的背景下，美国是否会永远失去中国这个市场。中美贸易摩擦之初，美国豆农和行业协会曾经得到政府承诺，在中美贸易争端快速结束以后，美国农民和美国作为一个整体将得到更大的好处。在目前这一承诺无法兑现的情况下，美国政府可能会用更高的补贴来安抚美国农业生产者。

美国豆农在 2018 年年底尝试种植玉米等其他农作物替代大豆生产，但是需要考虑的主要问题是农场主们的设备是专用的，如果种植其他作物则需要购买相应的生产设备，但是由于对钢铁和铝加征关税，相应的农业生产设备的价格也变得更加昂贵。因此目前美国豆农们面临的困境是，农业生产设备价格上涨，农业生产投入价格高于 10 年前，而农产品价格却处于 10 年以来的最低点，所以目前对于大多数美国大豆种植者来说，长期的亏损是需要面对的更大问题。

图书在版编目（CIP）数据

国际农业研究．2019／农业农村部农业贸易促进中心编．—北京：中国农业出版社，2020.8
ISBN 978-7-109-27133-3

Ⅰ.①国… Ⅱ.①农… Ⅲ.①农业经济－研究报告－世界－2019 Ⅳ.①F31

中国版本图书馆 CIP 数据核字（2020）第 140922 号

中国农业出版社出版
地址：北京市朝阳区麦子店街 18 号楼
邮编：100125
责任编辑：徐 晖 张雯婷 文字编辑：耿增强
版式设计：杜 然 责任校对：刘丽香
印刷：北京中兴印刷有限公司
版次：2020 年 8 月第 1 版
印次：2020 年 8 月北京第 1 次印刷
发行：新华书店北京发行所
开本：720mm×960mm 1/16
印张：15
字数：270 千字
定价：75.00 元